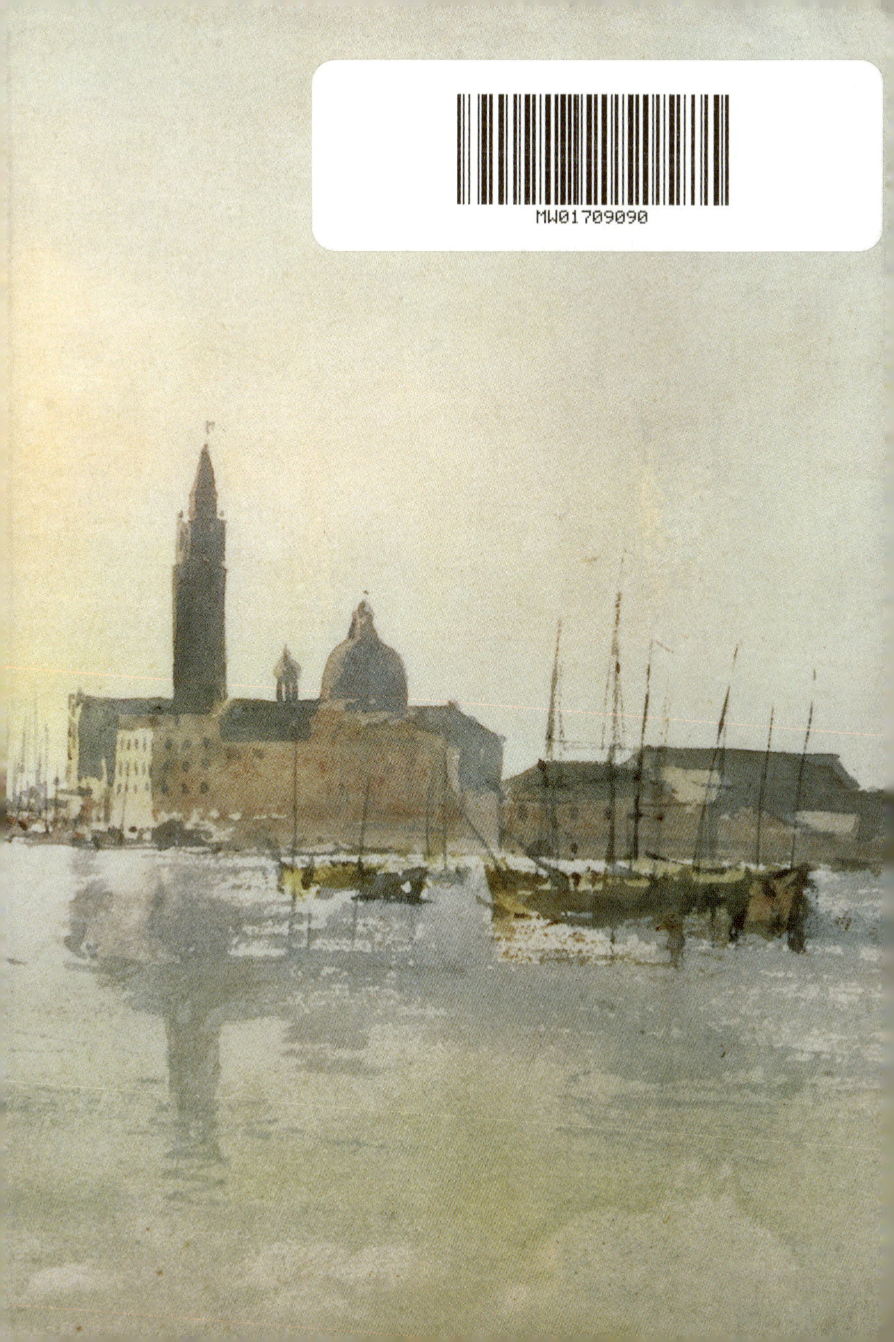

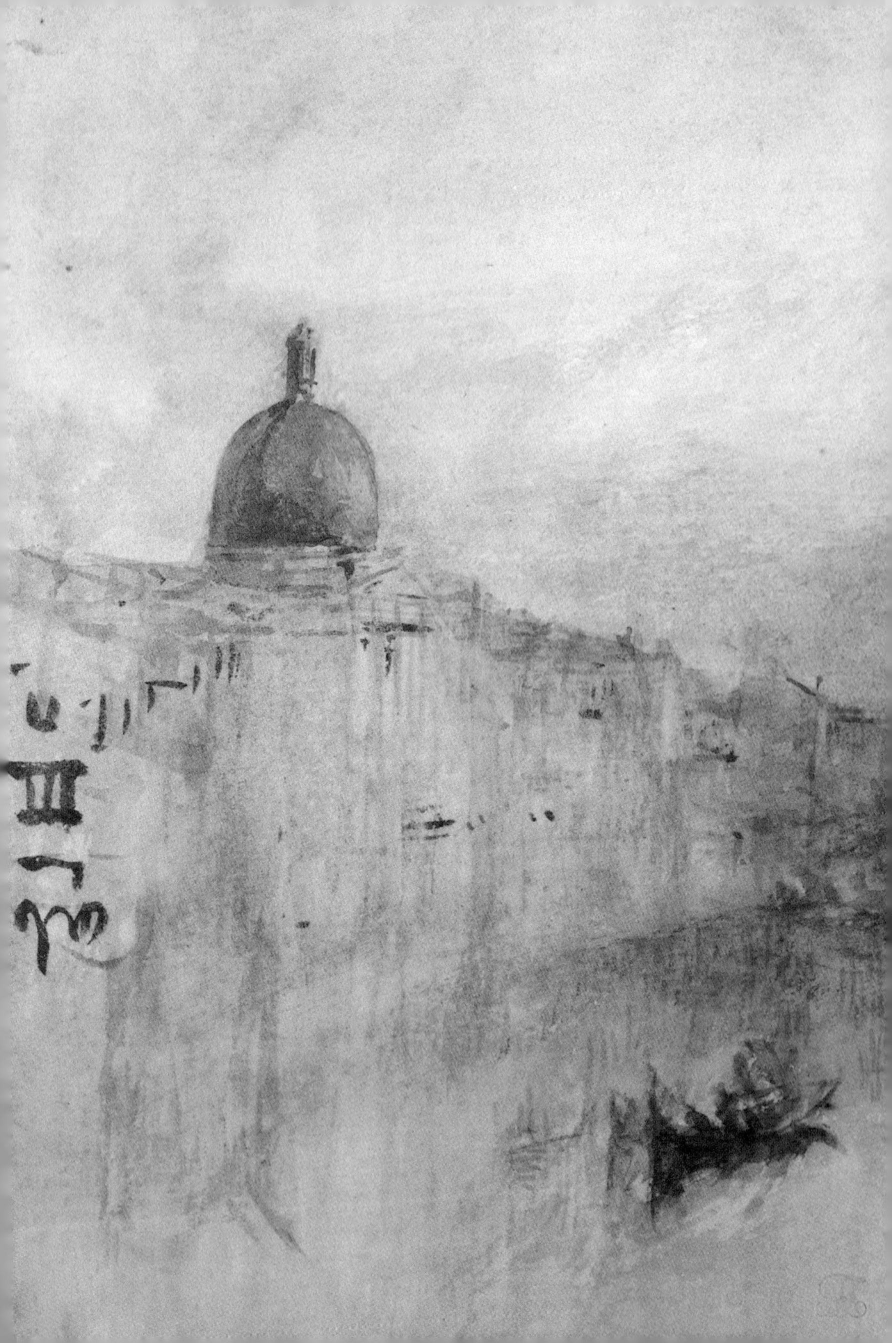

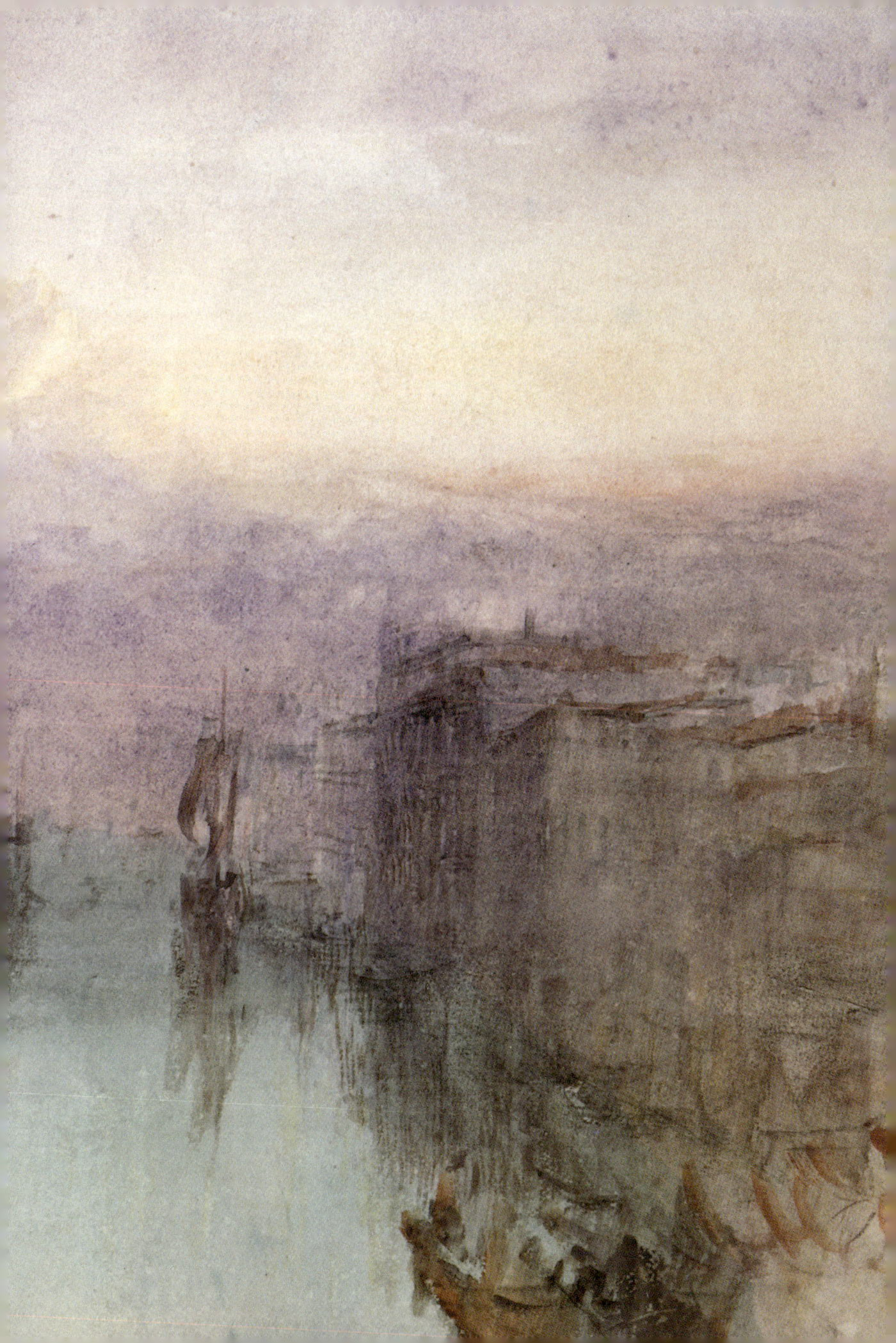

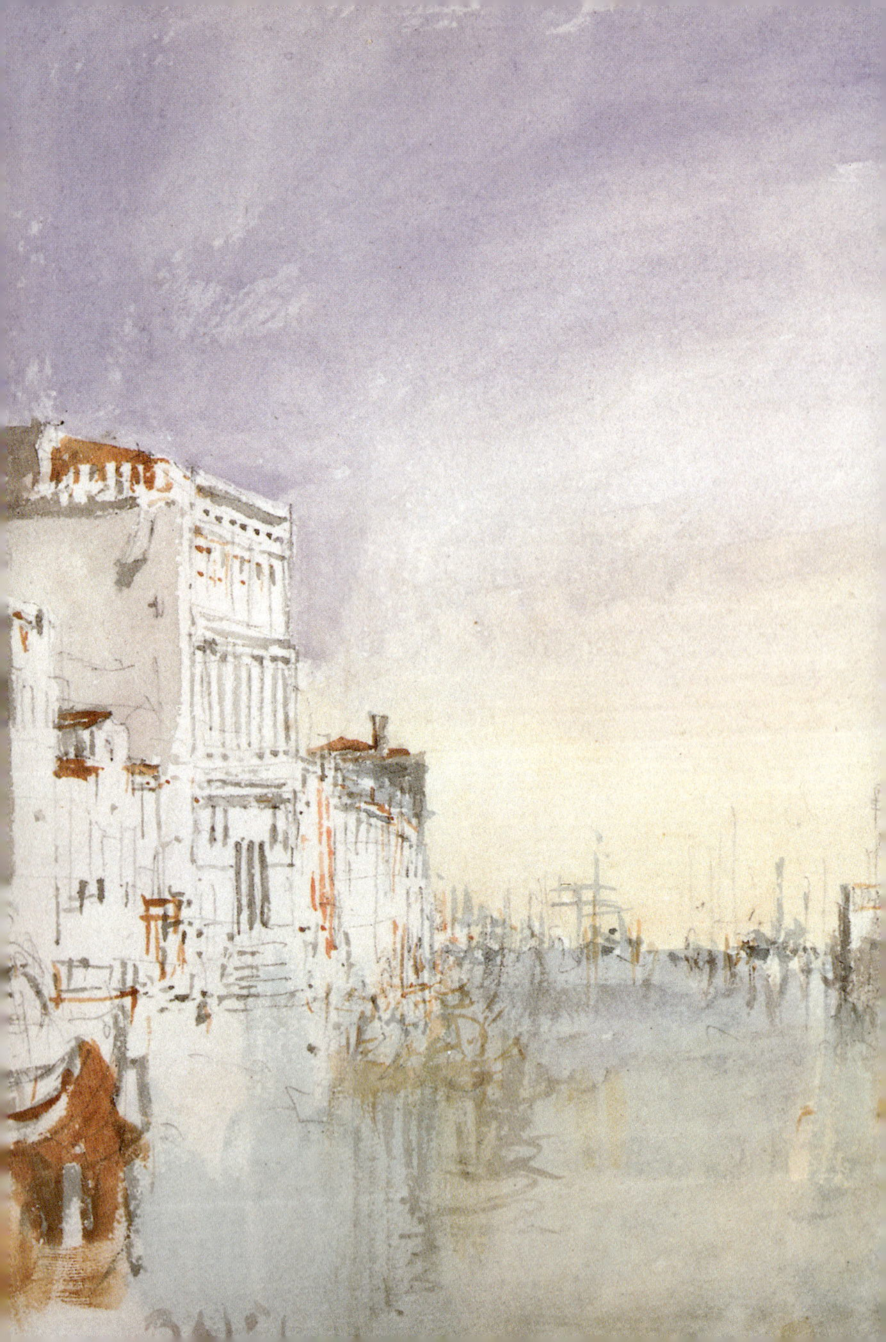

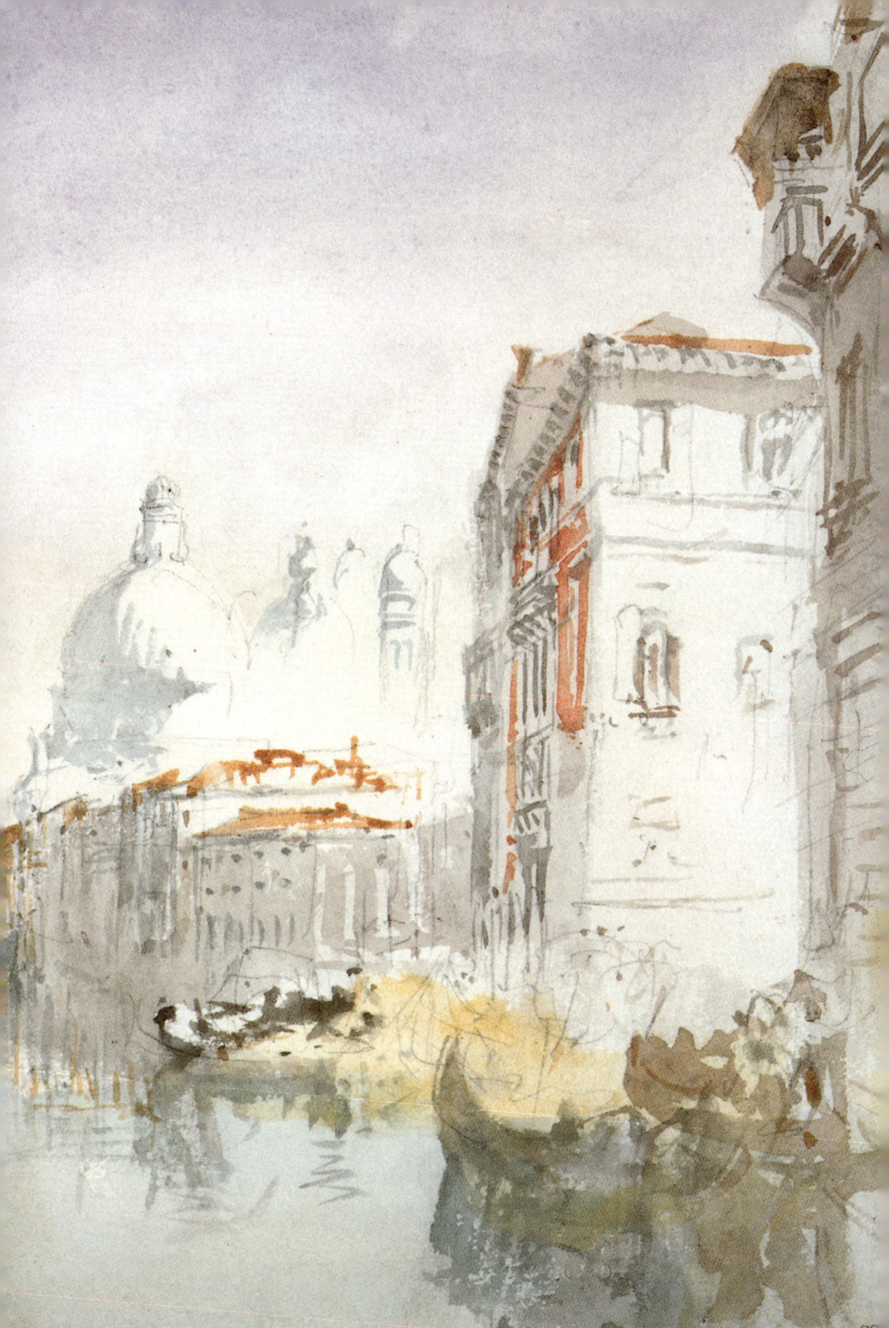

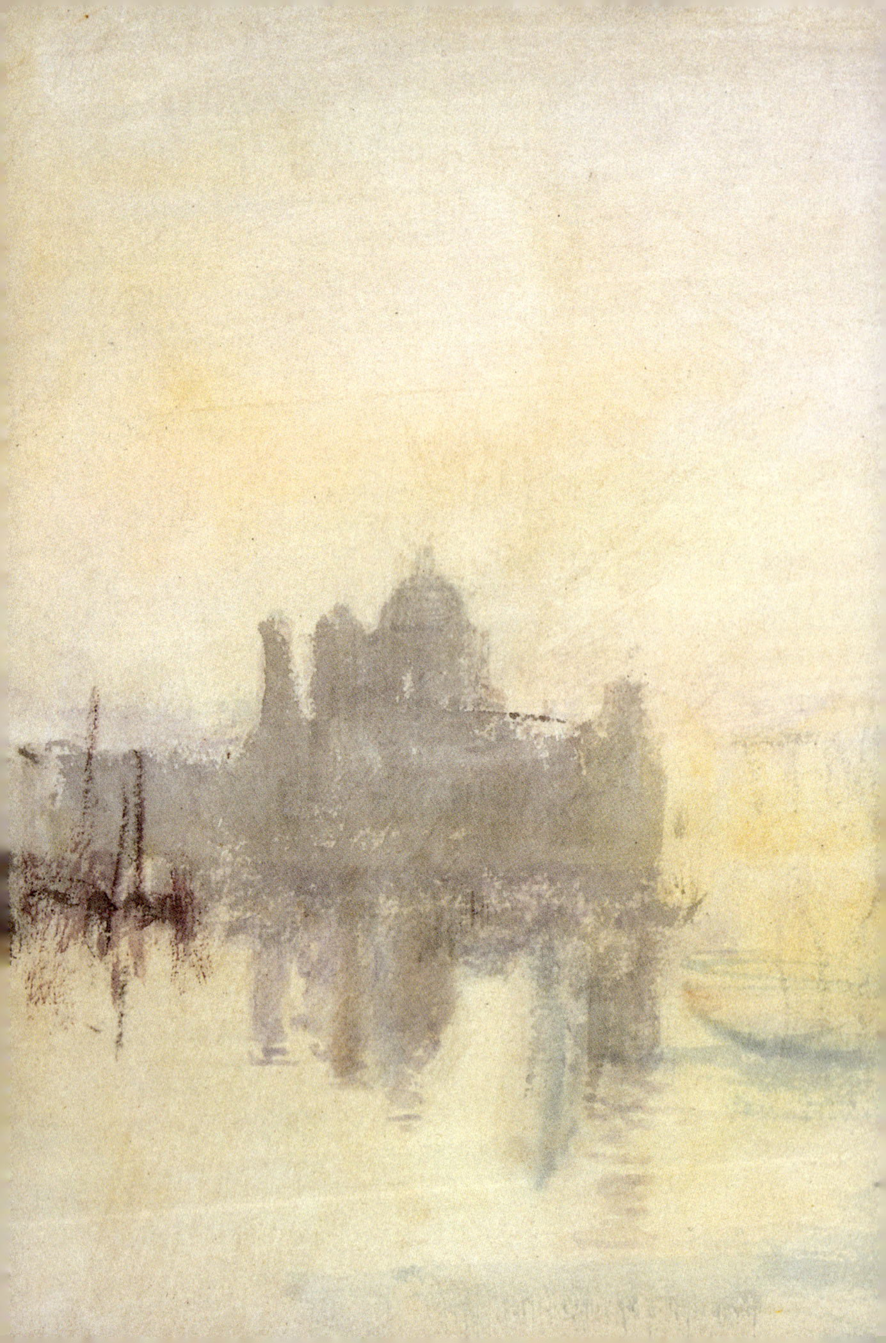

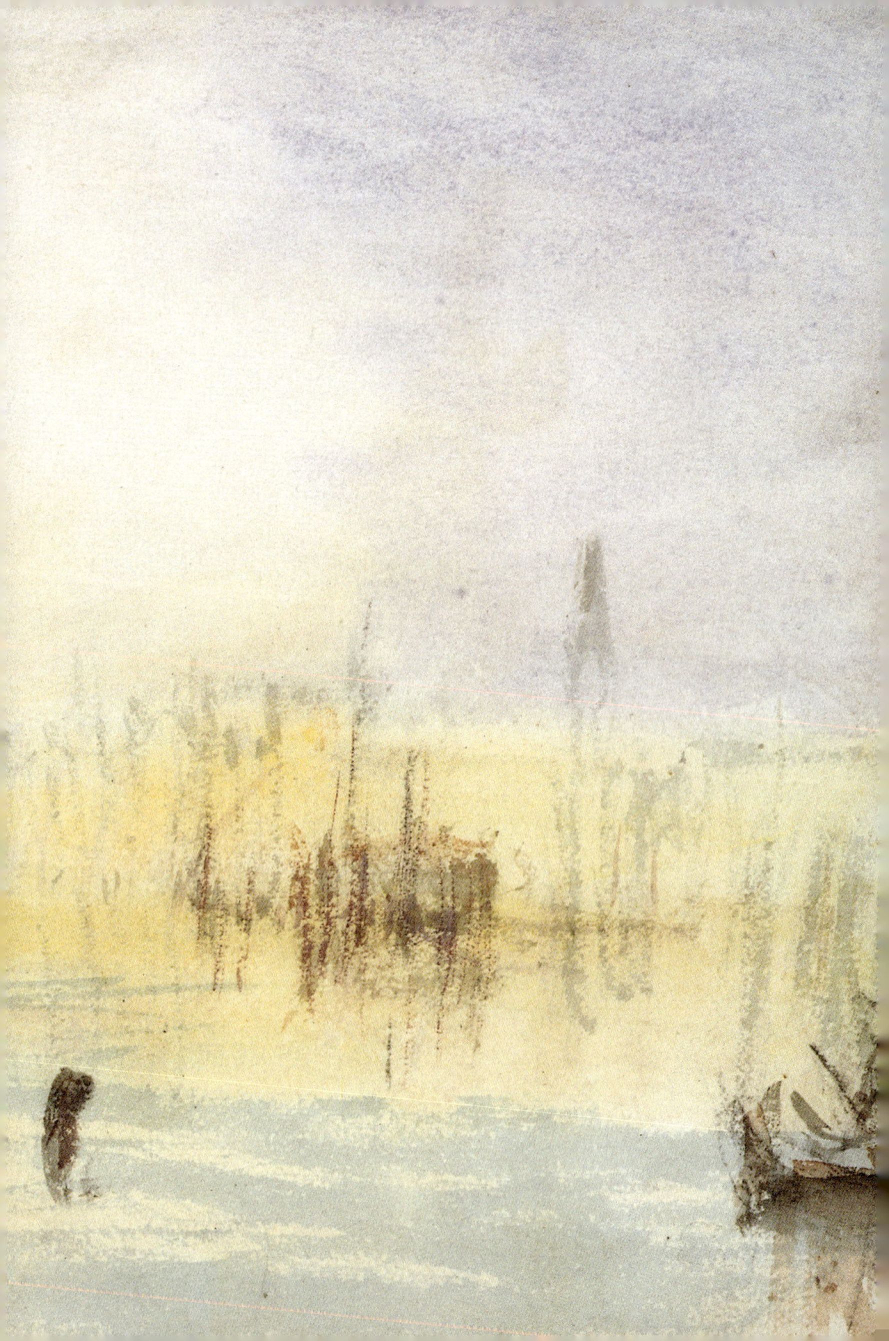

SOMMAIRE

Ouverture
Une Venise rêvée où l'air et l'eau se confondent dans un poudroiement d'or et de lumière.

12
Chapitre 1
L'ÉDUCATION D'UN CLASSIQUE
Comment Joseph William Mallord Turner devient en quelques années, à l'âge de 26 ans, le plus jeune académicien jamais élu par la Royal Academy.

36
Chapitre 2
LA LIBERTÉ DU SUCCÈS
Rapidement, le réseau de ses amateurs ne cesse de s'accroître. Lord Egremont, le duc de Bridgewater, l'écrivain William Beckford, le député Walter Ramsden Fawkes sont de fidèles clients. Face à son succès, Turner ouvre à Londres sa propre galerie.

60
Chapitre 3
L'ARTISTE VOYAGEUR
Voyageur infatigable dans son propre pays, Turner – toujours en quête de nouveaux sites et de nouvelles lumières – ne va cesser de parcourir l'Europe de 1817 à sa mort. Des rives de la Loire ou du Rhin au sommet des Alpes, de Venise à Rome ou Paris, il rapportera des centaines de carnets de croquis, des milliers de notations colorées, de grandes aquarelles inspiratrices de tableaux et de gravures.

92
Chapitre 4
L'INCENDIE DE LA PEINTURE
L'Incendie du Parlement, le 16 octobre 1834, *Fusées et signaux bleus...*, *Le "Fighting Temeraire"*, *Paix, funérailles en mer*, *Pluie, vapeur, vitesse*, autant d'œuvres « incandescentes et liquides », autant de témoignages de l'incomparable maîtrise des couleurs du maître.

110
Chapitre 5
ORGANISER SA POSTÉRITÉ
Comment Turner choisit de laisser son œuvre dans son intégralité...

129
Témoignages et documents

TURNER
L'INCENDIE DE LA PEINTURE

Olivier Meslay

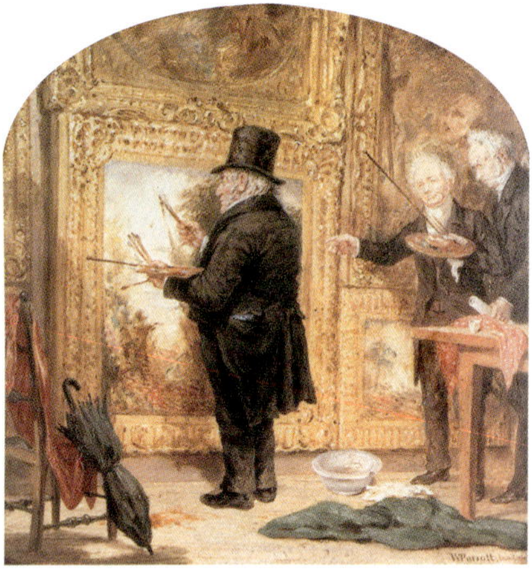

DÉCOUVERTES GALLIMARD
ARTS

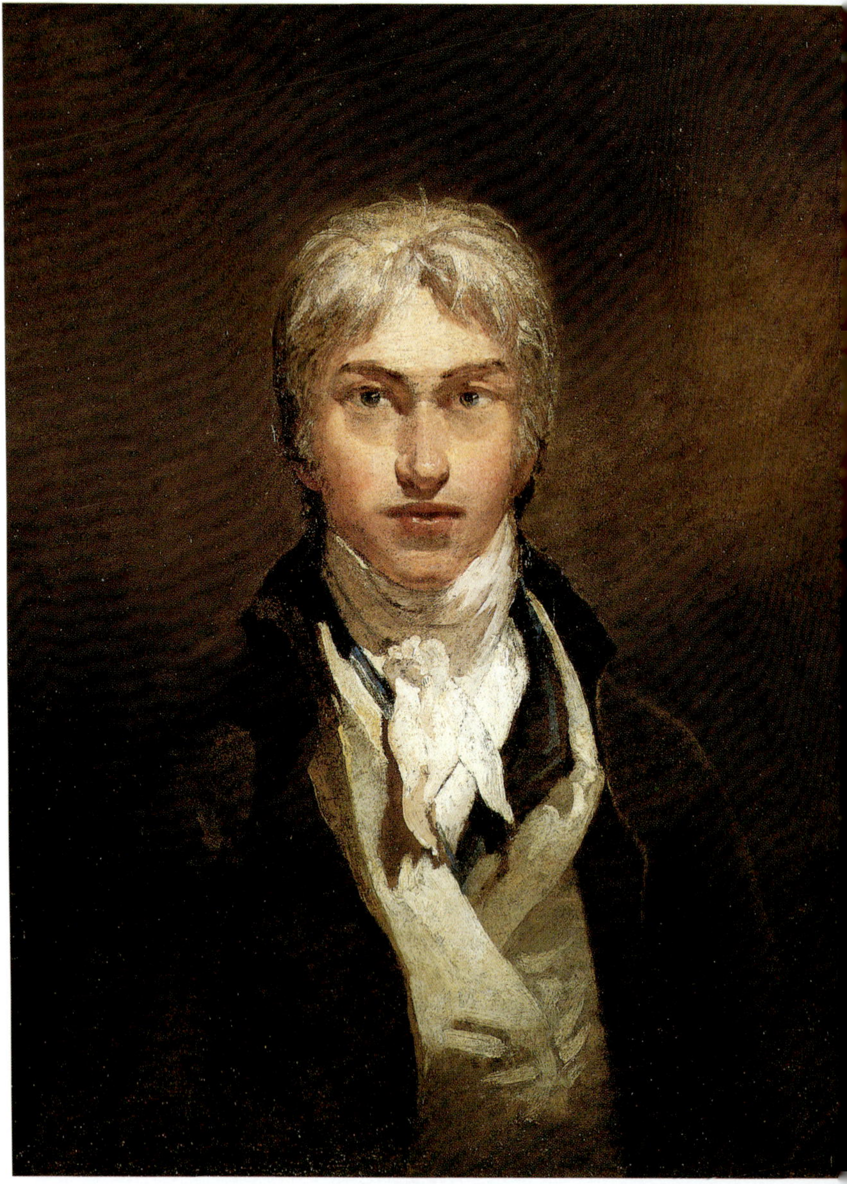

Précoce, opiniâtre, avide d'apprendre, coloriant des gravures pour gagner quelques shillings, Turner commence très jeune à dessiner avec assiduité. Admis à 14 ans à l'école de la Royal Academy, il abandonne bientôt son statut d'aquarelliste topographe pour celui de peintre d'histoire. Montant en quelques années les marches de la gloire, il devient académicien à 26 ans.

CHAPITRE 1

L'ÉDUCATION D'UN CLASSIQUE

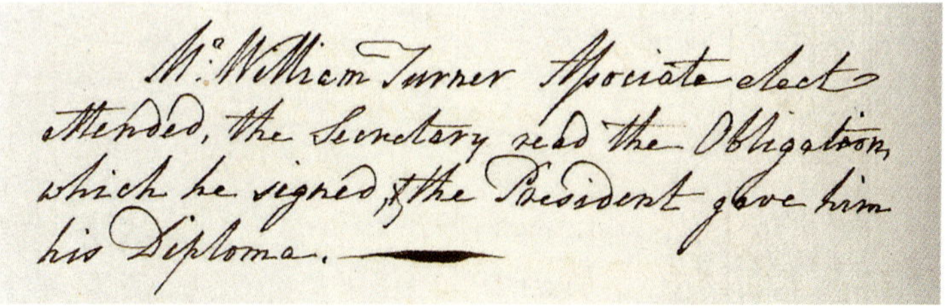
Mr. William Turner Associate elect attended, the Secretary read the Obligation which he signed, & the President gave him his Diploma.

Le 31 décembre 1799, à l'âge de 24 ans, Turner se voit remettre son diplôme de membre associé de la Royal Academy (ci-dessus), où il a été élu un mois plus tôt. Cet honneur, que certains attendent en vain toute leur vie, consacre la fulgurante ascension de ce fils de barbier de Londres, qui devient ainsi le plus jeune membre associé de l'histoire de la prestigieuse institution de Somerset House. Son autoportrait (à gauche) montre une élégance recherchée dont il se départira plus tard.

Dans l'agitation de Covent Garden

En 1775, à Covent Garden, au centre de Londres, les théâtres abondent, l'acteur Garrick, le plus célèbre de son siècle, règne sur Drury Lane. Près de l'église Saint-Paul, qui donne sur la place, le barbier William Turner tient commerce. Travailleur, affable, loquace, il connaît un vrai succès. Sa boutique placée au cœur de l'agitation londonienne,

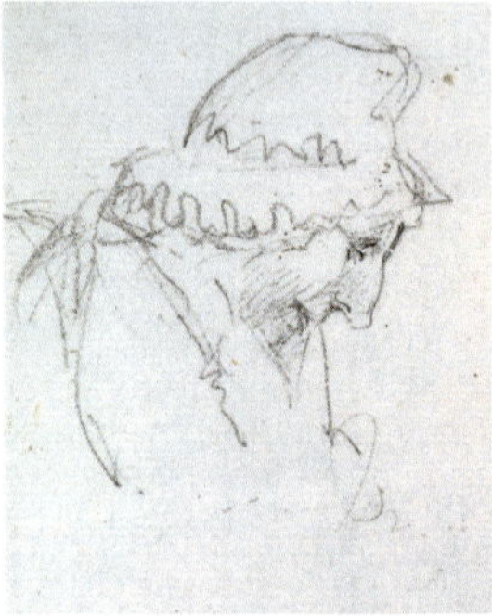

de la vie artistique et marchande, près du quartier des avocats et des juges, est toujours animée. C'est là que Joseph Mallord William Turner passe l'essentiel de son enfance.

Né le 23 avril 1775, le jeune garçon est baptisé à l'église Saint-Paul toute proche. Du côté paternel, la famille de Turner est avant tout composée d'artisans et de modestes employés. Du côté maternel, une lignée ininterrompue de bouchers depuis la fin du XVIIe siècle forme l'essentiel de l'ascendance. Enrichis au début du XVIIIe siècle, devenus propriétaires terriens, ils ont contracté quelques alliances dans le clergé et parmi les petits propriétaires proches de la gentry. Trois ans après la naissance de leur fils Joseph Mallord William (ses trois prénoms reprennent ceux de son oncle maternel), les Turner ont une fille, Mary Ann, qui meurt à l'âge de quatre ans, en 1783.

Mélancolique de nature, la mère, Mary, le devient plus encore. Malgré les difficultés familiales causées par l'état mental de sa mère, incapable d'assumer toutes les charges familiales, malgré la mort de sa sœur, l'enfance du jeune garçon semble s'être déroulée dans une atmosphère chaleureuse. Quand, en 1785, la maladie de sa mère s'aggrave, Joseph Mallord William est envoyé chez son oncle maternel à Brentford, dans le Middlesex. C'est probablement là qu'il commence à dessiner, avec

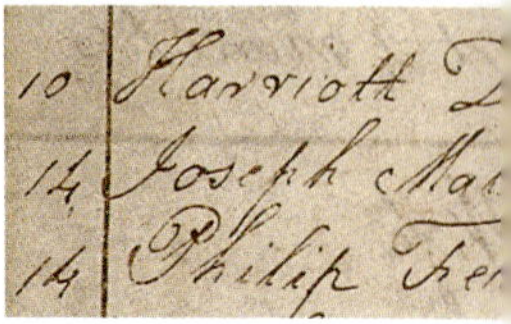

De nature fragile et souffrant des contraintes de la vie londonienne, la mère du jeune Joseph Mallord William Turner connaît une destinée tragique. La mort de sa fille l'ayant, semble-t-il, conduite à une sévère dépression, Mary Turner (à gauche, portrait présumé, vers 1793) fait, à partir de 1790, des séjours de plus en plus prolongés dans les hôpitaux psychiatriques. En 1799, elle est internée, au Saint Luke's Hospital for Lunatics dans Old Street. Un an plus tard, elle entre au fameux Bethlehem Hospital, où elle intègre définitivement le département des incurables en 1801. Elle y mourra le 15 avril 1804. D'après le premier biographe de Turner, celui-ci avait le même nez aquilin que sa mère, et les mêmes yeux bleus. En 1832, le peintre élèvera un monument à la mémoire de ses parents dans l'église Saint-Paul, à Covent Garden (page de droite), la paroisse de son enfance (en haut, registre de baptême de l'église à la date du 14 mai 1775).

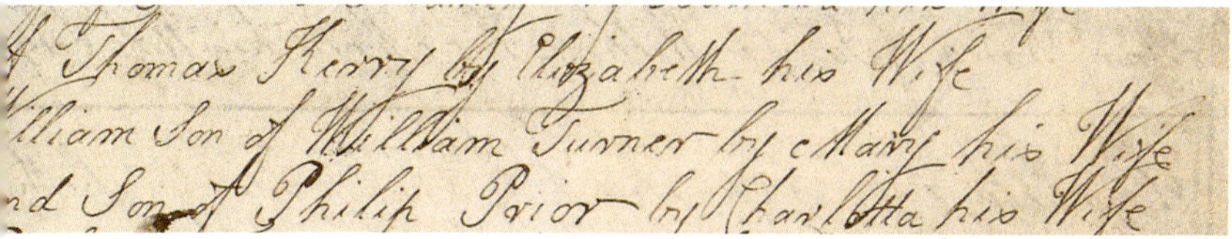
Thomas Kerry by Elizabeth his Wife
William Son of William Turner by Mary his Wife
Son of Philip Prior by Charlotta his Wife

une assiduité grandissante, de premiers croquis prometteurs que son père expose fièrement dans la vitrine de sa boutique londonienne.

L'année suivante, le jeune Turner est envoyé à Margate, dans le Kent. 1786 est également l'année où le garçon, manifestement soutenu par son père, semble avoir commencé à travailler d'après les maîtres, en coloriant des estampes chez le graveur John Raphael Smith ou chez l'éditeur Paul Colnaghi, tous deux installés à Covent Garden.

L'architecture d'abord

Mais rapidement l'architecture puis le paysage deviennent ses principaux centres d'intérêt. Grâce aux probables encouragements paternels, il s'engage

À la fin du XVIIIe siècle, Covent Garden (ci-dessous) est le centre de l'animation londonienne ; dans ce quartier de commerces de plein air et de théâtres, les acteurs donnent le ton de la capitale, et toute la société anglaise se retrouve. À côté de l'église Saint-Paul, qui marque le fond de la place avec son portique, se trouve la boutique de barbier du père du jeune Turner.

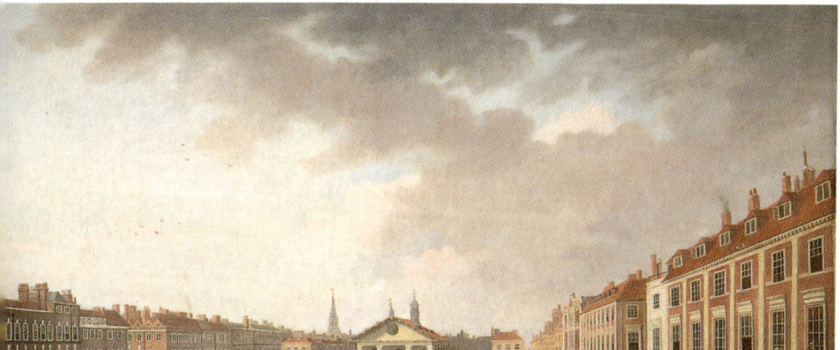

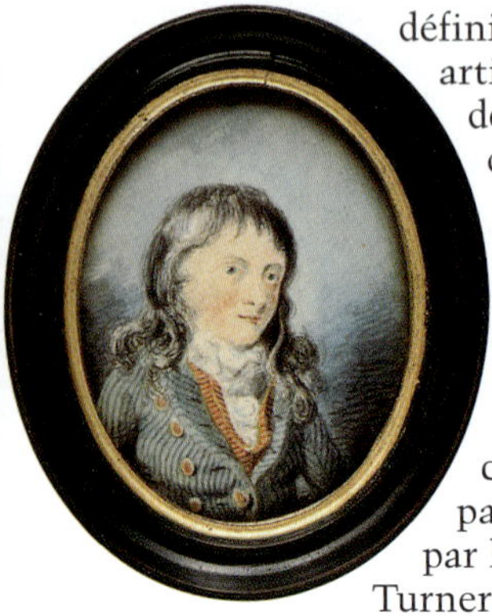

définitivement dans la carrière artistique. Son premier emploi de dessinateur – il a à peine quatorze ans –, le jeune garçon le trouve chez un architecte, Thomas Hardwick (1752-1829), avant de prendre des leçons chez Thomas Malton Junior (1748-1804); cet artiste topographe, plus particulièrement intéressé par l'architecture, restera pour Turner son « véritable maître ».

Le paysage topographique n'est pas un choix surprenant pour un artiste de cette époque. Cette voie, qui, pour un peintre continental, pourrait paraître inhabituelle et vouée à une certaine marginalité, se présente très différemment en Angleterre. Venue des Pays-Bas avec des artistes comme Jan Siberechts à la fin du XVIIe siècle, la vision topographique – exacte, comptable même – du paysage a connu un immense succès en Grande-Bretagne. Soucieux de fixer pour la postérité – de commémorer – les gens, les animaux, les intérieurs des maisons, les Britanniques ont aussi désiré garder le souvenir des paysages; ils ont ainsi décrit les alentours des villes et les grandes propriétés aristocratiques dans une énumération quasi

En 1791, date de cet autoportrait (à gauche), Turner a seize ans; il est élève à la Royal Academy, dont les registres de présence montrent qu'il suit avec assiduité les différentes classes. Ce statut d'élève ne l'empêche pas d'entreprendre déjà de nombreux voyages, à Bristol chez un ami de son père, ou dans le pays de Galles, ni d'exposer

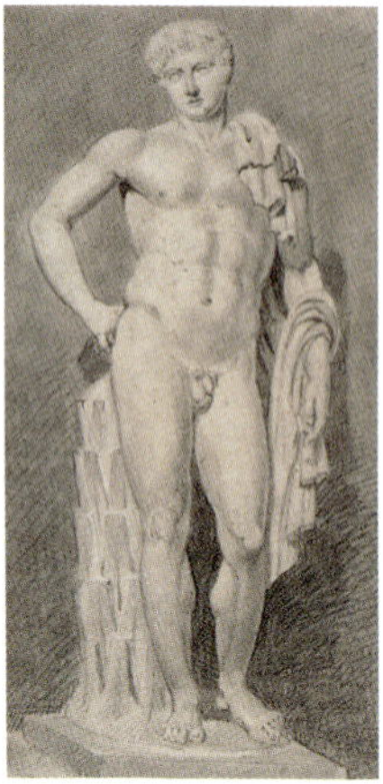

régulièrement des aquarelles. Les maladresses de composition de ses dessins des années 1780 (ci-contre, *Une rue à Margate*) ont vite disparu grâce à l'excellence des cours de l'institution. On voit toutefois dans cette modeste aquarelle l'attention que le tout jeune Turner porte aux détails des toits, au dessin des fenêtres.

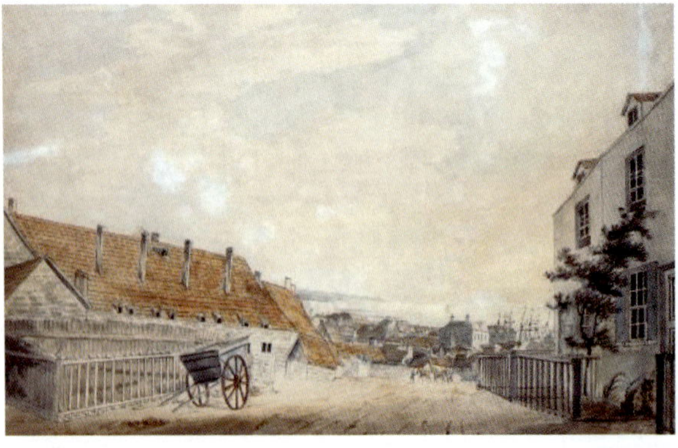

notariale des éléments qui les composent. Il ne faut pas pour autant se méprendre sur l'essence de cette peinture : ce n'est ni la sécheresse ni la froideur qui la définissent, mais plutôt une volonté de fidélité et de respect. Formation sans égale dans son souci de vérité, le paysage topographique sera le cœur de la pratique de Turner.

À la Royal Academy, une éducation complète succède à l'enseignement fragmentaire dont Turner a jusque-là bénéficié. Grâce à une remarquable collection de plâtres d'après l'antique (ci-dessus, la salle des moulages et, page de gauche, dessin d'après l'*Antinoüs* du Belvédère), le jeune homme y trouve l'essentiel de la culture classique de son temps. Fin mars 1793, il reçoit de la part de la Society of Arts la grande palette d'argent pour ses qualités de peintre de paysage.

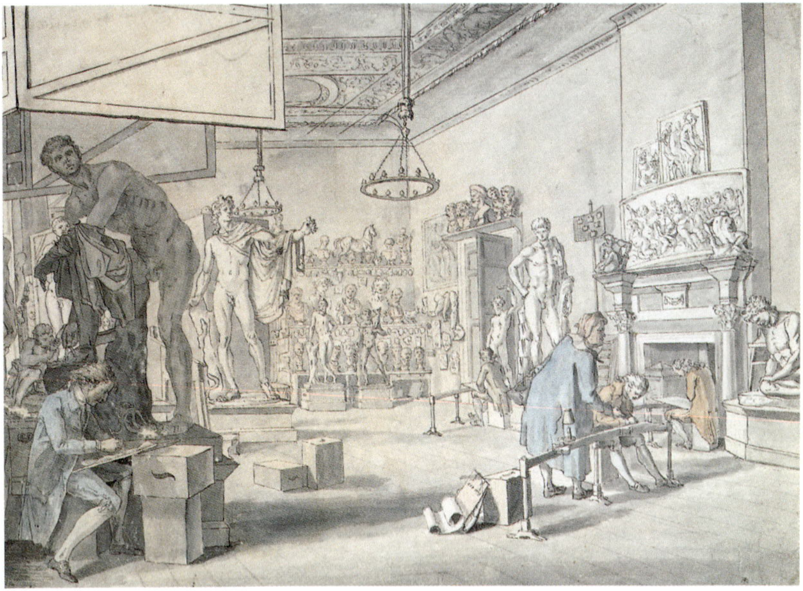

À l'école de la Royal Academy

Encouragé à devenir élève de la Royal Academy par John Francis Rigaud, peintre paysagiste d'origine française établi à Londres, le jeune Turner est admis aux cours le 11 décembre 1789, après avoir passé une épreuve de dessin d'après les moulages d'antiques. Longtemps attendue par les artistes anglais, la Royal Academy n'a alors qu'une vingtaine d'années d'existence. Créée en 1768, inspirée de l'Académie royale de peinture et de sculpture française, elle offre un fonctionnement moins rigide – avec notamment moins de hiérarchie et des cours ouverts aux étrangers et aux femmes.

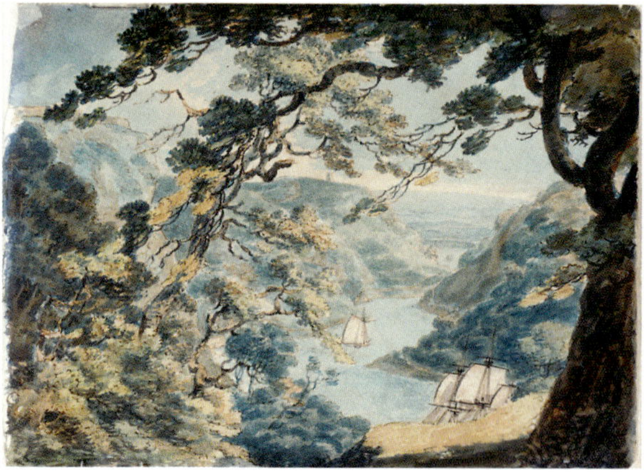

L'évolution du jeune Turner est rapide. À la minutie des études architecturales (ci-dessous) succèdent bientôt des approches plus variées du paysage. Il élabore des aquarelles dont les points de vue privilégient l'atmosphère, ainsi qu'une nouvelle représentation spatiale où l'eau et les arbres prennent une place grandissante (ci-contre, *Vue de la rivière Avon*, contenue dans le carnet *Bristol et Malmesbury*). La recherche de nouveaux sites à peindre restera une constante de sa démarche.

Turner y suit d'abord les cours d'après l'antique, puis ceux d'après le modèle vivant, jusqu'en 1793. Parallèlement, il est admis à présenter des aquarelles à l'exposition annuelle d'été, pour l'essentiel des vues topographiques, des paysages ou des architectures fameuses de Grande-Bretagne, comme *Le Palais de l'Archevêque à Lambeth*, exposé en 1790. Cette même année, Turner assiste au dernier discours de sir Joshua Reynolds, dont l'influence théorique sera déterminante, le jeune artiste faisant rapidement siennes la hiérarchie des genres, l'imitation des maîtres, l'approche intellectuelle des arts ou encore les relations entre peinture et poésie prônées par le premier président de la Royal Academy. L'admiration de Turner pour ce dernier se lira en outre dans son premier cours de perspective en 1811, ainsi que dans le souhait – exaucé – d'être enterré à ses côtés dans la crypte de la cathédrale Saint-Paul.

En 1791, le jeune Turner entreprend le premier de ses voyages d'été qui le mèneront successivement dans le sud-ouest de l'Angleterre, à Bristol, puis au pays de Galles, dans le Kent et le Sussex, les Midlands, l'île de Wight, le Lake District. Au cours de ces voyages sur le sol anglais, qui pallient les visites impossibles d'un continent ravagé par la guerre, il dessine d'après nature, au crayon ou à l'aquarelle, découvre les sites les plus fameux et étudie avec attention les œuvres

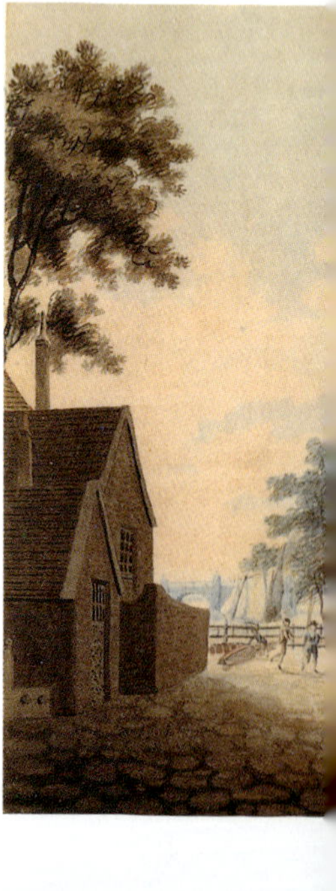

qu'il peut voir dans les grandes demeures patriciennes qui agrémentent la campagne britannique. Son expérience grandissant, il se voit même confier par un éditeur la réalisation de plusieurs dizaines de vues de la rivière Avon, qui seront publiées dans le *Copper Plate Magazine* en 1794.

Le docteur Thomas Monro

L'année précédente, Turner a rencontré un des personnages essentiels du monde artistique anglais, le docteur Thomas Monro (1759-1833). Aliéniste, riche collectionneur et artiste amateur, il exerce une influence considérable sur toute une génération de peintres. Il a créé une sorte d'académie privée qui réunit le soir de jeunes artistes qui viennent copier les œuvres de sa collection. Y sont assemblés des tableaux hollandais, flamands et italiens, mais surtout un remarquable ensemble d'aquarelles anglaises, en particulier d'Edward Dayes (1763-1804), de Michael Angelo Rooker (1743-1801),

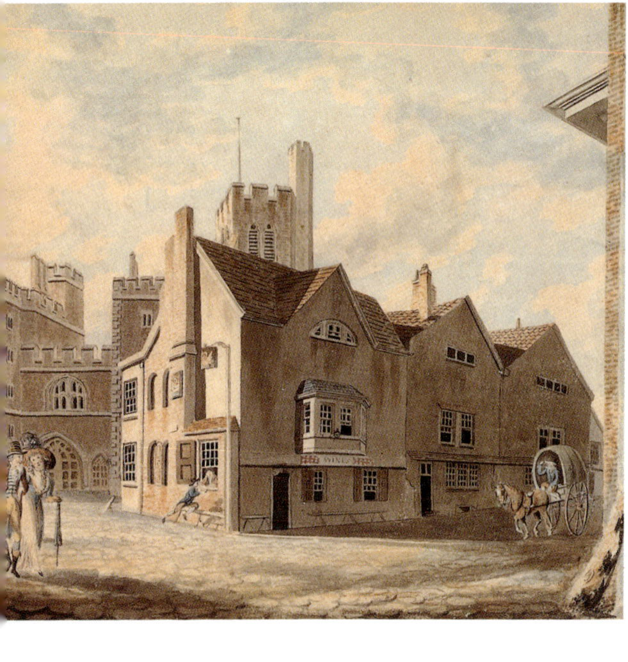

Les toutes premières aquarelles que Turner expose à la Royal Academy présentent les caractéristiques d'un travail où la précision l'emporte sur l'atmosphère. Les perspectives portent les marques d'une technique encore académique, mais talentueuse. Dans cette vue de Lambeth, exposée en 1790 (ci-dessous), rien n'est laissé au hasard et la silhouette du monument (qui abrite

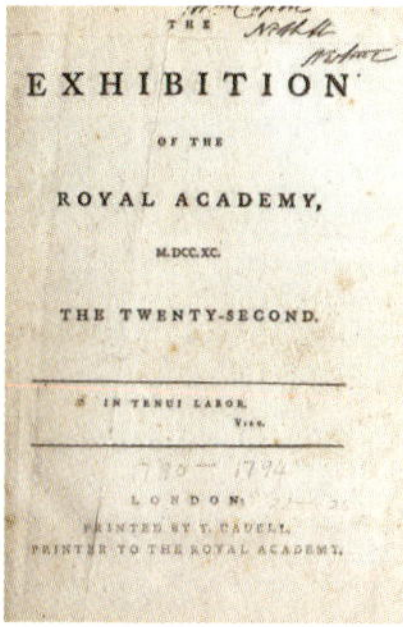

THE

EXHIBITION

OF THE

ROYAL ACADEMY,

M.DCC.XC.

THE TWENTY-SECOND.

IN TENUI LABOR.

VIRG.

LONDON:

PRINTED BY T. CADELL,

PRINTER TO THE ROYAL ACADEMY.

aujourd'hui, aux bords de la Tamise, un musée des Jardins), est d'une parfaite fidélité. Les figures ponctuent habilement les rues trop larges ; un arbre sur la gauche, le coin d'un immeuble à droite permettent d'encadrer la scène et de conduire le regard.

de Thomas Hearne (1744-1817) et de John Robert Cozens (1752-1797). Monro paye un prix fixe par copie et leur offre, en plus, un dîner d'huîtres.

C'est là, en compagnie de Thomas Girtin (1775-1802), son exact contemporain, que Turner découvre les aquarelles de John Robert Cozens, dont la technique et le choix des sujets – les Alpes et l'Italie – le marquent profondément. La rencontre de Girtin, dont la sûreté du trait est sans égale, est également déterminante dans la formation de Turner. Le peintre et chroniqueur Joseph Farington (1747-1821) rapporte que les deux artistes travaillent ensemble, Girtin réalisant le dessin et Turner les lavis d'aquarelle. Plusieurs de ces œuvres à deux mains (aujourd'hui à la Tate Britain) seront

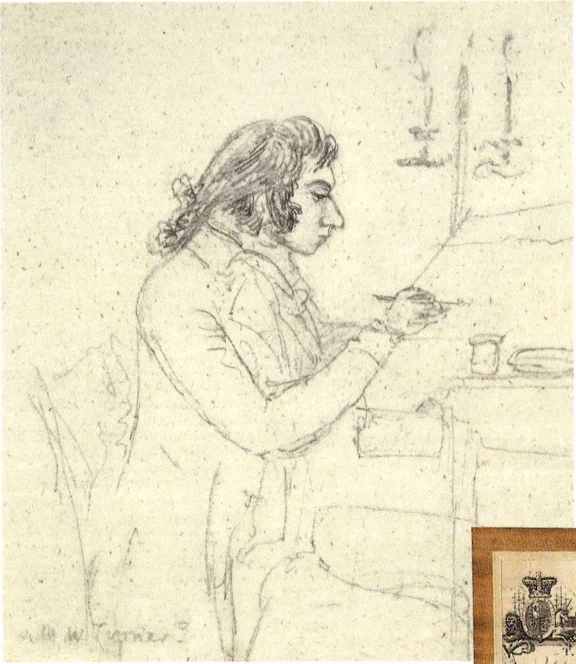

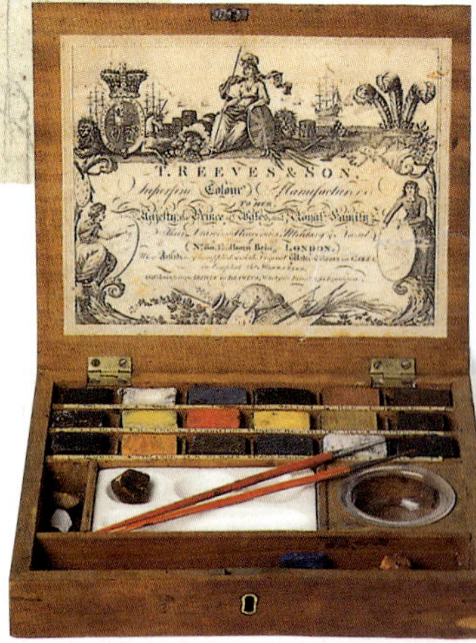

Le soir, dans l'appartement du docteur Monro, situé dans le bâtiment des Adelphi qui donne sur la Tamise, Turner travaille (à gauche, croqué par Monro). Installés sur des bureaux doubles, les jeunes artistes se font face, partageant les mêmes lumières et les mêmes modèles de la collection du docteur. Selon Farington, grand chroniqueur de la vie artistique de l'époque, « sa collection de dessins contemporains est la plus grande qu'il ait jamais vue » – plus de 90 aquarelles encadrées dans la salle à manger et plus de 120 dans le salon. Plus tard, Monro décidera de coller une partie de ses dessins directement sur les murs de sa maison de campagne, tel un papier peint.

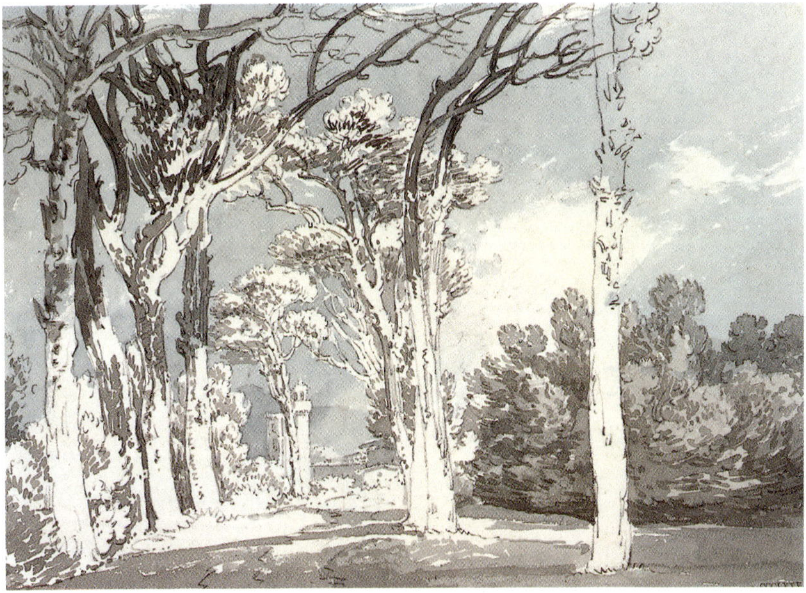

rachetées par Turner lors de la vente des collections du docteur Monro en 1833. Elles montrent les liens étroits que les deux jeunes gens ont entretenus, chaque vendredi, trois ans durant, de 1794 à 1797. Turner gardera une profonde admiration pour ce compagnon virtuose mort à vingt-sept ans.

Le choix d'une technique, l'aquarelle

C'est grâce à l'aquarelle, première technique dans laquelle il choisit de s'exprimer, que Turner va connaître un succès rapide. Depuis près d'un quart de siècle, l'aquarelle a trouvé une véritable terre d'élection en Angleterre, rencontrant auprès des artistes un écho grandissant, en particulier chez les paysagistes. Cet engouement va de pair avec les progrès techniques. Alors que, jusque dans les années 1780, les artistes devaient préparer eux-mêmes leurs couleurs – ce qui nécessitait à la fois un véritable apprentissage et un long processus –, le procédé des frères William et Thomas Reeves révolutionne l'utilisation de l'aquarelle en rendant possible l'achat

Le lavis brun, parfois mêlé à du lavis gris, est l'un des procédés les plus employés par Turner. Jouant ici sur la réserve du papier pour créer la forme des arbres, le peintre use là de subtiles gradations pour suggérer le sol, les taillis, les branches les plus hautes, le ciel. Copie probable d'une aquarelle de John Alexander Cozens, cette œuvre montre la rapide évolution de Turner. La subtilité des valeurs, le rapport entre les zones claires et les zones sombres, sans qu'aucun effet de perspective ne soutienne l'œil, sont remarquables. (Page de gauche en bas, boîte d'aquarelle, fin XVIIIe siècle.)

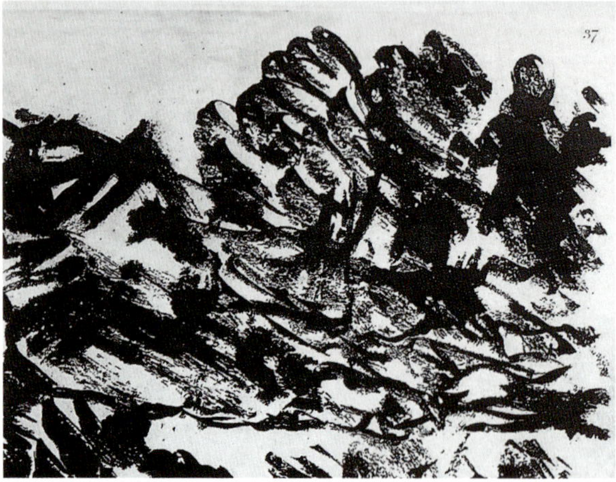

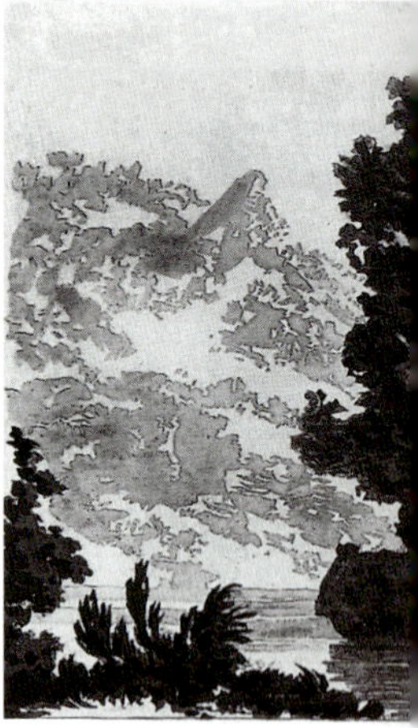

de pâte prête à l'emploi. Il faudra toutefois attendre 1832 pour que William Winsor et H. C. Newton mettent au point de petits morceaux de couleurs facilement transportables dans les boîtes de voyage.

C'est donc en cette phase de perfectionnement de l'aquarelle que Turner commence à la pratiquer avec assiduité, la technique offrant des qualités en parfaite harmonie avec ses recherches. Pour la première fois, un médium permet de fixer rapidement le souvenir d'un lieu ou d'un moment de la journée, un ciel d'orage ou un coucher de soleil ; et de noter non plus seulement les contours d'un paysage mais aussi ses valeurs, ses couleurs, ses transparences. De plus, la légèreté du matériel et son faible encombrement permettent de travailler dans des endroits jusqu'alors inaccessibles.

L'un des premiers dessins connus (aujourd'hui perdu) de Turner est une copie de *Dacre Castle*, une gravure du révérend William Gilpin. À la fois professeur, écrivain, prêtre de paroisse et artiste amateur, Gilpin et son traité sur la beauté des sites anglais (ci-dessous) resteront pour le peintre une référence lors de ses voyages en Angleterre et au pays de Galles.

Les maîtres du genre

Longtemps, l'aquarelle a été pourtant considérée moins comme un art que comme un moyen. Même les grandes figures fondatrices, tels le révérend William Gilpin (1724-1804) ou Alexander Cozens (v. 1717-1786), l'ont regardée comme un exercice remarquable plutôt que comme la technique d'une œuvre définitive.

OBSERVATIONS,

RELATIVE CHIEFLY TO

PICTURESQUE BEAUTY

Made in the YEAR 1772,

On ſeveral PARTS of ENGLAND;

38

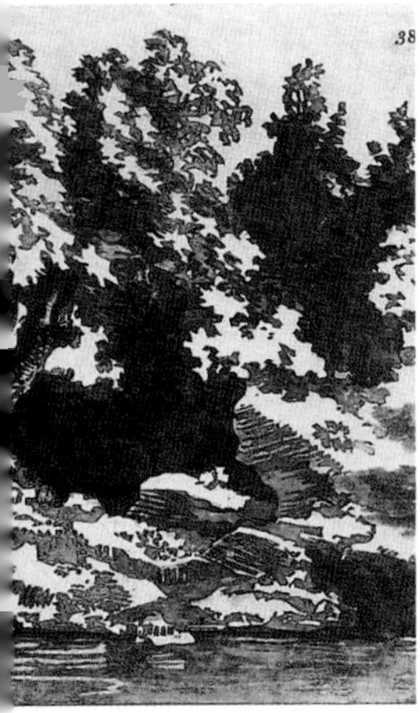

39

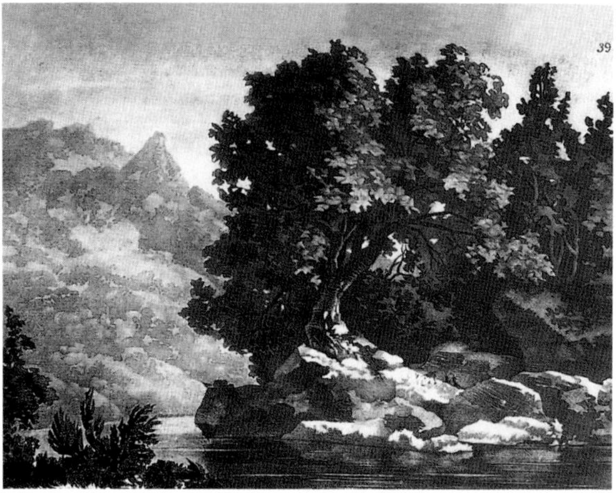

Ces deux hommes pratiquaient d'ailleurs le lavis monochrome, d'où la couleur était largement absente. Gilpin fut néanmoins un acteur essentiel du succès de ce médium en créant ce que l'on appelle le *Picturesque Tour*, relation dessinée d'un voyage fondée sur la beauté d'un paysage et la possibilité d'en tirer de séduisants tableaux. Ses voyages, effectués entre 1769 et 1774, furent relatés et publiés par ses soins en 1786, dans un célèbre ouvrage, *Observations Relative Chiefly to Picturesque Beauty, Made in the Year 1772, on Several Parts of England; Particularly the Mountains and Lakes of Cumberland and West Moreland*. Après l'aristocratique *Grand Tour* en Italie, figure obligée de l'éducation des jeunes gens, le *Picturesque Tour* devint une mode qui n'a jamais cessé. Turner, par ses copies d'après Gilpin, par ses propres voyages, mais surtout par son usage de l'aquarelle, reste marqué par cet enseignement.

L'autre figure tutélaire est Alexander Cozens qui, dès les années 1750, préconisait, pour exercer la liberté créatrice des élèves, qu'ils réalisent des dessins à partir de taches d'encre fortuites ou intentionnelles. Son enseignement, axé sur l'imagination, fut publié l'année de sa mort, en 1786, sous le titre *A New Method of Assisting the Invention in Drawing Original Compositions of Landscape.*

“La tache n'est pas un dessin, mais un assemblage de formes accidentelles desquelles on peut faire un dessin.”
Alexander Cozens

Si l'attrait de la tache s'est exercé sur les artistes depuis la Renaissance, jamais avant Cozens ce fruit du hasard ou de la maladresse n'avait été considéré comme la première étape d'un enseignement (ci-dessus, trois eaux-fortes tirées de sa méthode). En démontrant le pouvoir d'invention de la tache, il rompait avec la tradition académique, où le poids des maîtres avait quelque peu stérilisé l'imagination. En obligeant les élèves à tirer profit d'un accident, il renouvelait l'art de la composition et leur suggérait la richesse qu'offrait une transformation progressive de la réalité.

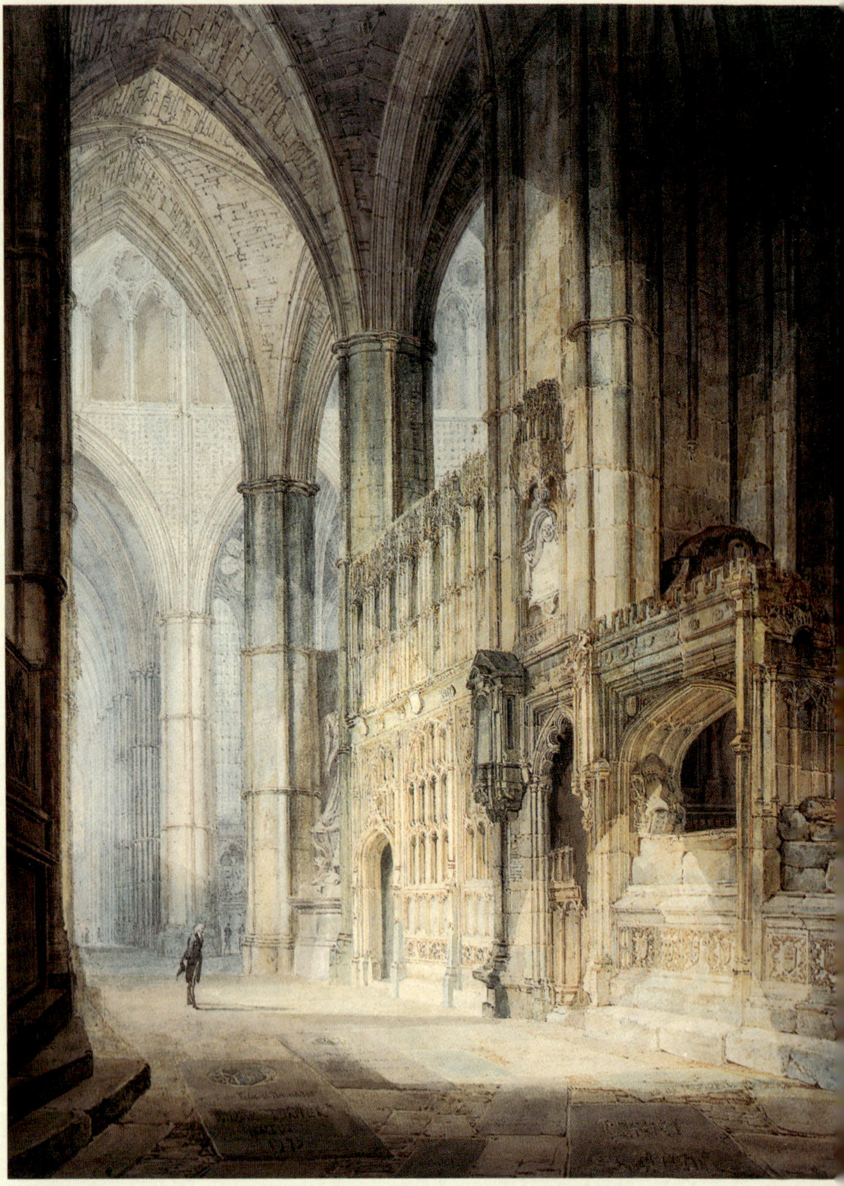

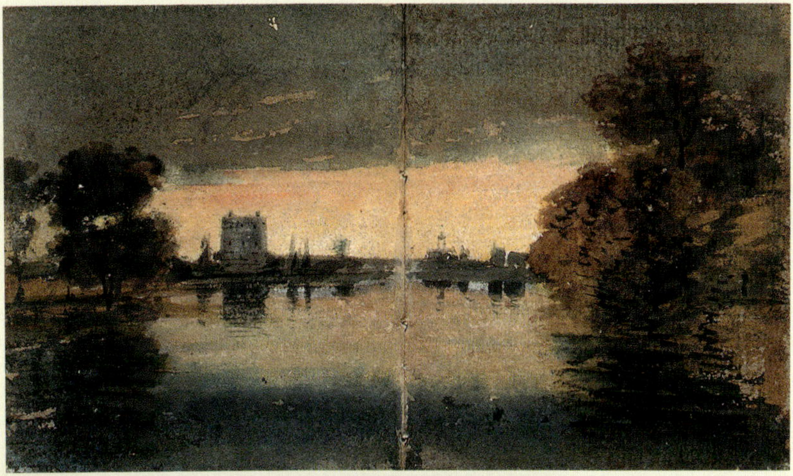

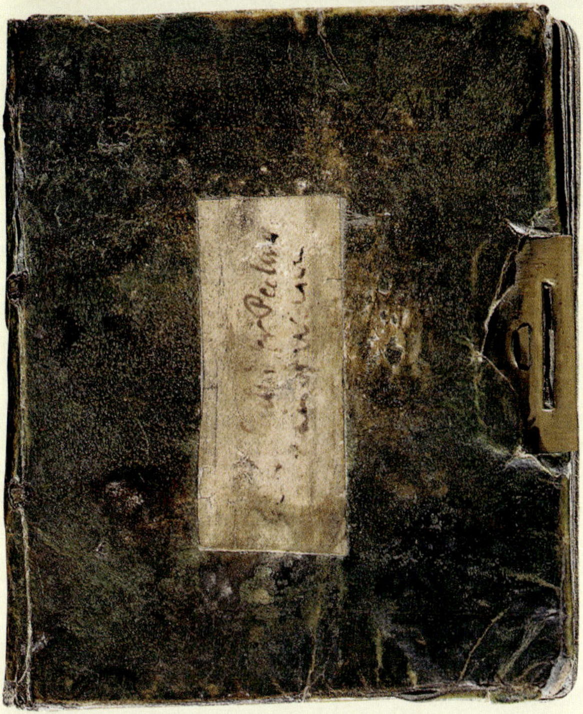

Rares sont les dessins de Turner aujourd'hui conservés dans leur reliure d'origine, comme celle-ci, avec son étiquette et son fermoir de cuivre (ci-contre, carnet intitulé *Wilson*). Dès les débuts de sa carrière, des carnets de ce type accompagnent quotidiennement l'artiste en voyage. Il y dessine le plus souvent des croquis sommaires, mais peut parfois y peindre des scènes plus élaborées (ci-dessus). Les grandes aquarelles (page de gauche) exécutées pour être présentées aux expositions sont peintes en atelier. Fruits de nombreux essais, de mises en place minutieuses, elles sont préparées avec autant de soin qu'une peinture à l'huile.

Les premiers succès

Lorsque Turner présente ses premières aquarelles à la Royal Academy, un public grandissant s'intéresse à cet art et les achats prennent parfois un tour frénétique. Cet engouement entraîne même la création d'un certain nombre d'institutions, comme la Society of Painters in Water Colour en 1804, destinées à favoriser de meilleures conditions d'exposition. En quelques années, Turner acquiert renommée, aisance et assurance ; à ses côtés, certains artistes connaissent aussi un immense succès : parmi eux, John Glover (1767-1849) – ses œuvres se vendent fort cher et il ne peut parfois suffire à la demande – sera longtemps considéré comme son rival...

Ayant rapidement établi sa réputation grâce à ses aquarelles, Turner ressent le besoin d'aborder l'ultime étape nécessaire à la consécration d'un artiste, la peinture proprement dite. Quand, en 1796, il expose sa première peinture à l'huile, *Pêcheurs en mer*, et se décide ainsi à affronter le jugement public pour son œuvre picturale, il s'y est longuement préparé ; il s'est nourri de nombreuses expériences et a assimilé les multiples traditions de ce genre. Grâce à ses voyages annuels, aux visites de certaines des demeures patriciennes de Londres, il s'est constitué une culture visuelle remarquable. Les collections accumulées depuis près d'un siècle par les grandes familles britanniques comme

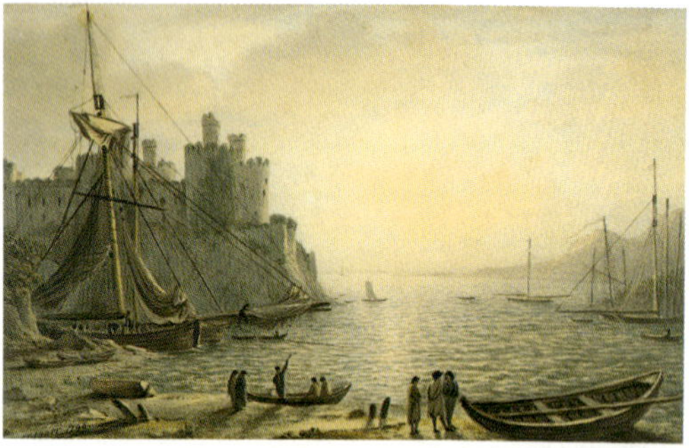

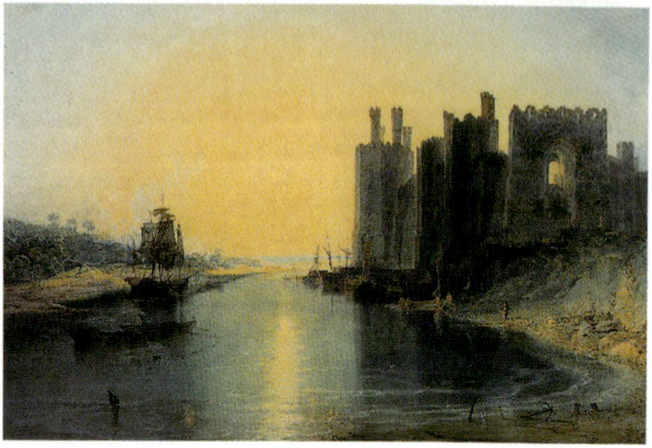

Soleil en contre-jour, aveuglement de jaune, mer qui réfléchit les premiers ou les derniers rayons de l'astre sont autant de déclinaisons des motifs inventés par Claude Gellée. Dans les années 1795, Glover (en haut, *Le Château de Conway*) et Turner (ci-dessus, *Le Château de Caernarvon*) se plaisent à en reprendre les effets de lumière tout en jouant des transparences de l'aquarelle. Un peu plus tard Glover décidera de renouveler radicalement son art de paysagiste en s'installant en Tasmanie.

une suite naturelle de leur Grand Tour sont généralement ouvertes à ceux qui veulent les voir, pour peu qu'ils soient artistes ou amateurs, qu'ils glissent une pièce au personnel ou qu'ils soient munis d'une recommandation. C'est donc essentiellement là que Turner a découvert la richesse du paysage européen.

Le Lorrain, dont les compositions mêlent histoires antiques et édifices somptueux ou en ruine au rendu d'atmosphères maritimes (ci-dessous, *L'Embarquement de la reine de Saba*, 1648), a toujours subjugué les paysagistes. La magie de son art tient à sa capacité à « saisir » le soleil en face et à en rendre l'éblouissement. En plein milieu du XVIIe siècle, il fixe pour longtemps des règles de composition que reprendront nombre de peintres et photographes.

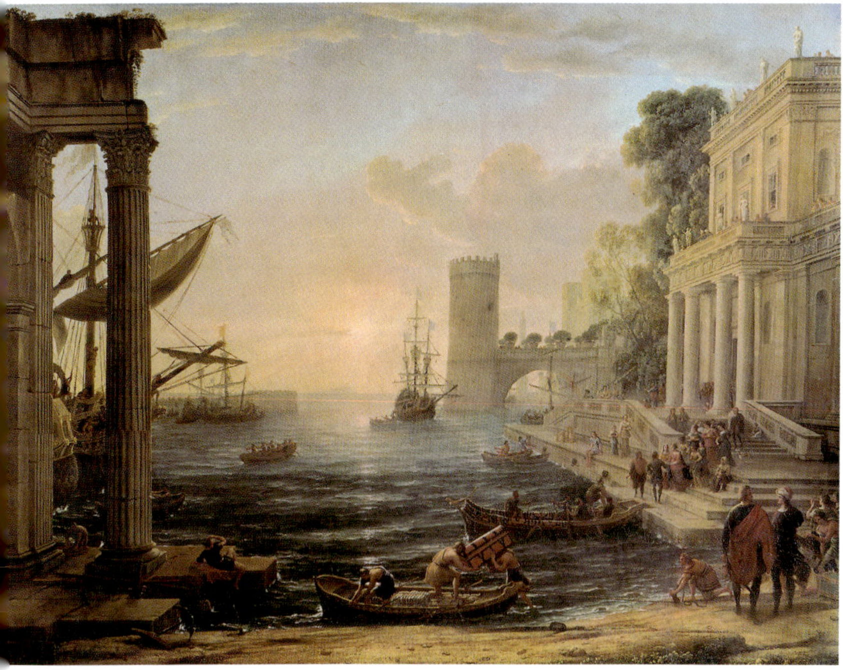

La leçon de Claude

Son principal modèle est Claude Gellée (1600-1682), dit le Lorrain, dont l'importance en Angleterre se traduit par l'habitude de l'appeler par son seul prénom, comme Michel-Ange ou Raphaël.

Dans ce choix, Turner n'innove en rien : depuis le XVIIe siècle, le courant claudien repose sur une idée générale de la beauté dont l'attrait tient avant tout à l'équilibre et à la sérénité. Il a été entretenu en Grande-Bretagne par une véritable passion pour

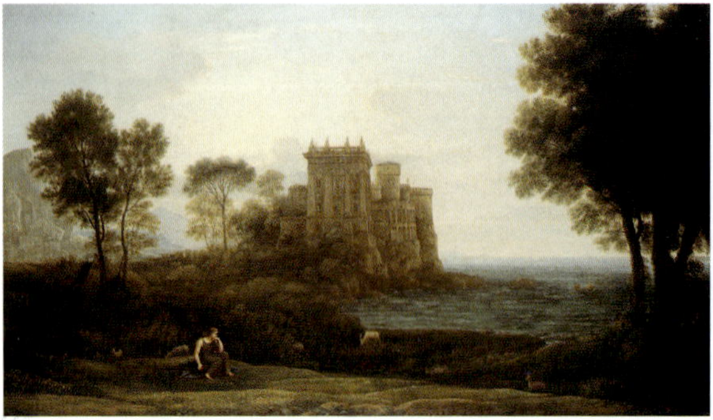

La fascination exercée par le Lorrain sur les collectionneurs anglais tient non pas tant à ses paysages, dans lesquels la clarté des lumières saisit les protagonistes de l'histoire antique, qu'à sa puissance d'évocation poétique. Dans *Le Château enchanté* (1664, ci-contre), l'imagination du peintre atteint des dimensions inconnues. Le sentiment du rêve n'a jamais été aussi fort. L'architecture semble suspendue, une brume vaporeuse enveloppe les arbres et le château. C'est cette facette de son art, presque impalpable, que Turner a surtout tenté de suivre.

l'artiste. Ainsi, près des deux tiers de son œuvre peint et tous les dessins du *Liber veritatis* où Claude a consigné le souvenir de chacun de ses tableaux ont fait partie à un moment ou à un autre de collections aristocratiques britanniques. La production du Lorrain, considéré comme le plus grand maître du paysage, ne se présente pas sous un seul aspect. Il a peint, comme Poussin, des compositions où

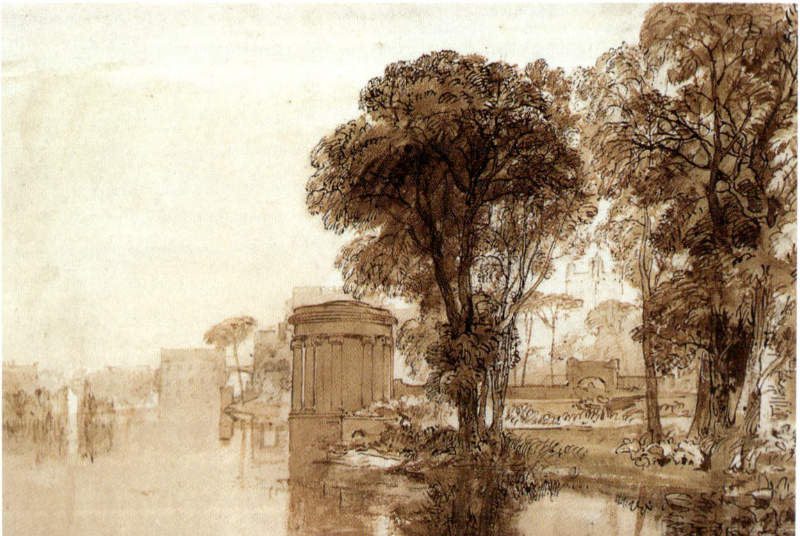

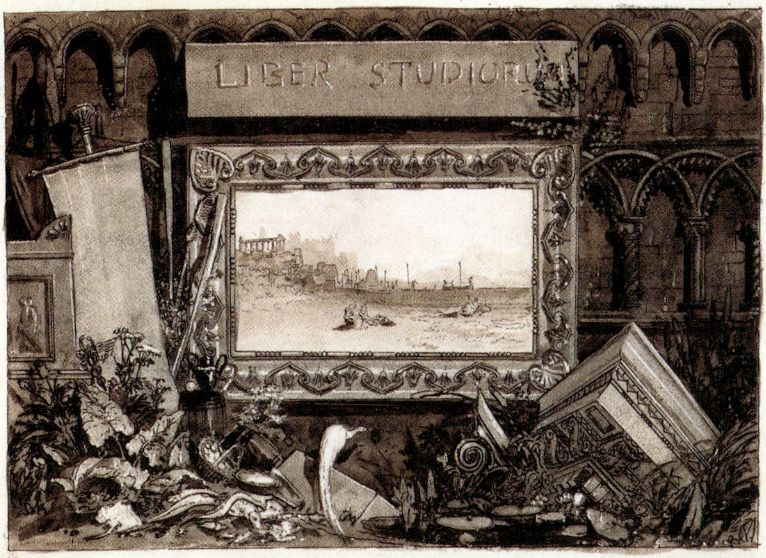

les édifices antiques, les prétextes mythologiques ou historiques forment une trame sur un fond de paysage dont l'atmosphère doit autant à la raison qu'à la sensibilité. Il a peint aussi, comme le montre *Le Château enchanté*, dans un registre féerique qui a séduit les collectionneurs britanniques.

Rapidement, Turner place Claude au centre de son panthéon artistique. Tout jeune, venu visiter la collection Angerstein, il aurait fondu en larmes devant une vue de port du peintre; et face à l'insistance du collectionneur à connaître la cause de son émotion, il aurait déclaré avec flamme: « Parce que je ne serai jamais capable de rien peindre qui puisse se comparer à ce tableau! » En 1795, il rend également visite à sir Richard Colt Hoare pour étudier, outre sa collection, ses fameux jardins de Stourhead – à ce jour la plus extraordinaire tentative de reconstituer à l'échelle de la nature une œuvre à la manière de Claude. Frappé par cette incarnation terrestre de l'art claudien, Turner esquissera plus tard plusieurs vues de Stourhead.

Avec son *Liber studiorum*, dont l'idée lui a été suggérée par son ami et graveur William Frederick Wells en 1806, Turner reprend la forme générale – une sorte de catalogue d'œuvres – du *Liber veritatis* du Lorrain publié en 1777; il s'en démarque toutefois par l'extrême qualité des gravures tirées de ses œuvres (page de gauche, *Isleworth*). Les livraisons se feront par série de cinq planches; le frontispice (ci-dessus) ne sera donné qu'à la dixième livraison, en 1812. L'entreprise s'arrêtera à la soixante et onzième gravure, alors que cent étaient prévues.

L'attrait des marines

Les paysagistes hollandais, en particulier Jacob Van Ruisdael et Albert Cuyp, les Italiens, comme Salvator Rosa, Zuccarelli ou Canaletto, lui servent aussi de modèles. À l'égard des Hollandais, Turner semble avoir suivi à la lettre la recommandation que faisait Reynolds en 1781 : « Les peintres doivent aller à la peinture hollandaise pour apprendre l'art de peindre comme ils vont au lycée pour apprendre une langue étrangère. » Il est aussi très frappé par les œuvres des grands peintres de marines comme les Willem Van de Velde, le Vieux (1611-1693) et le Jeune (1633-1707), dont la science des éléments et le raffinement des notations climatiques vont de pair avec leur précision dans le rendu des bateaux et des batailles.

Dans un pays qui vénère sa flotte à l'égal d'une vertu, la peinture de marines est un art en soi. Parmi les artistes à succès de la fin du XVIIIe siècle, on trouve John Thomas Serres. Fils de Dominique

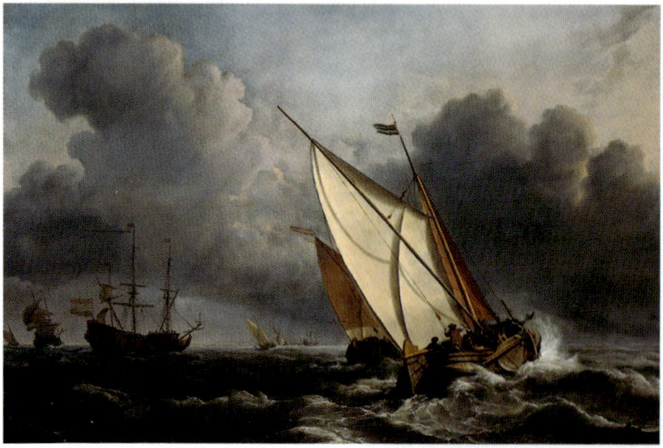

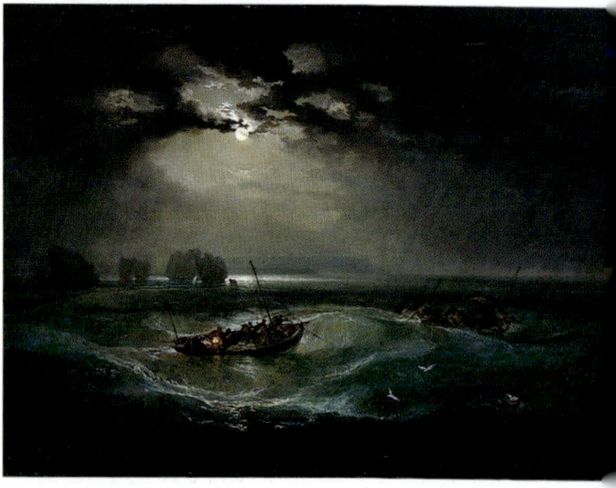

De même qu'il aime se mesurer à Claude ou à Poussin, Turner est amené, par goût ou par défi, à exécuter des pendants à des œuvres célèbres. Le plus fameux de ces défis lui est lancé en 1801 quand le duc de Bridgewater lui demande de peindre un pendant à son chef-d'œuvre de Van de Velde le Jeune, *Approche d'un coup de vent* (ci-contre). Turner en réalise alors une version inversée (page de droite, *Bateaux hollandais dans la tempête*) – véritable tour de force.

« Toutes ses œuvres témoignent d'une puissante imagination. Il n'a jamais rien produit de petit et son travail révèle une vision globale de la nature [mais aussi] une affectation de négligence. »

À propos de *Bateaux hollandais* in *Porcupine*, 28 avril 1801

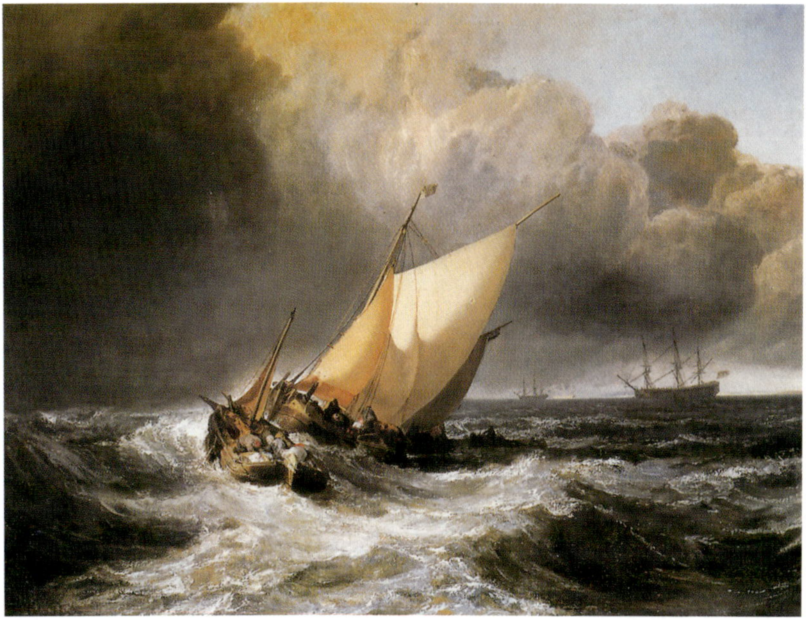

Serres, un Gascon capturé par les Anglais en 1752, devenu peintre de marines de George III et l'un des membres fondateurs de la Royal Academy, John Thomas a repris cette charge à la mort de son père, en 1793. Or, l'inconduite de sa femme l'ayant forcé à trouver un toit hors du domicile conjugal, c'est avec Turner qu'il va loger, 64 Harley Street, de 1799 à 1808. Cette cohabitation sera à l'évidence une source d'enseignements pour Turner. Serres, auteur du *Liber nauticus*, le principal manuel d'enseignement de peinture de marines, conseillera probablement son ami pour ses peintures de grandes batailles navales.

Au-delà de ses années de formation, Turner continuera de dialoguer avec les maîtres, à dessiner d'après eux, se nourrissant sans cesse de l'œuvre des autres, qu'il s'agisse de Rembrandt, Titien ou Watteau, ou de contemporains comme sir David Wilkie (1785-1841), le grand peintre de genre du début du XIXe siècle.

Dès les années 1790, Turner se plaît à peindre de grandes marines. N'hésitant pas à jouer des contrastes les plus forts, il donne un tour parfois terriblement dramatique à ses compositions, où les aspects crépusculaires et les tensions sont alors un peu outrés comme dans *Pêcheurs en mer* (1796, page de gauche). Telle une suite lointaine de Joseph Vernet ou de Jacques de Loutherbourg, ces marines déclinent en les amplifiant les préceptes du sublime – flots écumants, tempêtes qu'annoncent les nuages sombres.

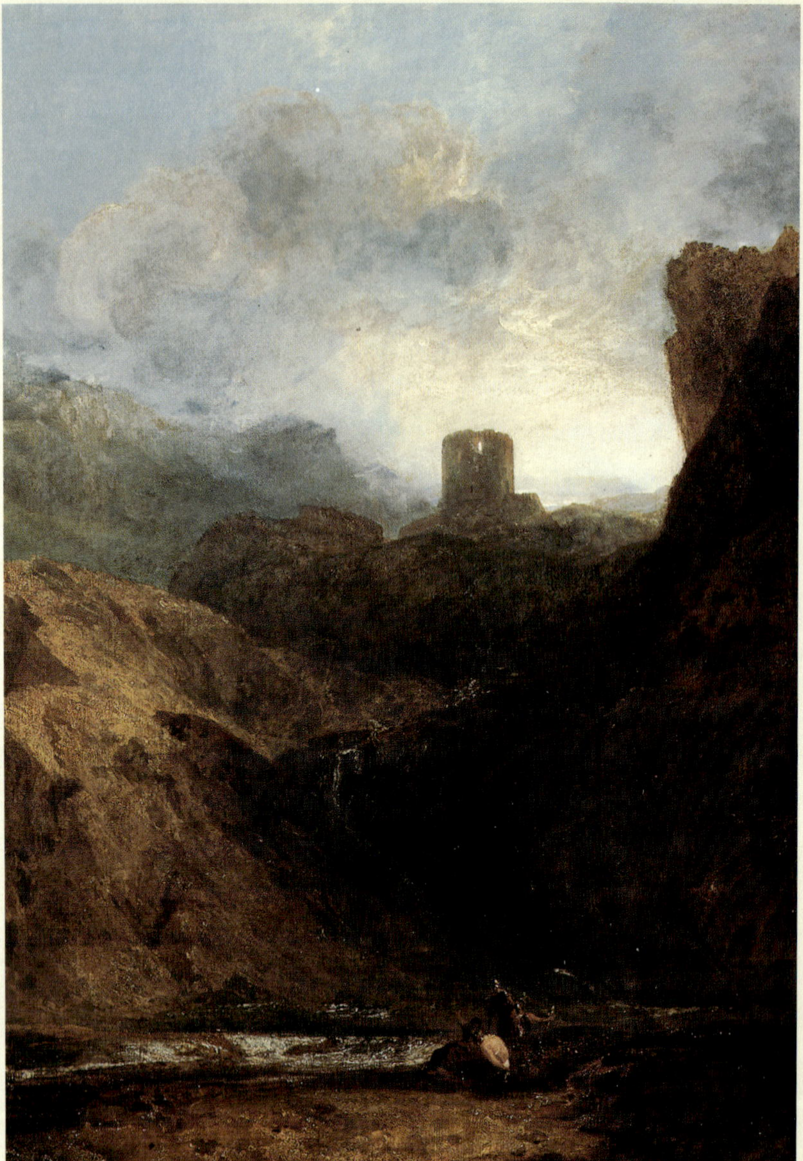

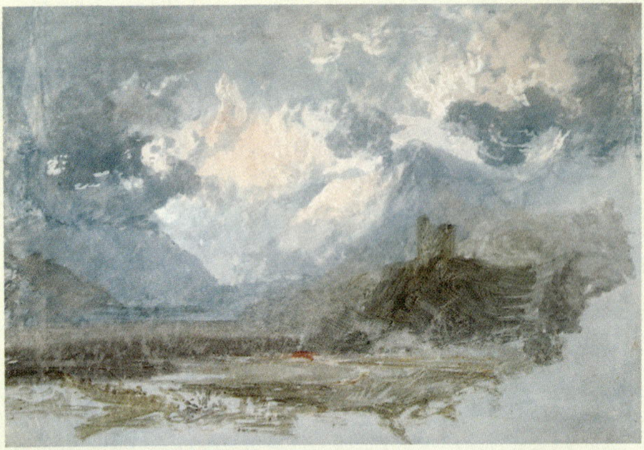

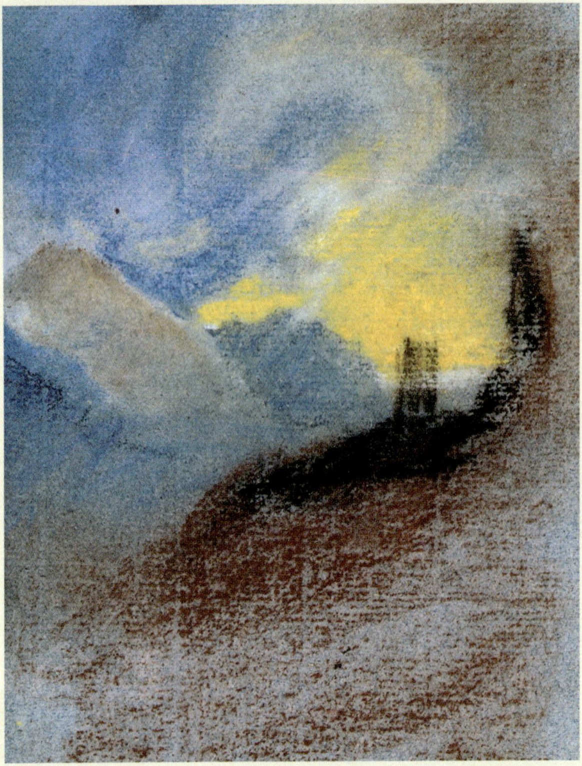

Comme souvent chez Turner, les étapes de préparation du tableau sont nombreuses et les techniques variées. Lavis, aquarelles, crayons et même une petite peinture (récemment achetée par la Bibliothèque nationale galloise) ont ainsi participé à la lente maturation de *Dolbadarn Castle* (page de gauche), né de ses divers séjours au pays de Galles dans les années 1790. Tout un ensemble de points de vue différents et de jeux de couleurs témoigne de la complexité d'élaboration de cette œuvre, devenue le morceau de réception du peintre à la Royal Academy.

C'est lors de l'exposition de *Dolbadarn Castle,* en 1800, que Turner accompagne, pour la première fois, une œuvre de vers de sa composition : « Combien terrible est le silence de cette terre désolée où la nature soulève ses montagnes vers le ciel. Solitude majestueuse, voyez la tour, où Owen, longtemps emprisonné, soupira en vain après sa liberté en se tordant les mains de désespoir. » En faisant référence à Owen Goch, un prince gallois emprisonné là par son frère Llewelyn de 1254 à 1277, il donne ainsi un ton plus tragique encore à son tableau.

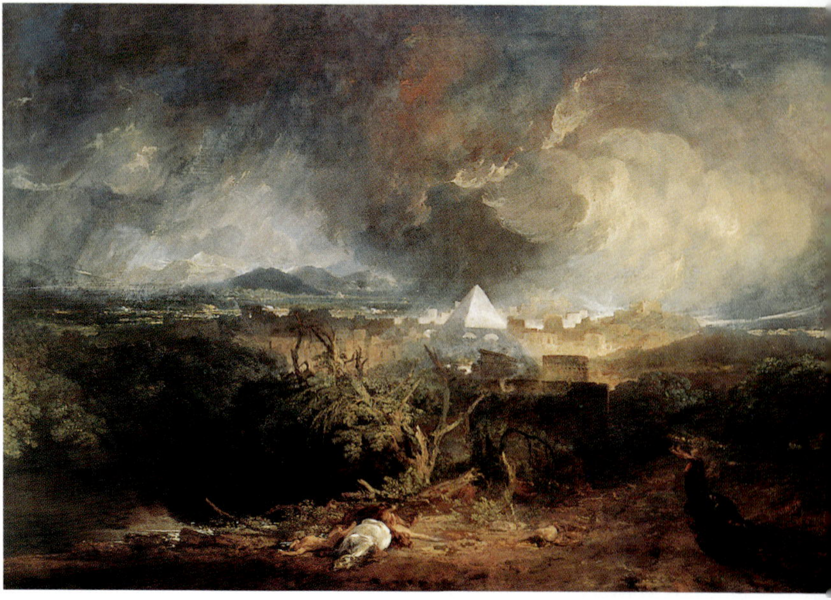

La notion de sublime

L'autre tradition à laquelle Turner s'attache est plus récente. Il s'agit de l'idée du sublime, qui, avant d'être artistique, était philosophique. Cette notion avait été développée par Edmund Burke en 1757 dans son *Enquête philosophique sur l'origine de nos idées du sublime et du beau*. Ce texte, déterminant pour l'histoire de l'art, l'est en particulier pour tout le romantisme européen. Le sublime repose sur les sentiments qu'éprouve l'homme devant le spectacle de l'obscurité, de l'infini, de l'uniformité sans fin, des éléments naturels déchaînés. Opposé à l'équilibre de la beauté, il provoque alors un intérêt pour les paysages démesurés, pour les histoires terribles. C'est l'époque des premiers romans d'horreur avec *Le Château d'Otrante* d'Horace Walpole, et plus tard le *Frankenstein* de Mary Shelley dont le monstre se réfugie dans les solitudes glacées des Alpes pour fuir le contact des hommes.

Bien que titré *La Cinquième Plaie d'Égypte*, ce tableau (ci-dessus) décrit en fait la septième, lorsque la cendre et la poussière s'abattent sur le pays. Première œuvre tirée de l'Ancien Testament peinte par Turner, c'est aussi la première où se lisent ouvertement les influences de Poussin et de Richard Wilson, le premier artiste anglais à vouer son art au seul paysage. En 1800, son acquisition par l'écrivain William Beckford pour la somme faramineuse de 150 guinées fera beaucoup pour la réputation du jeune Turner, qui se voit ainsi acheté par l'un des hommes les plus influents d'Angleterre.

La notion de sublime dans l'œuvre de Turner est déterminante. Elle apparaîtra à la fois dans le choix des sujets, comme la montagne, la tempête, l'incendie ou les volcans, et dans leur traitement. Elle évoluera tout au long de sa carrière, des notations les plus littérales aux plus métaphoriques.

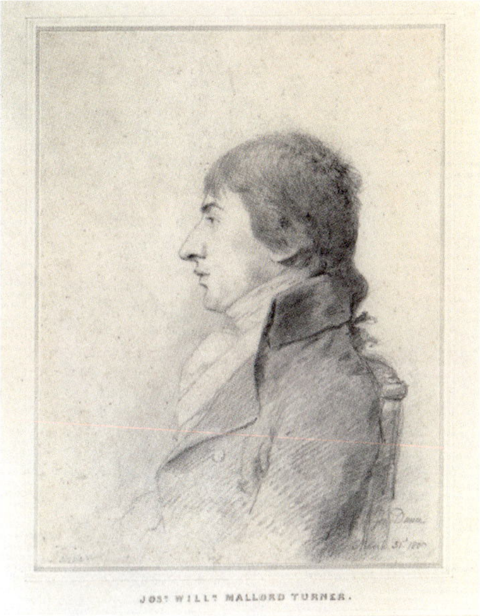

Ce portrait de Turner, destiné à une série de gravures intitulée *Galerie d'éminents personnages*, est daté de mars 1800, trois mois après son élection à la Royal Academy.

Académicien à 26 ans

Le 4 novembre 1799, Turner est élu membre associé de la Royal Academy ; sa signature comme son nom sont désormais suivis de l'abréviation *ARA*, *Associate Royal Academician*. Cette première élection le consacre comme l'artiste de sa génération. L'année suivante, il expose sa première peinture d'histoire, *La Cinquième Plaie d'Égypte*. Il n'est plus un simple paysagiste, encore moins le jeune topographe de ses débuts. À peine débutant comme peintre d'histoire, il règne déjà en maître. En 1801, l'immense succès public de *Bateaux hollandais* exposé à la Royal Academy et commandé par le duc de Bridgewater renforce cette suprématie. Elle se traduit très rapidement dans la course aux honneurs. À peine un an plus tard, le 12 février 1802, il est élu académicien à part entière. Comme morceau de réception, il offre à l'institution un tableau exposé un an plus tôt, *Le Château de Dolbadarn, pays de Galles du Nord*. À 26 ans seulement, il est le plus jeune académicien de l'histoire de cette institution. Il signera désormais *J. M. W. Turner RA*.

« Turner ne supportait pas les disputes et cherchait aussitôt à désarmer l'agressivité. Il se plaçait alors derrière l'interlocuteur excité, et avec le geste de lui toucher l'épaule, ou un mot de douceur, faisait tomber l'acrimonie du ton. »
George Jones, ami de Turner

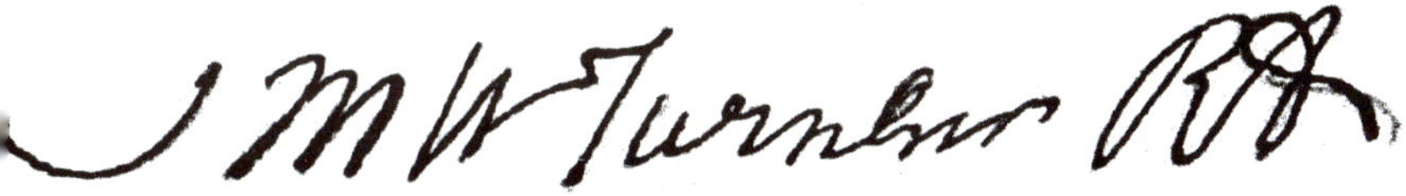

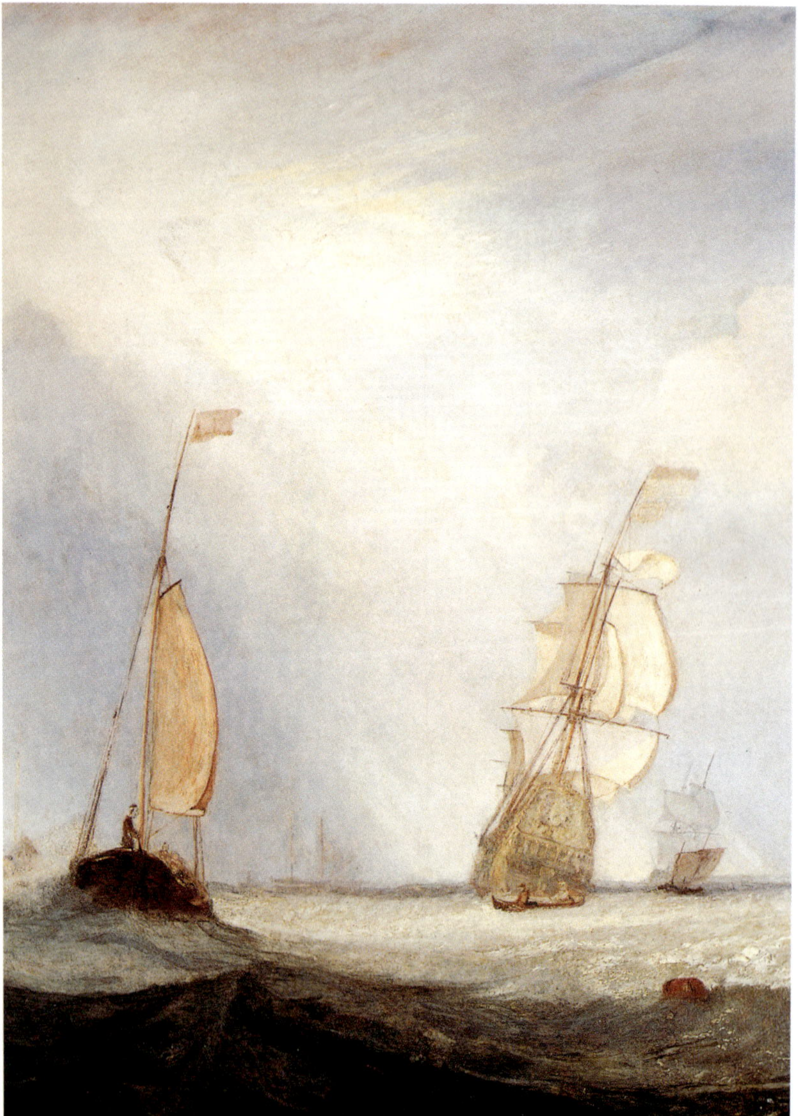

À l'honneur d'avoir été élu académicien s'ajoutent rapidement les bénéfices de la gloire. Recherchée par les plus grands amateurs de son temps, l'œuvre de Turner prend place au sein des plus belles collections. Aux expositions de la Royal Academy et de la British Institution, Turner ajoute bientôt la présentation permanente de ses œuvres dans sa propre galerie, qu'il fait construire à Harley Street, au centre de Londres.

CHAPITRE 2

LA LIBERTÉ DU SUCCÈS

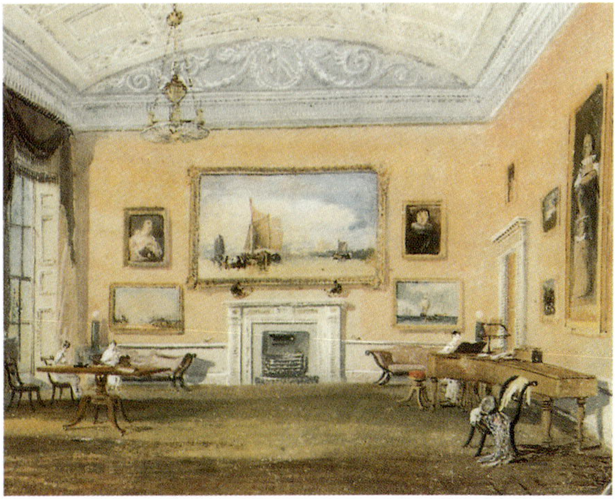

Exposée à la Royal Academy en 1818, la vue de *Dordrecht* rejoint dans l'année le salon de Farnley Hall (ci-contre, au-dessus de la cheminée), la propriété du mécène et ami intime de Turner, Walter Fawkes. Probablement réalisée sur place par Turner pour célébrer l'accrochage, l'aquarelle montre également deux autres œuvres du peintre. (Page de gauche, détail d'une autre marine de Turner, *Le "Ville-d'Utrecht"*, exposée à la Royal Academy en 1832.)

Une rapide aisance financière

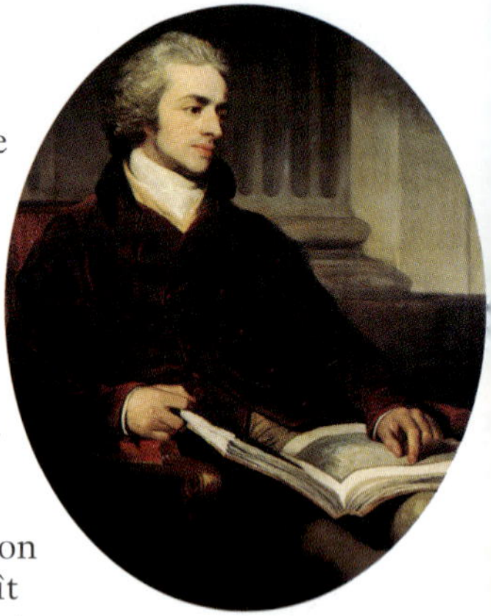

À compter de sa triomphale élection, Turner, désormais libéré d'un enjeu essentiel, se tourne vers d'autres horizons. L'exposition annuelle de la Royal Academy, à Somerset House – indispensable pour nombre d'artistes de moindre réputation –, lui devient moins nécessaire. En outre, depuis quelques années déjà, l'artiste suscite une véritable passion chez plusieurs collectionneurs qui lui achètent des dizaines d'œuvres, soit aux expositions publiques, soit de gré à gré.

Grâce à ces amateurs fidèles et à une inflation du prix de vente de ses œuvres, sa fortune croît rapidement. Alors qu'en 1796 sa première peinture à l'huile, *Pêcheurs en mer*, est achetée 10 livres par le général Stewart, Turner vend en 1798 deux vues de Plumpton au comte de Harewood pour 32 livres. La valorisation est exponentielle. Ainsi, en 1800, l'écrivain et grand collectionneur William Beckford, auquel Turner a rendu visite l'année précédente dans sa propriété de Fonthill Abbey, achète *La Cinquième Plaie d'Égypte* pour plus de 150 guinées ; deux ans plus tard, le duc de Bridgewater paie près de 300 livres *Bateaux hollandais dans la tempête*. Après cette inflation prodigieuse, les prix se stabilisent et, en 1835, Turner confiera à l'un des

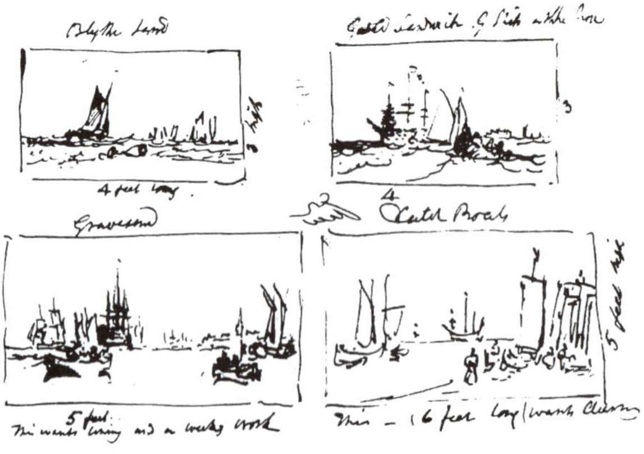

L'un des mécènes de Turner est l'écrivain William Beckford (ci-dessus), auteur des *Vies authentiques de peintres imaginaires* à vingt ans, et du conte fantastique *Vathek*. Héritier de l'une des premières fortunes d'Angleterre – son père, lord-maire de Londres et célèbre parlementaire, possédait d'immenses plantations de canne à sucre à la Jamaïque –, Beckford est un collectionneur compulsif et raffiné. En 1799, il écrit du Portugal à Turner pour lui demander de se rendre, en vue d'une commande, dans sa propriété de Fonthill Abbey, dans le Wiltshire. Le peintre y passera la fin de l'été de 1799.
(Ci-contre, croquis illustrant une lettre de Turner du 12 décembre 1812 à un autre de ses mécènes, sir John Fleming Leicester.)

membres de sa famille en visite que « pour 350 livres n'importe quelle œuvre est à vendre dans son atelier ». Cependant, certaines œuvres atteindront des prix bien supérieurs du vivant même de l'artiste. Ainsi un collectionneur déboursera 1 050 livres pour *Palestrina*; de même, en 1851, un autre paiera 2 500 livres pour deux œuvres restées d'ailleurs invendues pendant vingt-cinq ans.

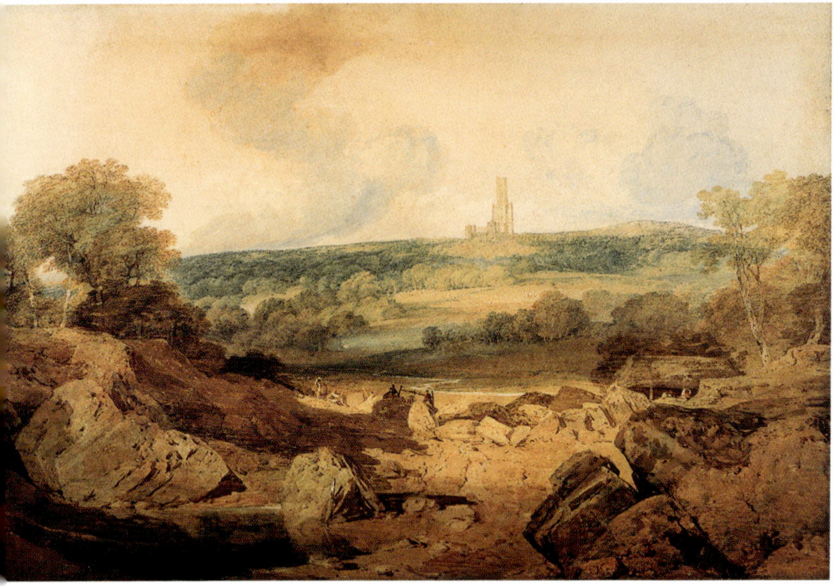

L'aisance de l'artiste est donc réelle dès les tout débuts de sa carrière : aux peintures s'ajoutent les aquarelles, cédées d'abord quelques livres pour finir par atteindre des prix considérables dans les années 1830 où certaines vues d'Angleterre ou des Alpes sont vendues 50 à 100 livres. Mais parce que son mode de vie reste discret, parce que sa mise est sans apprêt, une certaine réputation d'avarice s'attache parfois à Turner. Plus probablement, des besoins réduits à l'exercice de son art lui font négliger les occasions de dépense. Son enfance modeste ne l'a guère habitué non plus à la prodigalité.

Dans les années 1790, Beckford veut mener à bien l'achèvement de sa propriété de Fonthill Abbey. Souhaitant qu'un bâtiment gothique en soit l'ornement, il fait appel à l'architecte James Wyatt pour construire cette fausse ruine. Ce qui ne devait être qu'une fabrique devint un château démesuré, dont la tour centrale, inspirée de celle de la cathédrale de Salisbury, devait s'écrouler par trois fois. À travers plusieurs aquarelles, Turner a laissé une vision quasi spectrale de cette extraordinaire folie, qui émerge de la lande telle une ville engloutie.

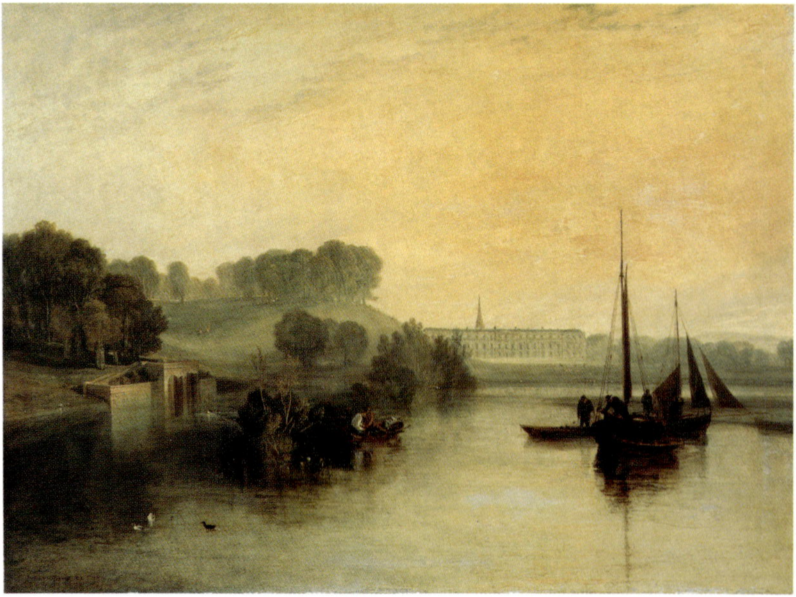

Un mécène parfait, lord Egremont

Dans son parc dessiné par Capability Brown en 1750 à la demande du 2e comte d'Egremont, Petworth est l'un des plus somptueux châteaux du sud de l'Angleterre (ci-dessus, *Petworth dans le Sussex, rosée du matin*, peint par Turner en 1810). George Wyndham, 3e comte d'Egremont, y fera construire l'une des plus belles galeries privées de peinture et de sculpture – « la manifestation la plus raffinée du goût du XIXe siècle », selon l'historien Christopher Hussey.

En 1802, *Bateaux attendant pour le mouillage* est acheté par George Wyndham, 3e comte d'Egremont (1751-1837). Celui-ci va devenir, à compter de cette date, le principal commanditaire de Turner et l'un de ses interlocuteurs privilégiés. Après une jeunesse sentimentale agitée (il fut, entre autres, le père naturel du futur Premier ministre, le vicomte Melbourne), il s'est retiré de la vie publique pour s'attacher à son domaine de Petworth, se consacrer à l'agriculture et à l'élevage des chevaux, ainsi qu'aux artistes. Cet intérêt pour les arts lui a probablement été inspiré par sa maîtresse et future épouse, Elizabeth Iliffe, qui, en 1800, a été l'une des rares personnes à soutenir William Blake, lequel peignit pour elle *Satan commandant ses légions* et *Le Jugement dernier*.

La générosité et l'affabilité de lord Egremont s'accompagnent d'une volonté de laisser à chacun de ses invités la plus grande liberté, les artistes trop

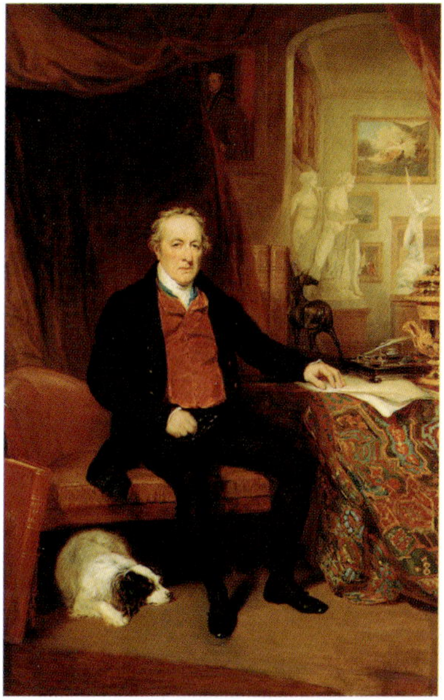

mondains ou obséquieux ne trouvant pas grâce auprès de lui. Parmi les plus fidèles invités figurent les peintres Thomas Phillips, C. R. Leslie, les sculpteurs Nollekens, Westmacott, ou Flaxman, à qui il commande en 1819 sa dernière grande œuvre, *Saint Michel terrassant Satan*, et bien sûr Turner lui-même.

Les nombreux séjours de Turner à Petworth vont lui permettre de peindre et de dessiner avec une rare liberté autant des vues intérieures, des scènes de la vie quotidienne que des vues du parc dessiné par Capability Brown. Ses carnets, qu'ils évoquent les promenades en extérieur, les chambres et leurs habitants, ou transmuent les musiques et les murmures des concerts, forment un ensemble au charme profond. Ils perpétuent ce monde de Petworth, fait de liberté, de joie, de force, de trivialité comme de raffinement.

De nombreux amateurs

Parmi les membres de la haute aristocratie qui s'intéressent de très près à l'art de Turner, se trouve aussi le 3e duc de Bridgewater (1736-1803), fabuleusement riche grâce au réseau de canaux dont il a doté le cœur industriel de l'Angleterre et aux intérêts miniers qu'il a fait fructifier pendant la révolution industrielle. Il avait commencé sa collection en 1759 en commandant à Joseph Vernet une série de quatre peintures, puis avait poursuivi ses acquisitions par des œuvres de Raphaël, Poussin, Titien, dont beaucoup avaient auparavant figuré dans la collection des ducs d'Orléans. C'est en 1801 qu'il commande à Turner *Bateaux hollandais dans la tempête* (aujourd'hui connu sous le titre de *Marine Bridgewater*) en vue de former un pendant à une œuvre de sa collection, *Approche d'un coup de vent* de Willem Van de Velde le Jeune.

« Son plus grand bonheur était de partager avec les plus grands et les plus humbles les luxes procurés par ses vastes revenus. Même les animaux à Petworth semblaient plus heureux que dans n'importe quel autre endroit de la terre. »

Le peintre Haydon à propos de lord Egremont (ci-dessus)

De Petworth, Turner fait de nombreux croquis au crayon ou à l'aquarelle (double page suivante) qui forment la chronique colorée d'un lieu où chacun ne semble occupé qu'à la libre pratique de ses plaisirs – musique, peinture, billard.

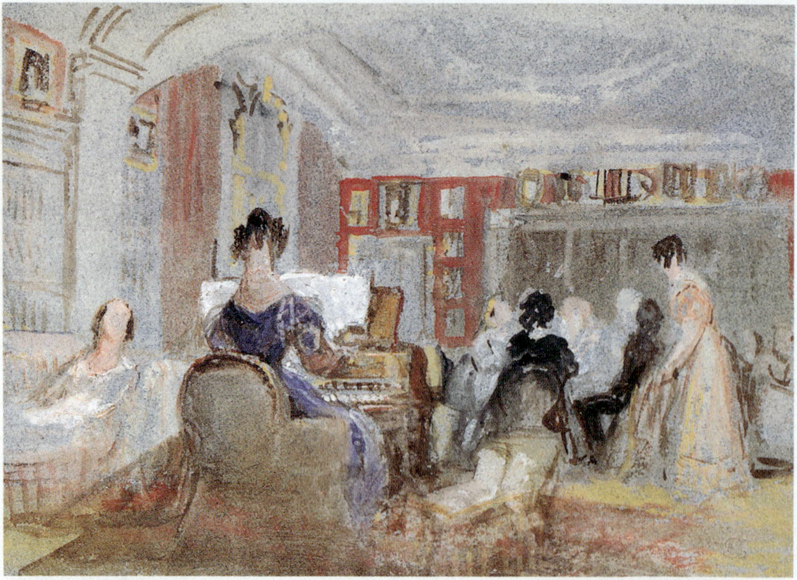

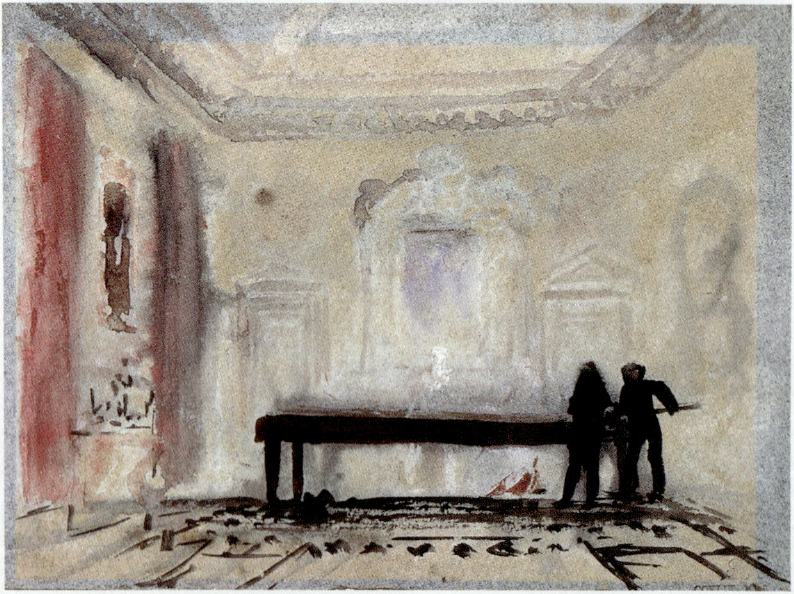

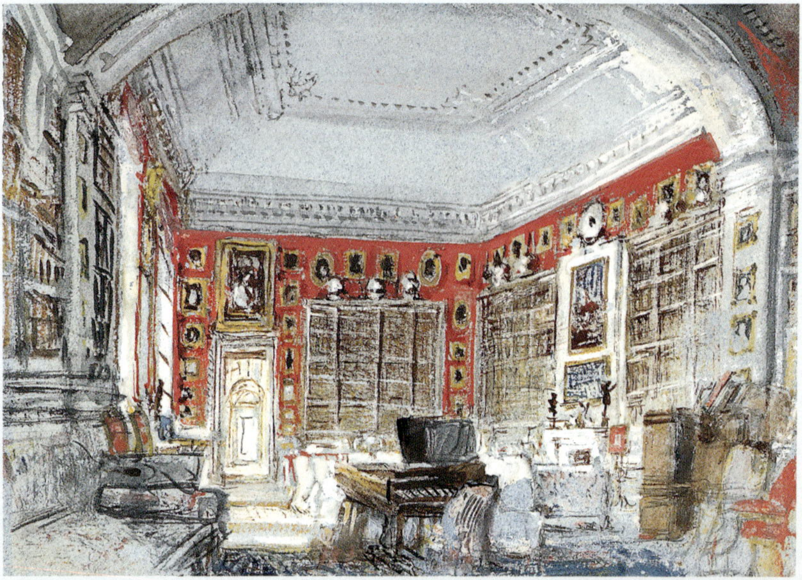

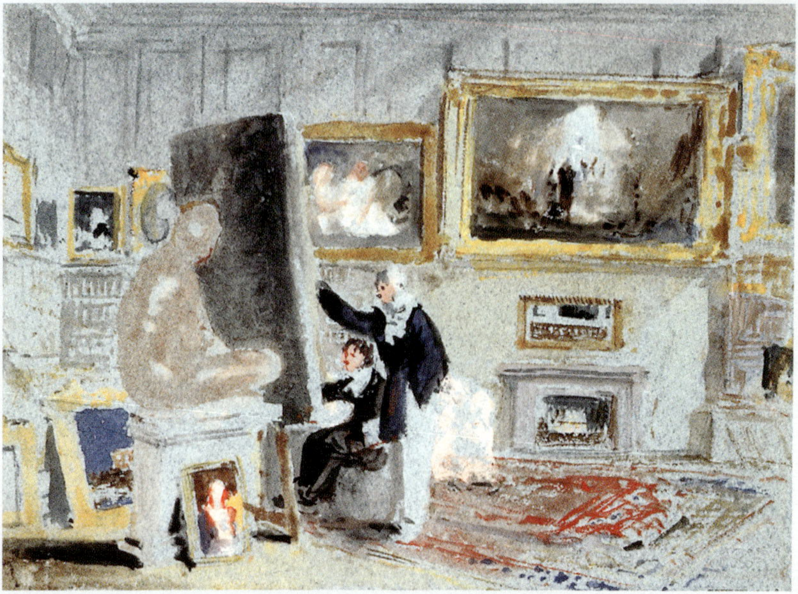

Dans les mêmes années, le baron Yarborough, un autre protecteur de Turner, lui achète sa *Fête des Vendanges à Mâcon* présentée à la Royal Academy en 1803. Il a auparavant demandé à l'artiste plusieurs aquarelles d'un mausolée qu'il avait fait construire par James Wyatt pour se souvenir de son épouse défunte. Yarborough participe aussi à plusieurs souscriptions destinées à éditer des gravures d'après des œuvres de Turner, dont *Le Naufrage*.

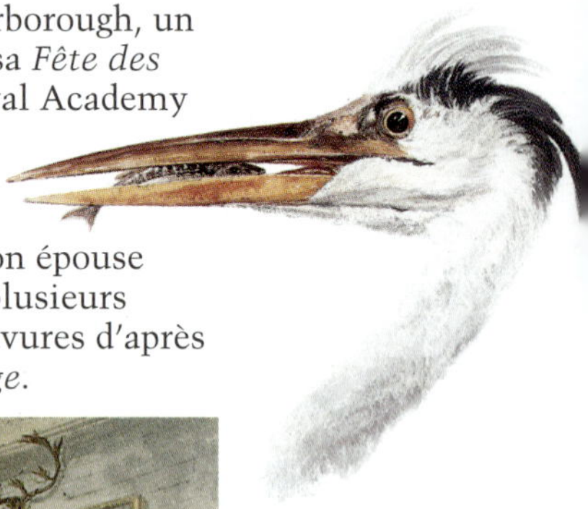

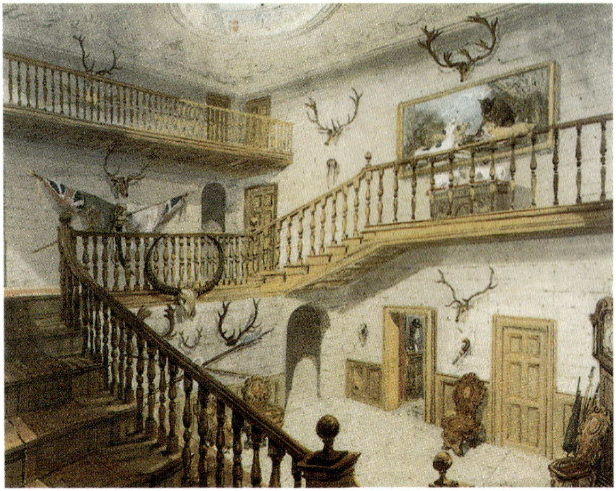

À Farnley Hall, Turner travaille avec une liberté toute particulière. Il réalise à la demande de Fawkes une série d'études sur les environs; il y illustre également, en étroite collaboration avec la famille, des albums d'ornithologie, fondés sur la classification du livre de Thomas Bewick *History of British Birds* (ci-dessus).

Dans le vieil escalier de chêne qui se trouve dans la partie ancienne de Farnley (ci-contre), le propriétaire a disposé à la fois des bannières de parlementaires et des trophées de chasse, mais aussi un magnifique tableau de Snyders, *La Chasse au sanglier*, acheté en 1798 à la vente du duc d'Orléans. À cet aspect traditionnel du manoir anglais s'opposent des pièces plus modernes où les œuvres de Turner, comme *Dordrecht*, sont accrochées.

Un ami proche, Fawkes

Parmi ces amateurs, il convient de faire une place particulière à Walter Ramsden Fawkes (1769-1825). D'abord député radical, c'est-à-dire à la gauche du parti whig (ancêtre des travaillistes actuels), puis whig, il est l'un des plus fervents partisans de l'abolition de l'esclavage. Aquarelliste amateur, il a entrepris, après ses études à Cambridge, son Grand Tour à la fin des années 1780, et rapporté des Alpes d'excellentes feuilles. Par ailleurs collectionneur et grand propriétaire terrien, c'est à Farnley, dans le Yorkshire, qu'il accueille Turner, rencontré à la fin des années 1790. Comme à Petworth, l'artiste y est reçu avec une grande liberté; il y a ses habitudes et il semble même que, fort de sa formation chez des architectes, il ait donné à Fawkes des plans pour l'agrandissement d'une maison. Turner profite aussi de ces séjours pour chasser en compagnie du maître des lieux.

Les liens d'amitié du peintre avec les Fawkes se prolongeront au-delà de la mort de son ami en 1825, notamment avec l'un des fils de ce dernier auquel Turner prêtera des œuvres lorsque celui-ci n'aura plus les moyens de les acheter. Ainsi sont passés à un moment ou à un autre chez les Fawkes *Le Victory à Trafalgar*, le bateau sur lequel fut tué Nelson, *Londres* et le magnifique *Dort* ou *Dordrecht*. À côté des peintures, Fawkes commandera aussi à Turner des aquarelles sur les thèmes alpins, des vues du Rhin et des vues de sa propre maison. Et, registre plus inhabituel, Fawkes et toute sa famille entreprendront la publication de cinq volumes consacrés aux oiseaux, à leurs plumages et à leurs œufs, recueils pour lesquels Turner fournit de nombreuses aquarelles.

Outre la peinture, Turner et Fawkes partagent le goût de la montagne, mais aussi de l'histoire et de la politique ou, plus simplement, celui de la chasse (ci-dessous, peints par J. R. Wildman vers 1820-1824). Fawkes sera l'un des premiers à acquérir un carnet de voyage de l'artiste, relatif au Rhin. Il en fera une exposition publique chez lui en 1819, attirant l'attention des critiques sur ces études. « Elles peuvent être même parfois préférées à certaines des œuvres finies que l'on peut aussi voir dans la pièce », écrira l'un d'eux.

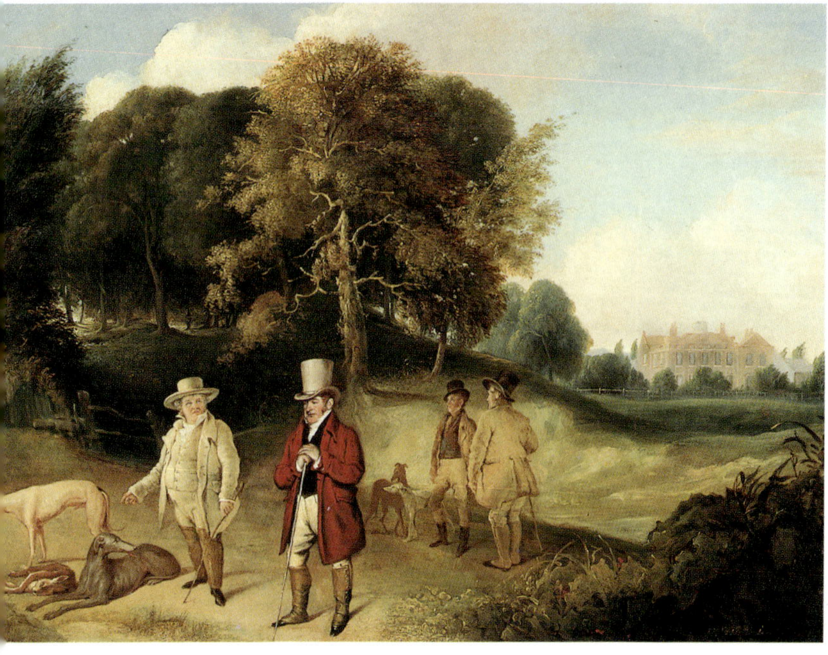

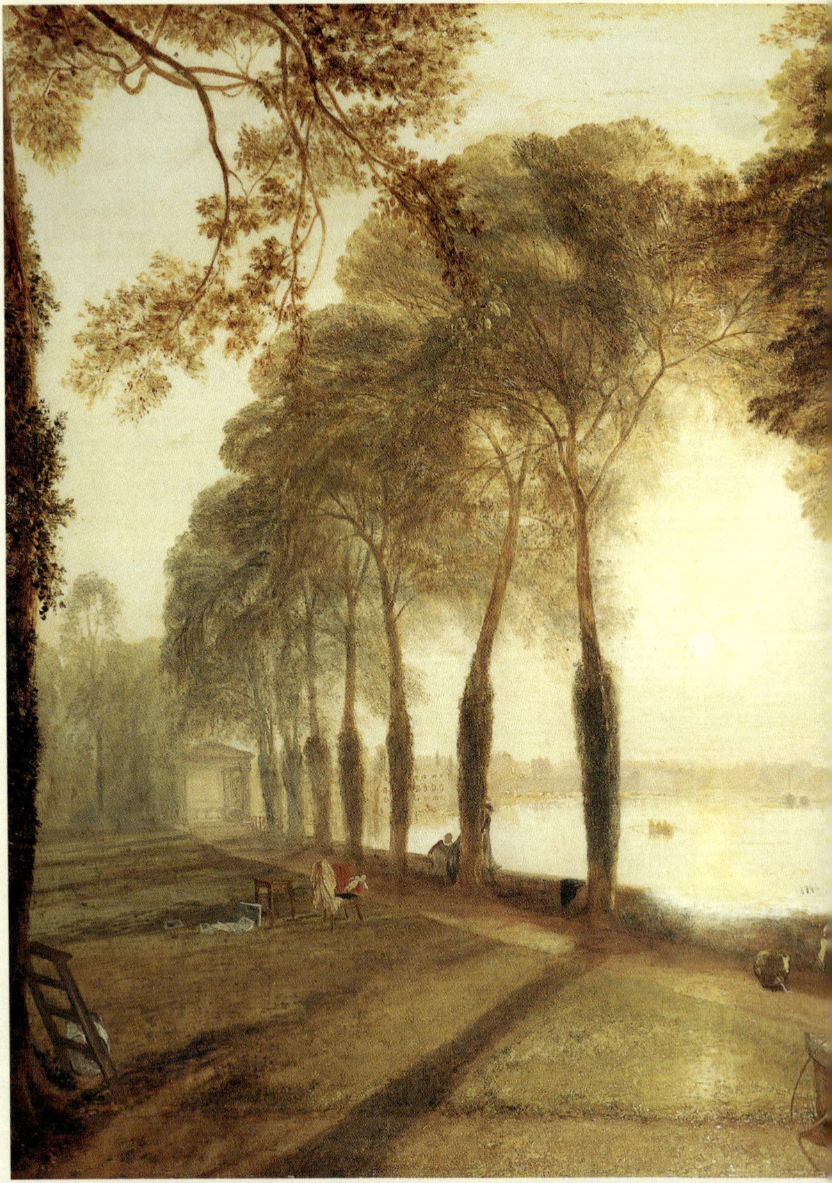

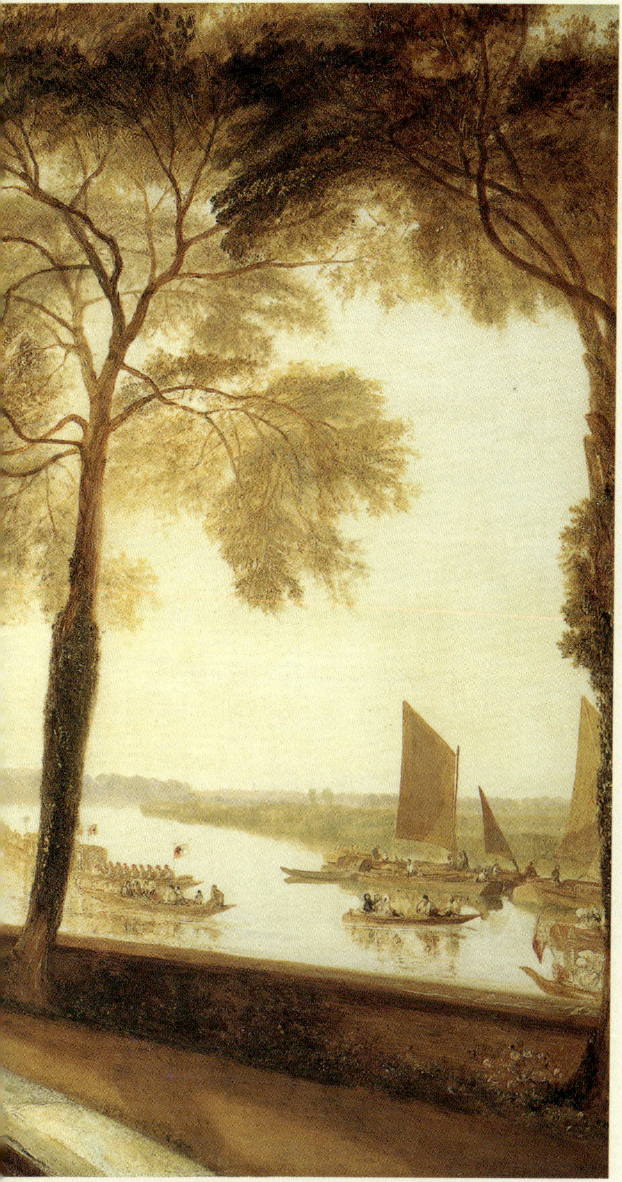

Peint en 1827 pour William Moffat, propriétaire à Mortlake d'une maison donnant sur la Tamise, *Mortlake Terrace* (ci-contre) marque chez Turner un renouvellement de l'inspiration claudienne. La perspective oblique, la ligne d'arbres qui rythme la lumière et le chien à contre-jour sur le muret sont autant d'inventions en rupture avec la tradition classique. La silhouette noire du chien est un ajout postérieur de l'artiste, qui l'aurait découpée dans du papier, puis collée sur sa toile et peinte enfin, peu de temps avant le vernissage de 1827 de la Royal Academy. Le tableau y sera vivement critiqué par la presse anglaise pour sa tonalité jaune.

Dort ou Dordrecht, exposé par Turner en 1818, a toujours été considéré comme l'une de ses œuvres les plus heureuses. Le calme de la mer, les paysans venus ravitailler les passagers du bac et la beauté de la ville à l'arrière-plan forment en effet un ensemble harmonieux. Une scène de bonheur paisible qui contraste avec les impressions que le peintre a ressenties, peu auparavant, lors de sa visite des sites des guerres napoléoniennes. Pour le critique John Ruskin, son art tourne autour de deux forces : « la terreur et le repos ».

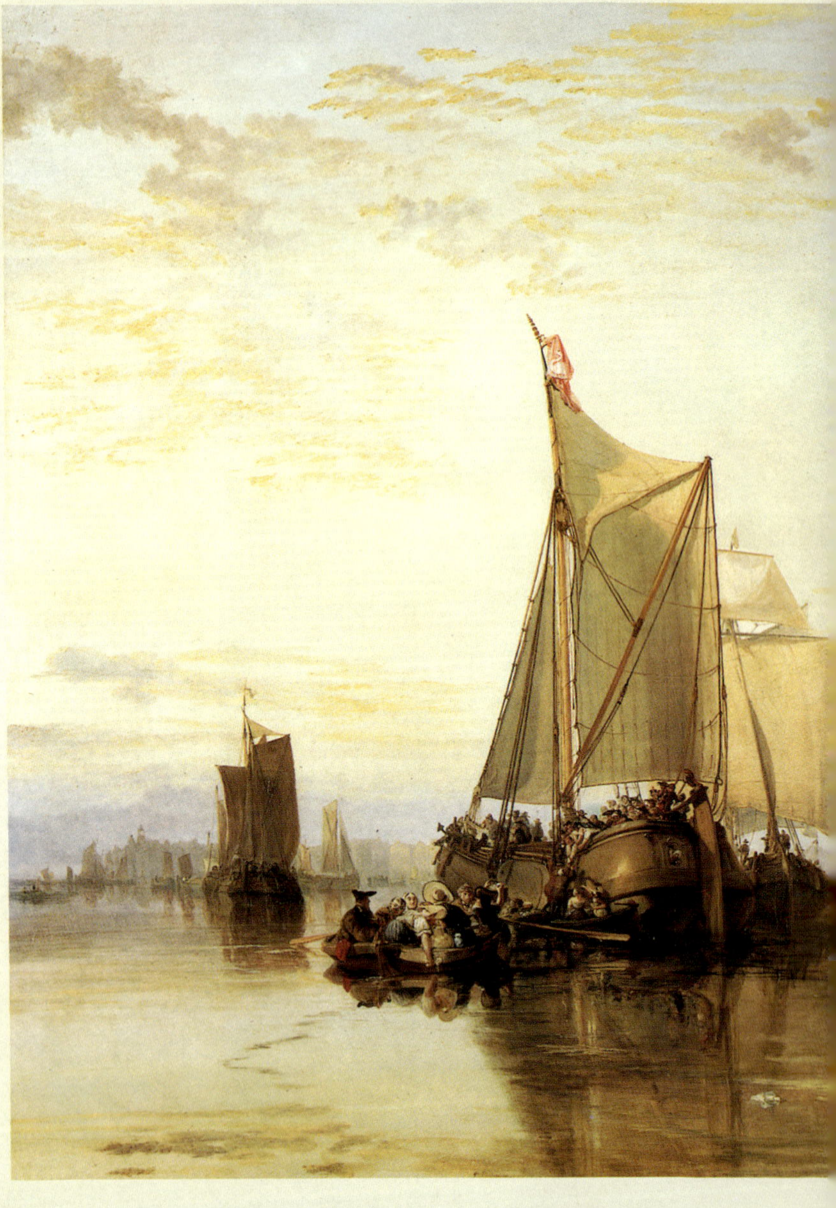

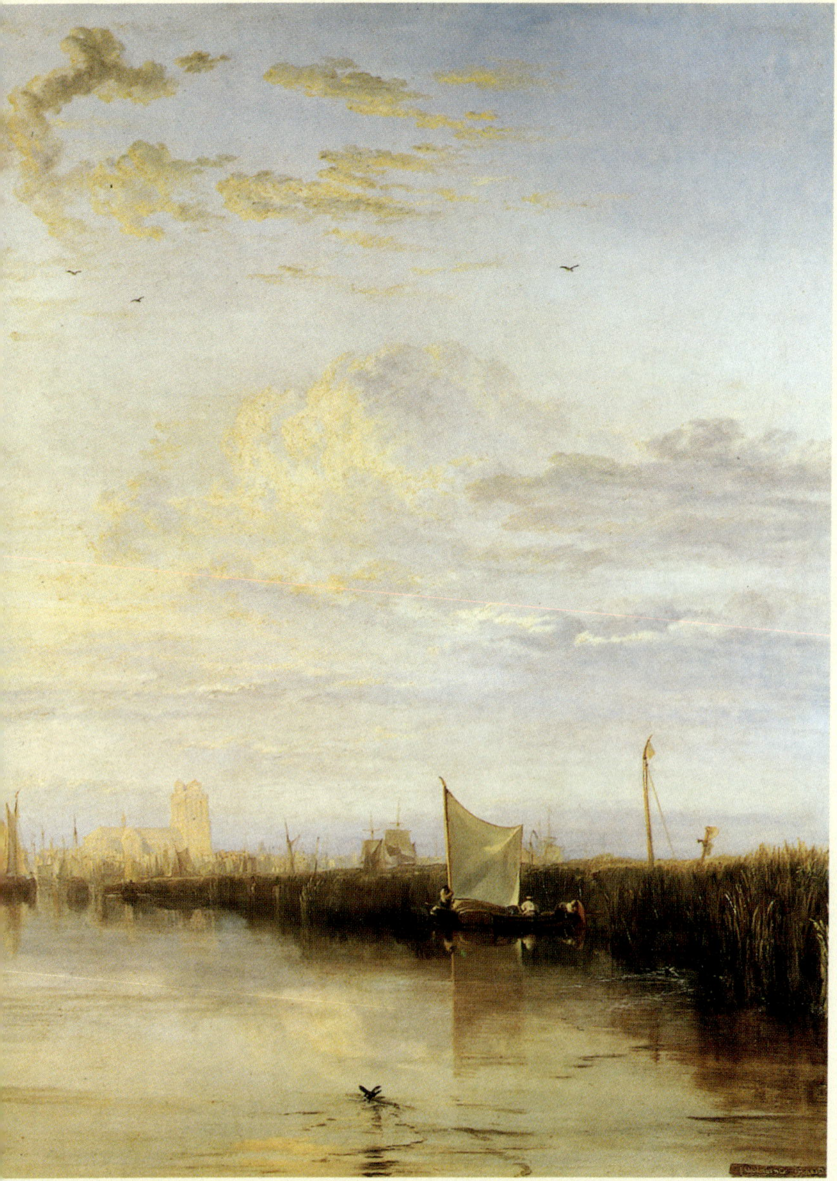

De nouveaux acquéreurs

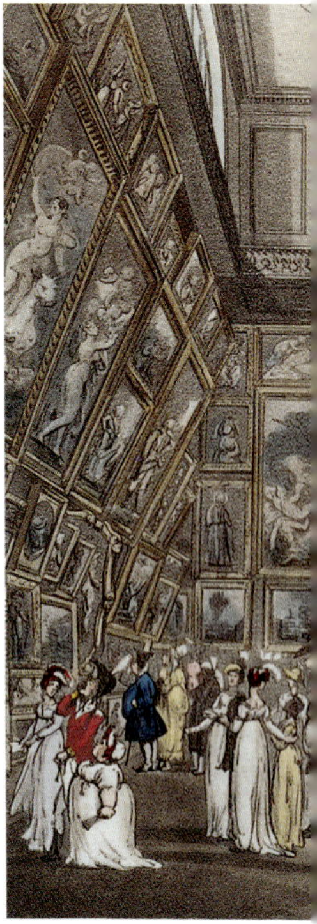

Au début du XIXe siècle, la Grande-Bretagne compte deux catégories d'amateurs d'art : les traditionnels membres de la grande aristocratie et de la gentry, et ceux d'une classe en pleine expansion – grands industriels ou marchands fortunés des principaux centres urbains. Parmi eux, Turner trouve de nombreux défenseurs et de surprenants soutiens.

À commencer par Elhanan Bicknell (1788-1861) qui a fait sa fortune grâce à un cosmétique, le spermaceti, ou blanc de baleine. Il commencera à collectionner Turner assez tard, en 1838, mais il possédera rapidement près de dix toiles, dont *La Pierre éclatante de l'honneur, Ehrenbreitstein*, et dix-huit aquarelles, dont *Le Rigi bleu*. Ses relations avec Turner seront parfois orageuses. Ainsi, lorsqu'en 1845 l'artiste, qui a réalisé à la demande de Bicknell quatre peintures sur le thème de la pêche à la baleine, se les voit refuser par son commanditaire, il rompt les liens. Toutefois, l'intérêt de Turner pour ce type de pêche, alors héroïque, précède cet épisode : en 1837, il a réalisé une aquarelle sur le thème de la baleine échouée sur la grève, inspirée probablement d'une œuvre de Walter Scott, *Le Pirate*.

Parmi les autres grands collectionneurs de Turner, il y a enfin Joseph Gillott, qui a fait fortune dans les plumes d'acier pour porte-plume. Il constituera rapidement l'une des plus impressionnantes collections d'œuvres du maître, forte d'une vingtaine de peintures et d'encore plus d'aquarelles.

Ci-dessous, annonce dans la presse de l'exposition annuelle de la Royal Academy.

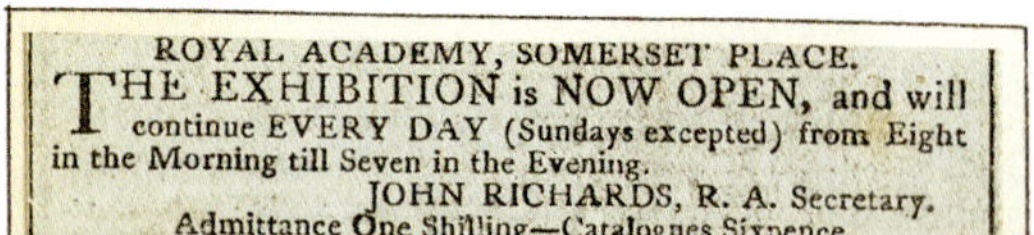

ROYAL ACADEMY, SOMERSET PLACE.

THE EXHIBITION is NOW OPEN, and will continue EVERY DAY (Sundays excepted) from Eight in the Morning till Seven in the Evening.

JOHN RICHARDS, R. A. Secretary.

Admittance One Shilling—Catalogues Sixpence.

☞ The Students who are not Exhibitors are to apply for their Tickets on Monday the 7th inſtant.

EUROPEAN MUSEUM. 1804

THE celebrated BLACKSMITH of ANTWERP is arrived, and will be placed this day in the above National Gallery. The Nobility and Gentry who patroniſe and admire the fine Arts, have now an opportunity of viewing this ſplendid Collection, and enriching their Cabinets upon terms uncommonly moderate. The Sale by Private Contract, at the reduced prices, will be continued daily during the week, from 12 o'clock till 4 in the afternoon. J. WILSON, Manager.

Admittance 1s.

« On the line »

Depuis son élection comme académicien à l'âge de 26 ans, Turner multiplie les succès. À la Royal Academy même, il est nommé membre du conseil d'administration

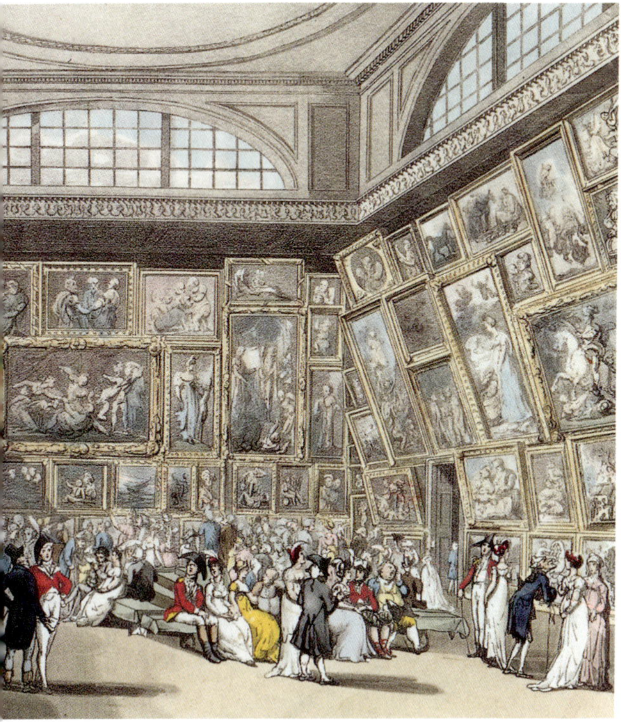

Dans les années 1820, l'exposition de la Royal Academy, qui se tient à Somerset House dans le bâtiment construit par William Chambers, attire près de quatre-vingt-dix mille visiteurs en cinq semaines. Devant le succès grandissant de la manifestation et le nombre croissant de ses exposants, certaines pièces, comme l'appartement du conservateur, ont été converties en salles d'exposition. Les disputes sur l'accrochage restent sans fin, les changements exigés par les artistes pouvant entraîner de recomposer un mur entier.

pendant plusieurs années, et choisi comme membre du très important comité d'accrochage. Celui-ci décide de la place des œuvres dans la *Great Room*, à Somerset House. C'est là un sujet de disputes sans fin entre les artistes, ceux-ci désirant avant tout être placés *on the line*, c'est-à-dire à l'endroit le plus avantageux pour leurs œuvres, juste avant la ligne de séparation entre le mur vertical et le surplomb supérieur. Le pire, en particulier pour les toiles de moyennes dimensions, est d'être accroché en haut du mur en surplomb, parfois au huitième rang. Turner lui-même a eu l'occasion de se montrer furieux de la place qui lui était accordée : ainsi en 1831, alors que John Constable fait partie du comité d'accrochage et lui pas, les deux hommes ont quelques mots.

« Vos tableaux sont accrochés à l'Académie, mais d'une façon qui ne me convient pas du tout [...]. Je ne voudrais pas contrecarrer vos souhaits, ni ce que vous attendez [...] de leur exposition en ce lieu [...]. Si vous continuez à penser, en dépit de leur emplacement malheureux [...], que de les maintenir à cette place est à votre avantage, ALORS ILS VONT Y RESTER. Mais si cela vous est indifférent qu'ils soient exposés LÀ ou ailleurs, soit AVEC MOI (dans ma galerie), soit à la British Institution LA SAISON PROCHAINE, je dois avouer que je voudrais les enlever sur l'heure. »

Turner à son ami l'architecte James Wyatt, 13 avril 1812

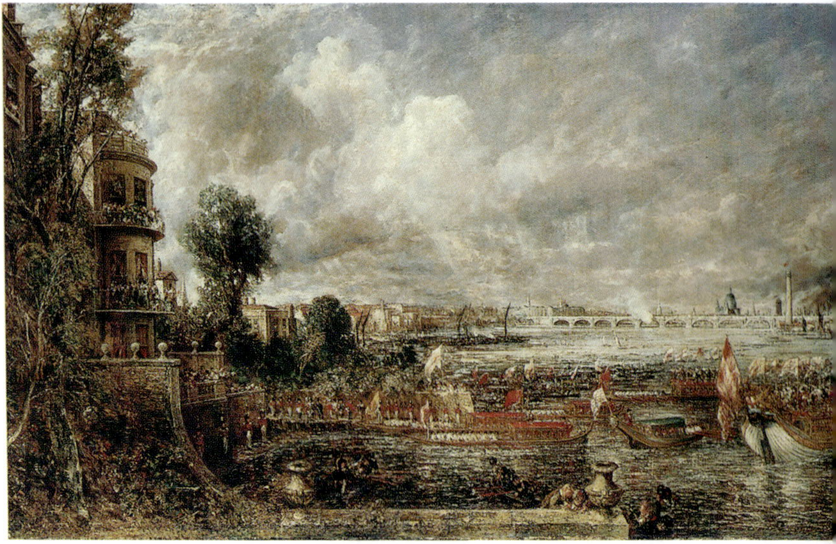

Mauvais joueur, Turner peut même aller jusqu'à transformer ses propres tableaux pour qu'ils soient plus visibles que leurs voisins. En 1832, alors que Constable expose *L'Inauguration du pont de Waterloo*, dans lequel éclatent des rouges magnifiques, Turner présente, juste à côté, *Le "Ville-d'Utrecht" prenant la mer*, un tableau presque monochrome : « Le tableau de Constable, raconte C. R. Leslie, son biographe, était placé dans l'une des petites salles de Somerset House dite l'« école de peinture ». Une marine de Turner était à côté de lui, une peinture grise, magnifique et vraie, mais sans nulle part une vraie couleur. Le *Waterloo* de Constable semblait peint avec de l'or liquide et de l'argent, et Turner vint plusieurs fois dans la pièce pendant qu'il [Constable] était là en train de rehausser de rouge vermillon et laquer les décors et les drapeaux des bateaux de la ville. Turner se tenait derrière lui, regardant alternativement *Waterloo* et son propre tableau ; à la fin il alla chercher sa palette dans la *Great Room* où il était en train de retoucher une autre de ses peintures, et sur sa mer grise, il plaça une grosse tache de rouge de plomb, quelque chose de la

Chaque année, dix ans durant, John Constable a annoncé qu'il allait exposer son tableau de *L'Inauguration du pont de Waterloo* (ci-dessus), pour y renoncer au dernier moment. Il y travaille encore en février 1832, alors que les barques du Prince Régent quittant Whitehall pour rejoindre le lieu de l'inauguration ne sont plus qu'un lointain souvenir. En mai, le public de la Royal Academy peut enfin admirer le savant travail du peintre, l'inextricable jeu du couteau qui laboure le tableau, les éclats de blanc qui font scintiller la surface de la toile – le tout contrastant avec l'élégant raffinement de l'œuvre de Turner.

grosseur d'un shilling et repartit sans dire un mot. L'intensité du rouge de plomb rendait plus forte encore la froideur de sa propre peinture mais affadissait considérablement le vermillon et la laque de celui de Constable. » Et Leslie de poursuivre : « J'entrai dans la pièce juste au moment où Turner partait. Il a été là, dit Constable, et a tiré un coup de fusil. Le grand homme ne revint pas dans la pièce avant un jour et demi ; et puis, au dernier moment, autorisé à retoucher, il vernit la tache écarlate qu'il avait posée sur sa peinture et la transforma en bouée. »

Ce n'était pas la première fois que Turner se permettait ce genre de procédé. Quelque dix ans auparavant, il avait agi pareillement à côté d'un tableau de Martin Archer Shee. Lorsque celui-ci deviendra président de la Royal Academy, il se souviendra de la provocation et décidera de réduire drastiquement les jours de vernissage...

Véritable symphonie de gris, *Le "Ville-d'Utrecht" prenant la mer* a parfois été regardé, à l'instar d'autres œuvres de Turner, comme un paysage de nuages, dans lequel l'artiste joue à l'infini sur les camaïeux et de subtiles gradations de tons, sans que ni objet ni perspective réelle ne viennent structurer l'œuvre (ci-dessous). L'influence de l'art hollandais se lit dans ce type de marines, mais aussi dans leurs titres, où Turner n'hésite pas à inventer le nom d'un port, comme *Port Ruisdael.*

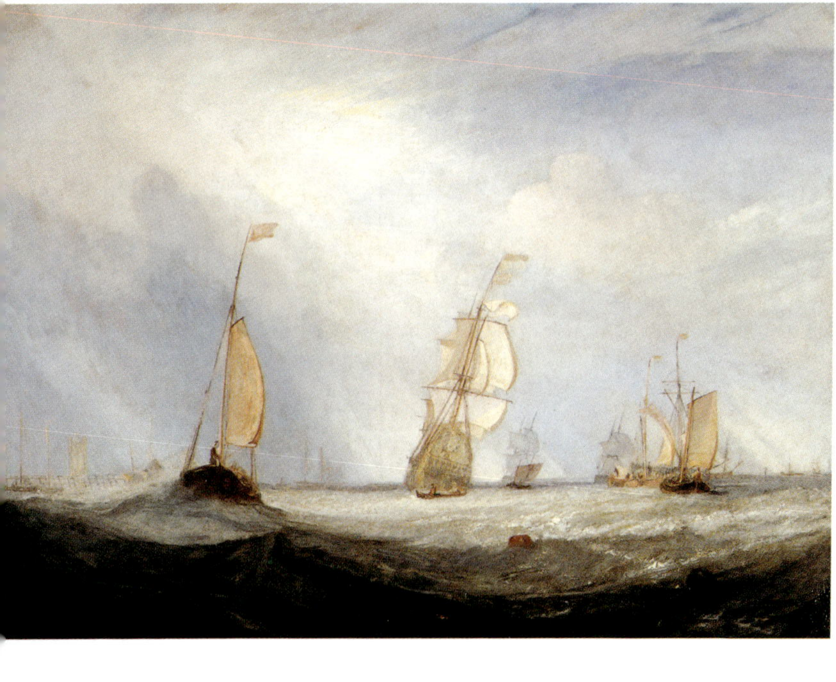

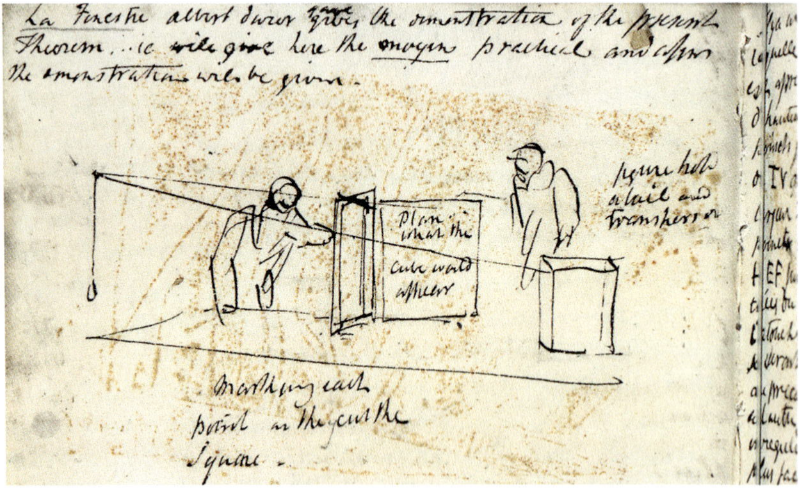

D'autres marques d'honneur

Le 10 décembre 1807, Turner est élu professeur de perspective à la Royal Academy. Comme tel, il donnera de 1811 à 1827 plus de soixante conférences sur le sujet. Ces matières, qui peuvent paraître aujourd'hui éloignées des préoccupations artistiques d'un artiste pour qui tout paysage semble destiné à se dissoudre, correspondent pourtant parfaitement à sa formation et à une large part de son œuvre. Le père de son maître Malton, Thomas senior, avait écrit le plus important traité de perspective du XVIIIe siècle. Il ne faut pas pour autant surévaluer l'importance de Turner dans ce domaine, la lecture de ses conférences ne montrant pas une conception novatrice, ou toujours très claire de cette matière. Il arrêtera d'ailleurs d'enseigner avant même de quitter officiellement sa fonction de professeur.

Bien plus tard enfin, en 1845, il acceptera le poste de président par intérim lorsque sir Martin Archer Shee tombera malade. Une dernière marque d'honneur qui témoigne de la place importante que Turner tint tout au long de sa carrière dans la vie artistique anglaise.

« Une catégorie de reflets avait pour Turner une importance particulière : [ceux] produits sur des métaux présentant différents degrés de polissage. Il s'intéressait de toute évidence aux conditions dans lesquelles la lumière réfléchie devient image – dans les miroirs, sur les vitres, à la surface interne ou externe des sphères. »

Lawrence Gowing, in *Turner : peindre le rien*, 1994

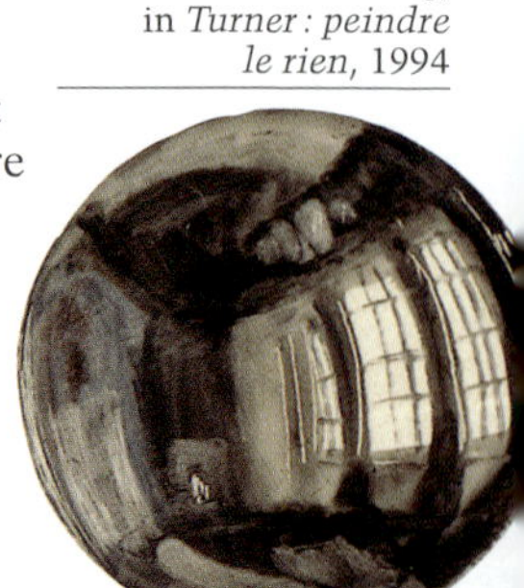

À la British Institution

Malgré sa fidélité à la Royal Academy, Turner supporte bientôt assez mal les luttes d'influences qui divisent ses membres. Entre partisans du pouvoir royal et de son patronage et tenants de l'indépendance, les querelles interviennent à tout propos. Pour échapper un peu à cette atmosphère, il décide de participer dès 1806 aux expositions de la British Institution. Celle-ci a été créée l'année précédente par un groupe d'amateurs dans le but de concurrencer la Royal Academy et de contourner le contrôle trop strict exercé par certains artistes. Parmi les hommes à l'origine de cette initiative, on trouve sir George Beaumont et John Julius Angerstein, membre éminent de la compagnie d'assurances Lloyds. Grands collectionneurs, ils ont amassé ce qui constituera quelques années plus tard le fonds initial de la National Gallery de Londres.

Les salles de la British Institution, sur Pall Mall, sont celles de la Shakespeare Gallery créée dans les années 1780 par Joshua Boydell, le fameux éditeur de gravures et plus tard lord-maire de Londres. Jusqu'en 1846, Turner y exposera soit des œuvres inédites, soit des œuvres déjà montrées à la Royal Academy les années précédentes. C'est là qu'il connaîtra aussi les plus âpres débats sur son art, en particulier les critiques de sir George

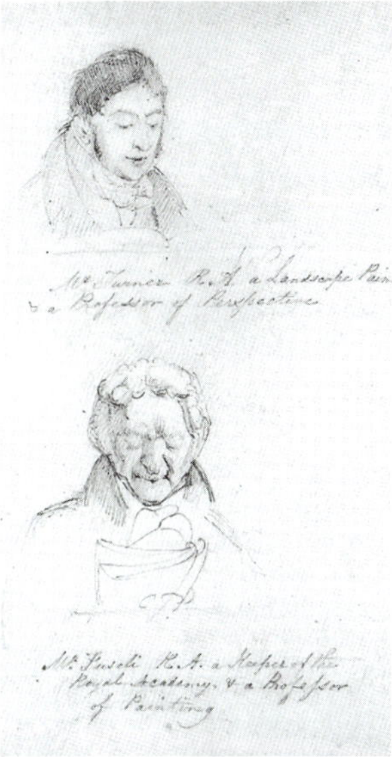

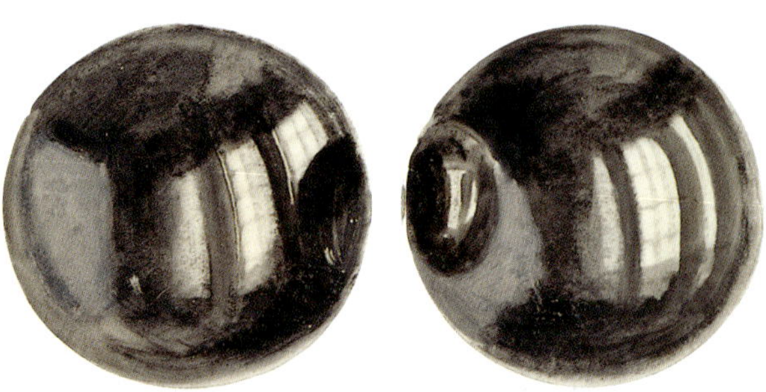

«La moitié de la conférence s'adressait à l'assistant posté derrière [Turner] et qui, sur les indications marmonnées par le maître, s'affairait à extraire d'un immense portfolio les dessins et diagrammes destinés à illustrer son propos; ils étaient pour la plupart superbes, intelligibles à l'œil [...]. Nombre de ses dessins les plus précieux étaient ainsi montrés [...] dans la gloire de leur fraîcheur première [...], à titre d'illustrations de perspective aérienne [page de gauche] et de perspective chromatique : une véritable fête pour le regard.»

Samuel Redgrave, 1866

[Ci-dessus, Turner et Henry Füssli croqués par Th. Cole]

Beaumont. Parallèlement à ces présentations régulières à la Royal Academy et à la British Institution, Turner éprouve le besoin de créer sa propre salle d'exposition pour répondre à la faveur grandissante de son public.

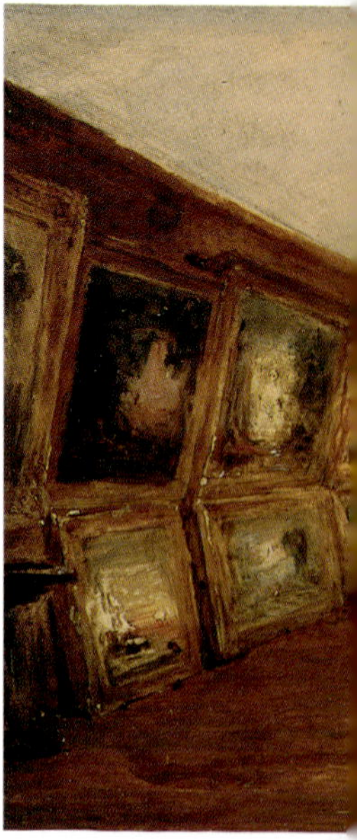

Une galerie dédiée à son œuvre

À moins de 30 ans, deux ans seulement après son élection comme académicien, il décide ainsi d'ouvrir une galerie destinée à présenter au public ses propres œuvres. L'audace de cette initiative doit être relativisée. Sir Joshua Reynolds, Thomas Gainsborough ou Benjamin West, pour ne citer que trois maîtres incontestés, avaient fait de même, à un âge plus canonique cependant. Il était aussi d'usage chez de nombreux artistes britanniques de dédier une partie de leur atelier à l'exposition de leurs peintures ou de leurs sculptures.

Mais la décision de Turner relève d'une autre ambition : dans son esprit, cette galerie est destinée à devenir un musée après sa mort, et l'endroit où de jeunes artistes en difficulté pourront trouver à la fois un refuge et un lieu de travail. Construite en 1804 sur le terrain contigu à sa propre maison située sur Harley Street, au centre de Londres, près d'Oxford Street, sa première galerie mesure environ 20 mètres de long sur 7 de large, soit près de 140 mètres carrés. Tout en continuant à montrer ses meilleures œuvres à l'exposition annuelle de la Royal Academy et dans une moindre mesure à la British Institution, Turner y présente en permanence une vingtaine de tableaux, des aquarelles et des dessins, ceux notamment destinés à l'élaboration de son *Liber studiorum*.

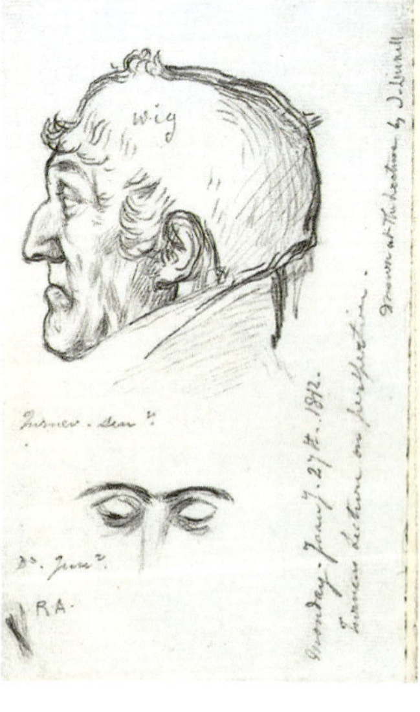

En 1811, la galerie ferme pour quelques travaux, puis une nouvelle fois en 1818 pour être agrandie. Le nouvel ensemble de salles ouvert en 1822 donne à la fois sur Harley Street et Queen Anne Street. Cette présentation permanente de sa production

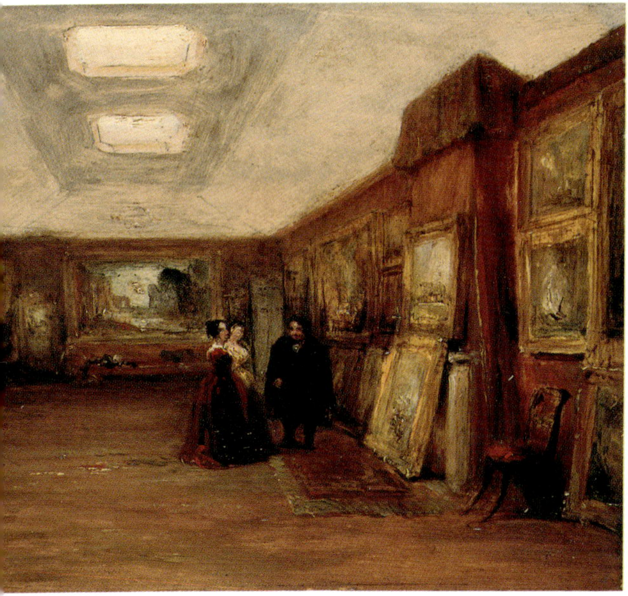

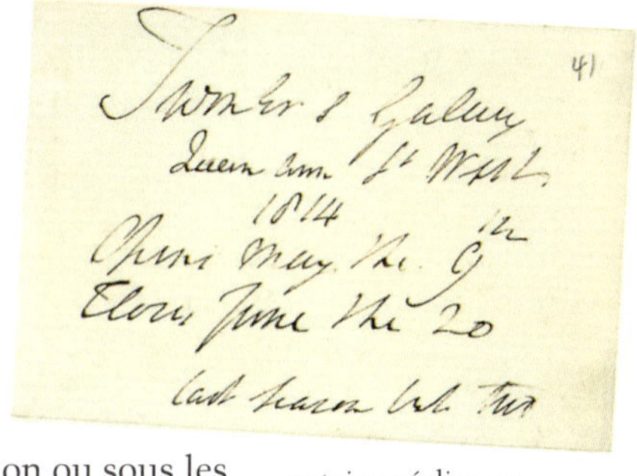
Turner's Gallery
Queen Ann St West
1814
Opens May the 9th
Close June the 20

Seules quelques vues de la galerie de Turner à Londres permettent d'en retrouver l'atmosphère (ci-contre, représentée par George Jones ; ci-dessous, billet autographe du peintre conviant à une exposition de mai à juin 1814). Éclairés zénithalement par plusieurs ouvertures, tableaux, aquarelles et dessins tapissent les murs, et sont souvent posés à même le sol. Après la disparition, en septembre 1829, de son père, qui lui servait avec dévouement de secrétaire et d'homme d'affaires (de profil, page de gauche ; dessin réalisé par John Linnell durant un cours à la Royal Academy), Turner va s'accommoder d'une certaine négligence, tant dans sa mise que pour sa propre galerie. Les visiteurs des années 1840 ont insisté d'ailleurs sur le triste état du lieu, où les verrières fuient et où une atmosphère d'abandon perce parfois malgré la beauté des œuvres accumulées.

fera beaucoup pour la réputation de Turner, même si l'artiste a tendance à y accrocher des œuvres déjà vues aux expositions annuelles ou restées invendues. Le lieu, ouvert toute l'année, permet aux curieux comme aux amateurs de pouvoir apprécier le talent du maître.

Les « Sister Arts »

Que ce soit aux expositions de la Royal Academy, de la British Institution ou sous les œuvres qu'il présente dans sa galerie d'Harley Street, Turner prend l'habitude d'associer tableaux et citations littéraires. Cet intérêt pour les textes est d'abord à chercher dans une vieille tradition anglaise de mêler peinture et poésie, que l'on appelle les *Sister Arts*. Cette association, venue de l'Antiquité, a été mise en valeur par des artistes comme Reynolds, qui y voyaient un moyen de faire échapper la peinture à sa condition d'art manuel. De plus, en contradiction avec un anti-intellectualisme traditionnel, les peintres anglais écrivent beaucoup, publient des traités ou des ouvrages historiques et font éditer leurs poèmes. Pour ne citer que des contemporains de Turner, Westall et Shee publient des vers, et William Blake est aujourd'hui probablement le plus lu de tous les poètes anglais. Reynolds a toujours insisté sur l'importance de la lecture pour exercer l'imagination créatrice des peintres.

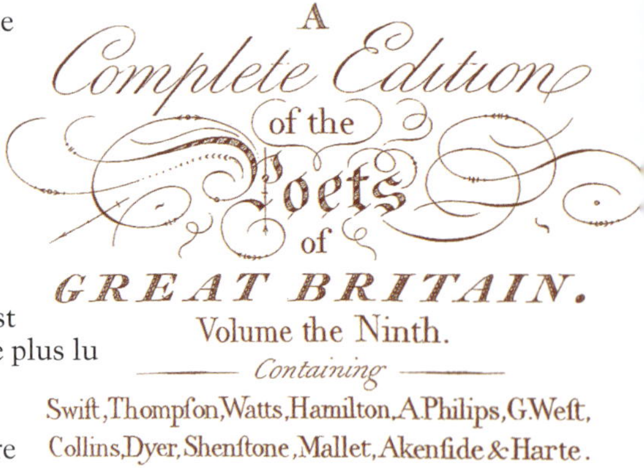
A
Complete Edition
of the
Poets
of
GREAT BRITAIN.
Volume the Ninth.
Containing
Swift, Thompfon, Watts, Hamilton, A.Philips, G.Weft,
Collins, Dyer, Shenftone, Mallet, Akenfide & Harte.

Dans l'anthologie des poètes britanniques de Robert Anderson publiée en quatorze volumes entre 1793 et 1795 (ci-dessus), Turner lit les œuvres de Chaucer ou de Chatterton.

Turner suit donc ces principes et va même aller au-delà. Dans les marges de ses carnets d'esquisses, des vers, des notations poétiques courent, en désordre, sur les thèmes les plus variés. Y sont aussi recopiés des vers trouvés au fil des lectures. Ce goût de Turner pour la poésie se fait plus ostensible

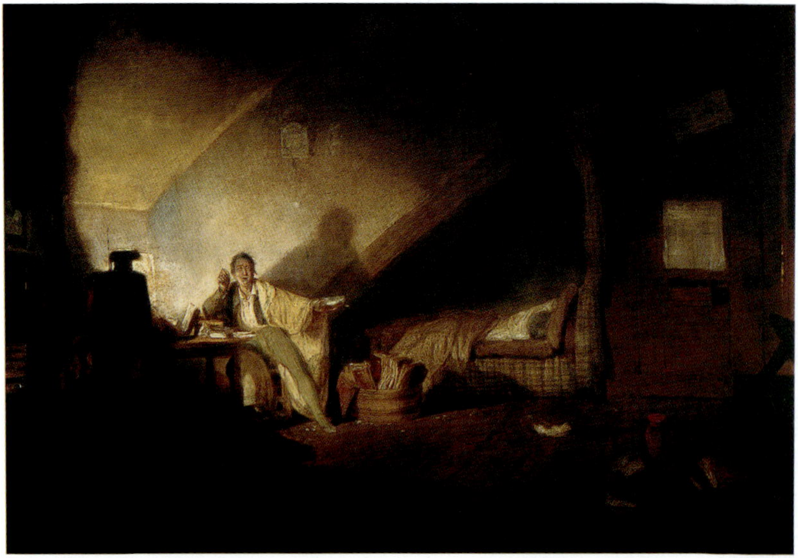

171 Portrait of Mr. Serjeant Best — *S. Woodforde*, R. A.
172 View of Plymouth Dock and Hamoaze, taken from Mount Edgecumbe — — *W. Daniell*, A.
173 A straw yard — — *J. Ward*, A.
174 Portrait of Miss Forster — *H. Singleton*
175 The garreteer's petition *J. M. W. Turner*, R. A.

" Aid me, ye Powers ! O bid my thoughts to roll
In quick succession, animate my soul ;
Descend my Muse, and every thought refine,
And finish well my long, my *long-sought* line."

à partir de 1798, quand la Royal Academy autorise, encourage même, dans le catalogue annuel, les citations d'extraits littéraires sous le titre des œuvres. On peut lire ainsi au long des livrets d'exposition comme un catalogue des passions poétiques et littéraires de Turner. Les noms des antiques et des anciens, Virgile, Pope, Milton, Thomson, Gray, se mêlent à ceux des modernes, Byron et Scott.

À propos de ce rapport peinture et poésie, Turner écrit en 1812 : « Peinture et poésie coulant mutuellement de la même source, en comparant constamment les allusions du poète avec les formes naturelles de l'une et appliquant les formes trouvées dans les natures à l'autre, se mêlent en courants qui améliorent réciproquement les reflets et rehaussent les beautés de l'autre comme des miroirs. » C'est précisément à partir de cette année-là qu'apparaissent sous les titres de ses tableaux les citations d'un poème que Turner écrit lui-même. Son titre, *Fallacies of Hope* (*Les Illusions de l'espérance*), lui a probablement été inspiré par un poème de Thomson, *Autumn*, dans lequel le terme de *fallacious hope* est créé. S'il est difficile d'imaginer la nature exacte de ce poème – il n'en existe plus aucun manuscrit ou brouillon et il est peu probable qu'il ait jamais été achevé ou même véritablement mis en forme –, les thèmes que l'on peut y deviner au travers des citations sont des réflexions sur l'histoire, l'illusion des ambitions humaines, les visions apocalyptiques.

Turner était passionné de poésie, comme en témoigne son goût des citations, qu'elles soient tirées d'auteurs anglais ou de ses propres vers. Dans le livret de l'exposition de la Royal Academy de 1809, il donne en légende de son tableau, *La Supplique de l'écrivain pauvre* (page de gauche) des vers qu'il prête à son personnage (ci-dessus). « Et toi, Ô Force Vive, viens à mon aide, insuffle à mes pensées Le Roulement des vagues qui se pressent, donne vie à mon âme, Fais venir ma Muse qui épure chaque idée, Et fasse aboutir ma longue, mon interminable quête. » Ce jeune poète dans sa mansarde s'inscrit dans un clair-obscur violent qui renforce le contraste entre son ambition et la misérable réalité de sa chambre. La présence au mur du mont Parnasse – lieu de résidence des Muses – ajoute une note de dérision à la scène.

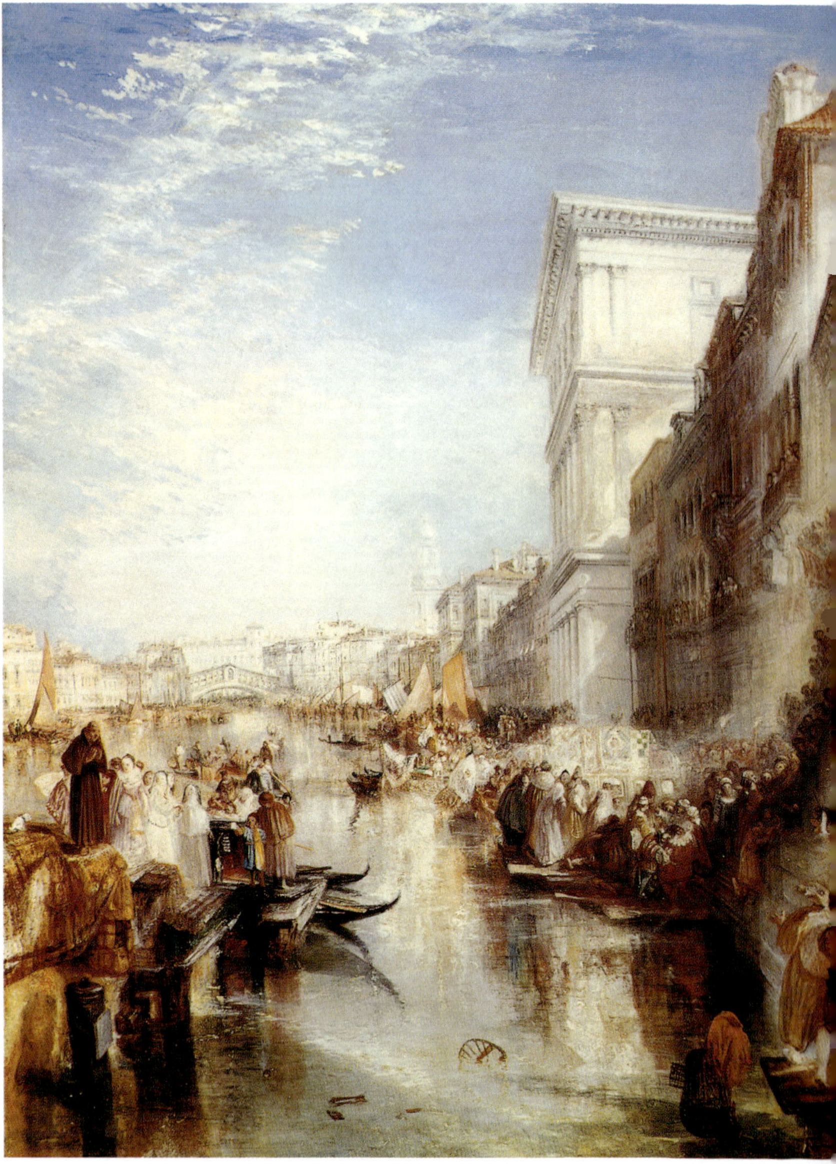

À partir de 1817 et jusqu'à sa mort, Turner va parcourir, outre son propre pays, l'Europe, de l'Italie au Danemark et de l'Autriche aux rivages de la France. Jamais peut-être un artiste n'a regardé le monde avec autant d'attention, fasciné par le spectacle naturel des Alpes comme par le poids de l'histoire, à Venise ou à Rome. Au-delà du simple renouvellement des thèmes, c'est une réflexion sur la vision et l'art que mène Turner tout au long de ses voyages.

CHAPITRE 3

L'ARTISTE VOYAGEUR

Qu'il se rende à Rouen ou à Venise pour renouveler ses motifs (page de gauche, *Le Grand Canal*, 1837), Turner étudie, avant de partir, chaque pays au moyen de cartes et de guides, tel ce *Manuel du voyageur* écrit par Madame de Genlis, l'ancienne préceptrice du futur roi Louis-Philippe, annoté de la main du peintre (ci-contre).

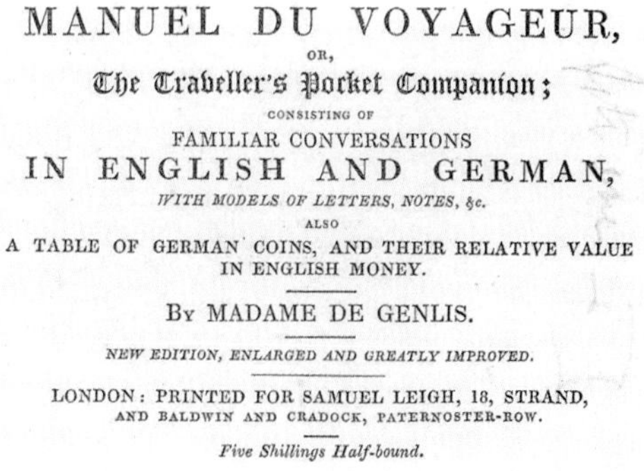

MANUEL DU VOYAGEUR,

OR,

The Traveller's Pocket Companion;

CONSISTING OF

FAMILIAR CONVERSATIONS

IN ENGLISH AND GERMAN,

WITH MODELS OF LETTERS, NOTES, &c.

ALSO

A TABLE OF GERMAN COINS, AND THEIR RELATIVE VALUE IN ENGLISH MONEY.

BY MADAME DE GENLIS.

NEW EDITION, ENLARGED AND GREATLY IMPROVED.

LONDON: PRINTED FOR SAMUEL LEIGH, 18, STRAND, AND BALDWIN AND CRADOCK, PATERNOSTER-ROW.

Five Shillings Half-bound.

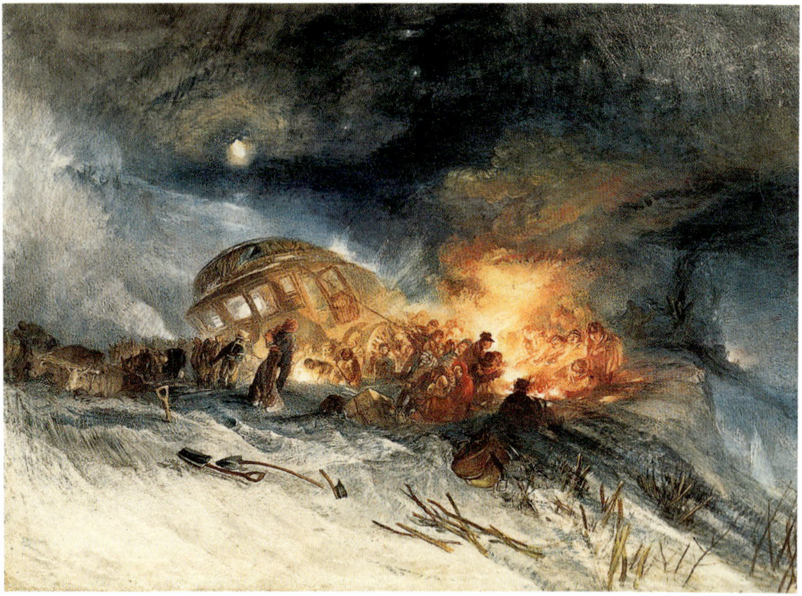

En 1833, dans la revue *L'Artiste*, un critique français anonyme s'étonne : « C'est qu'il y a dans le génie de Turner quelque chose de féerique et d'insaisissable qui répugne singulièrement à la réalité. Donnez à Turner le pays de Galles, l'Angleterre, la Loire, les Pyrénées, les Alpes, donnez-lui le Colisée ou le palais ducal, il répandra sur tous ces sujets une grandeur mêlée de grâce, il établira entre les climats les plus éloignés une parenté mystérieuse. » Et le critique de poursuivre : « Vous aurez beau faire, il n'acceptera pas les brumes qui font à la vieille Édimbourg une ceinture impénétrable. Mais n'espérez pas non plus qu'il se contente du ciel cru qui découpe si nettement la silhouette de Naples. Non, il prend la nature qu'il a sous les yeux, comme les marquis ingénieux de l'Ancien Régime prenaient les proverbes de Carmontelle, il la brode et l'embellit, et la plie à son gré. Il l'élargit ou la mutile selon sa fantaisie. Ne vous plaignez pas puisqu'il produit des prodiges. »

Des Alpes à la Loire, de Venise aux rives du Rhin, de l'Écosse aux bords de Seine, du pays de Galles à

“Nous avions capoté au sommet. Ravis qu'il en fût ainsi ! La porte de la voiture était complètement gelée, si bien que nous fûmes obligés de sortir par la fenêtre ; ce faisant, nous dûmes marcher, que dis-je patauger jusqu'aux genoux – oui, aux genoux – dans la neige et faire toute la descente jusqu'à Lanslebourg par la route [...]. Celle-ci était couverte de neige et reconnaissable uniquement au zigzag escarpé.”

Lettre de Turner à James Holworthy, 1826

[Ci-dessus, aquarelle de 1829 rappelant un autre accident dans une tempête de neige.]

Rome, c'est en effet au cours des nombreux voyages qui jalonnent sa vie que Turner trouve le véritable sujet de ses œuvres, les éléments lumineux et liquides favorisant étrangement l'élaboration d'une peinture incandescente, comme les précipices et l'évocation des brumes deviennent pour lui sources et réceptacles de rayonnements solaires.

Un voyageur méthodique et distrait

S'il entreprend quelques visites à ses amis et à ses mécènes pendant l'hiver, l'été est pour lui la saison des grandes expéditions. La fin de l'exposition de la Royal Academy en marque généralement le départ. Pragmatique, Turner prépare minutieusement ses voyages, lit guides et récits, étudie ou copie les cartes à sa disposition. Afin de pallier sa méconnaissance du français ou de l'italien, il prend soin de noter dans ses carnets d'esquisses quantité de mots et d'expressions utiles; et parfois, l'un de ses amis lui organise un itinéraire, lui indiquant les écueils à éviter, les sites à ne pas manquer. Comme matériel de travail, il emporte des carnets de dessins de tailles variées, légèrement reliés, qui présentent l'avantage de se rouler dans les poches. Pour se protéger des dangers de la route, il se munit d'un parapluie qui recèle dans son manche une longue dague.

Malgré ces précautions, il semble que Turner ait été d'une grande distraction : une amie d'enfance, Clara Wells, a raconté qu'il ne rapportait que la moitié du matériel emporté au départ, et perdait souvent ses carnets de croquis. Sans compter les mille et une péripéties et incidents de parcours liés à l'état des routes, dont l'artiste tire parfois des œuvres surprenantes… Après le récit d'une énième chute, ses amis Fawkes lui donneront même le surnom d'*Over-turner*.

Soucieux de voyager léger en toutes circonstances, Turner imagine un nécessaire à aquarelle d'un type très particulier. Utilisant la reliure d'un vieil almanach qu'il a partiellement vidé de ses pages, il y colle un certain nombre de petits pains de pâtes d'aquarelles (ci-dessous). Simple et pratique, ce petit atelier portatif peut ainsi être emporté partout par l'artiste. Toutefois, le travail de Turner en extérieur – sur le motif – est plus généralement celui du croquis au crayon, les aquarelles étant peintes plutôt le soir venu, à l'auberge.

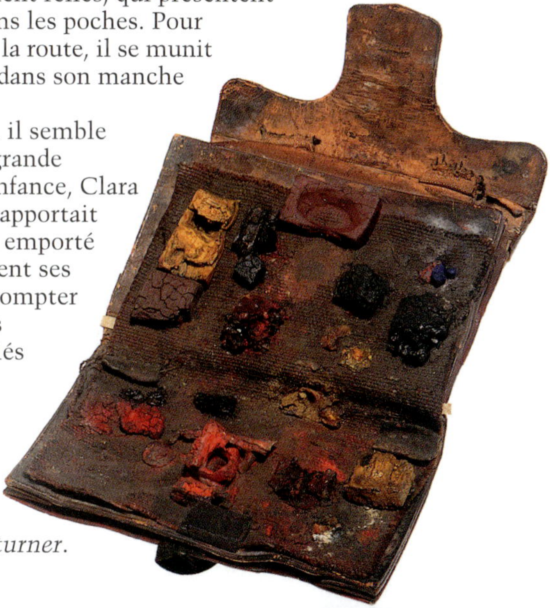

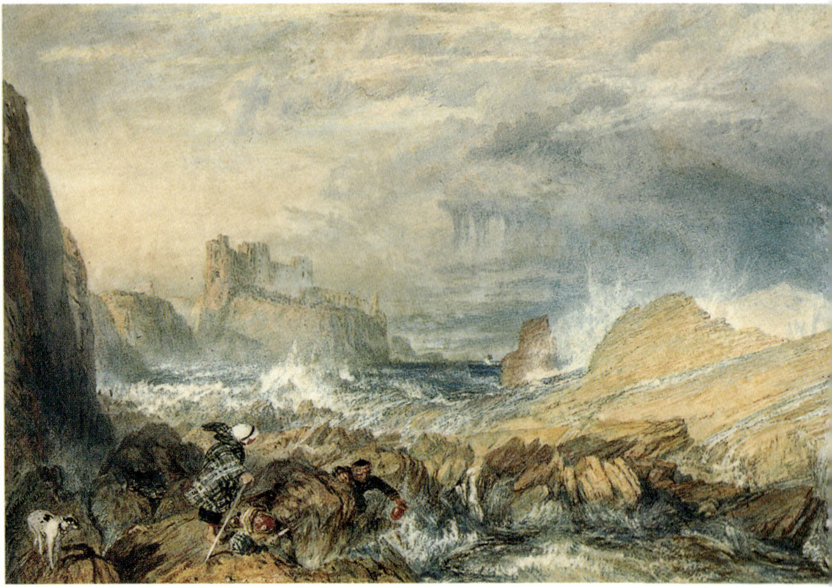

Au cours de ses pérégrinations, Turner travaille sans relâche. S'il écoute parfois les conversations dans les diligences, s'il note çà et là les costumes locaux, il s'intéresse toutefois peu aux hommes et à leurs coutumes. Pas plus qu'aux événements politiques des pays qu'il parcourt, qu'il découvre souvent à son retour en Angleterre.

Sur le motif, l'artiste se contente généralement de dessiner, marquant les valeurs par des lavis bruns ou gris. Parfois, quand il peut s'installer plus à son aise, il indique à l'aquarelle les tonalités essentielles. Mais sa mémoire des couleurs et des lieux étant prodigieuse, le plus souvent, il ne note que quelques traits et garde en mémoire, parfois durant des mois, l'ensemble des couleurs et des atmosphères. Autant de notations qui sont sa matière première, dont il tire ensuite de grandes aquarelles – précisément finies, même si elles offrent souvent l'habituel sens de l'indéfinissable qui le caractérise –, mais aussi des peintures, ainsi que le modèle de centaines de gravures.

Pour une simple vignette au frontispice d'un ouvrage (ci-dessous), le travail de Turner est souvent considérable, l'artiste multipliant les croquis préalables.

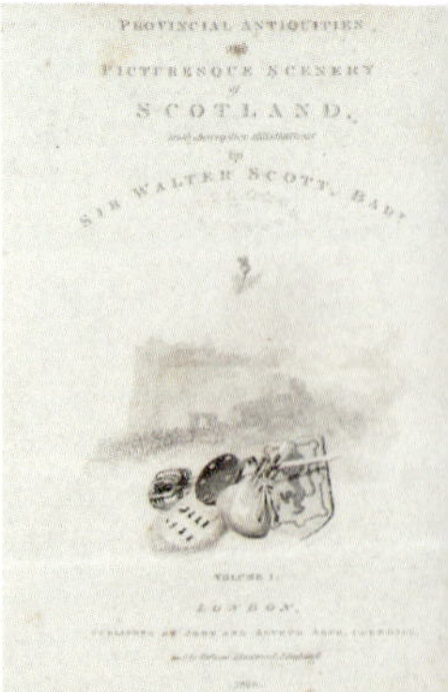

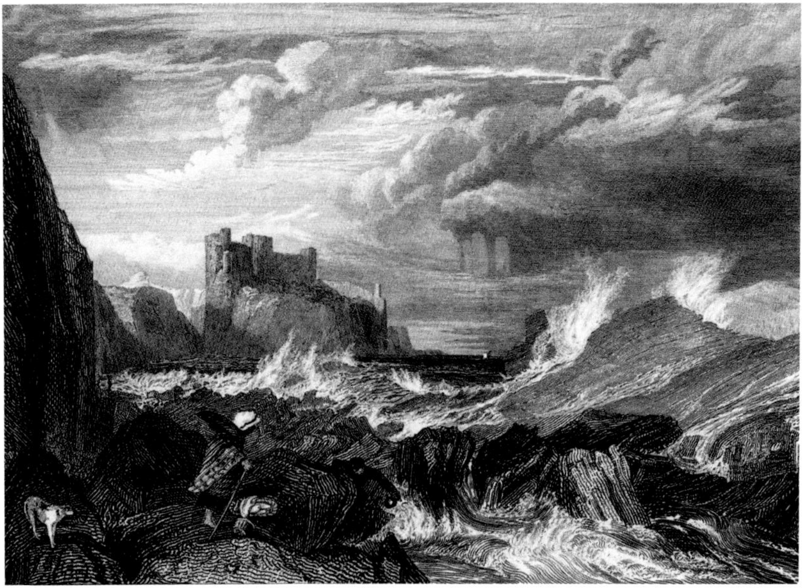

Tours et détours en Grande-Bretagne

Mais pendant des années, devant un continent fermé par les guerres napoléoniennes, Turner doit d'abord se contenter d'explorer l'Angleterre, l'Écosse et le pays de Galles. Si le pays de Galles est pour lui une source infinie de sujets et de points de vue – « des nuages flottent au loin comme une ondulation de vagues, teintés des plus belles nuances de perle, écrit-il en 1792 dans son journal à propos du lac Balla; les parties les plus blanches sont lumineuses au-delà de toute expression » –, le goût du peintre pour l'Écosse est sans doute plus fort encore. C'est à la demande d'un éditeur d'estampes qui désire lui faire illustrer un livre intitulé *Provincial Antiquities* que Turner visite en 1818 les principaux sites écossais, entre autres Tantallon, Craigmillar, Crichton et Roslin Castles. En 1831, il retourne sur place, cette fois pour y trouver matière à illustrer les *Œuvres poétiques et en prose* de Walter Scott, qu'il rencontre dans son domaine d'Abbotsford.

Nombre des grandes aquarelles de Turner sont des commandes d'éditeurs de gravures. Le peintre se montre généralement très attentif à la réalisation de ces estampes, souvent exécutées à l'aquatinte, parfois sur acier pour les publications à grand tirage (ci-dessus, *Le Château de Tantallon* gravé d'après l'aquarelle page de gauche). Ses exigences portent sur la qualité de l'exécution, sur les épreuves qu'il se réserve pour les offrir à ses amis, enfin sur ses émoluments... autant de facteurs diminuant les possibilités de profits des éditeurs dont plusieurs se ruineront.

Principalement grâce à l'écrivain, l'Écosse est devenue un sujet d'intérêt pour l'Europe entière, aussi Turner espère-t-il, avec la perspective d'une édition gravée, satisfaire l'insatiable demande de vues d'Écosse émanant des lecteurs de *La Fiancée de Lammermoor* ou de *Rokeby*.

Des gravures par centaines

Mais Turner ne cesse pas pour autant de parcourir son Angleterre natale. Depuis les *Picturesque Tours* inaugurés par William Gilpin dans la seconde moitié du XVIIIe siècle, elle reste pour lui une terre de prédilection, qu'il ne se lasse pas de visiter. Le projet le plus révélateur de son intérêt pour l'Angleterre, et le pays de Galles, est la série intitulée *Picturesque Views in England and Wales*, pour laquelle il réalise des aquarelles d'une merveilleuse subtilité dans les détails, témoignage d'un artiste au sommet de son art. Non seulement Turner réussit à renouveler la vision des paysages parfois trop célèbres, mais il offre une incroyable variété d'approches du pays tout entier. Les activités humaines, des plus traditionnelles aux plus modernes, comme les changements économiques et sociaux y sont présents.

Commandée par l'éditeur de gravures Charles Heath en 1824, l'entreprise s'étale jusqu'au milieu

Les estampes tiennent une place considérable dans l'œuvre de Turner. S'il étudie celles des maîtres anciens, comme en témoigne cette aquarelle le montrant au cabinet des Estampes du British Museum (ci-dessous), il passe aussi beaucoup de temps à travailler avec les graveurs eux-mêmes. Ainsi une grande part de sa correspondance connue est composée de lettres à des graveurs ou à des éditeurs.

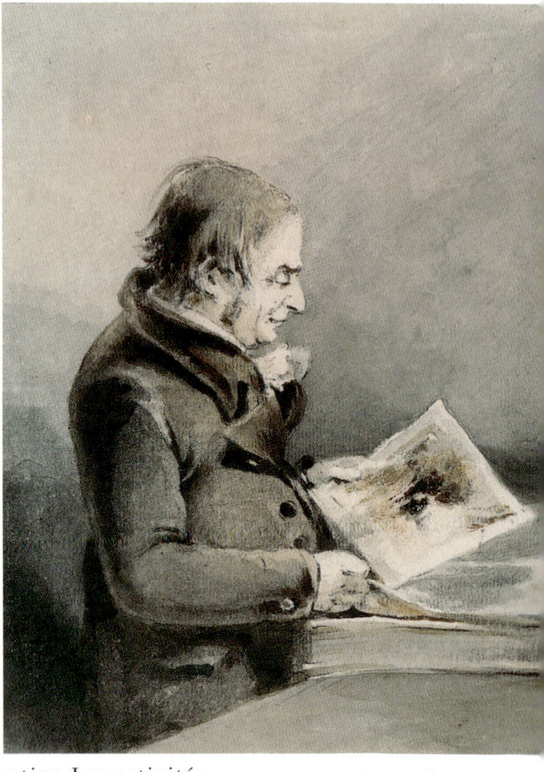

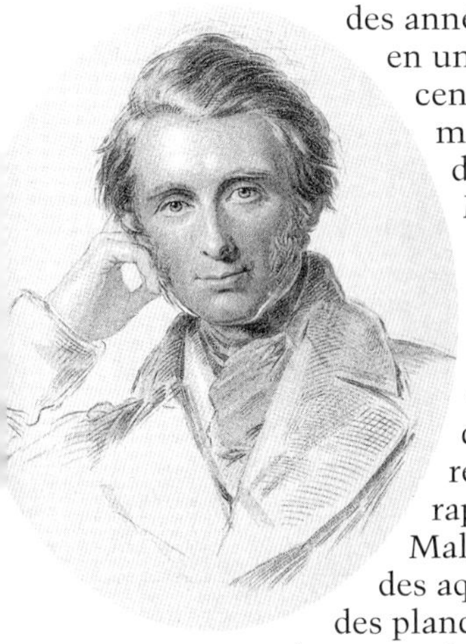

des années 1830. Elle consiste en une commande de cent aquarelles de taille moyenne (27,9 x 43,1 cm) destinées à être gravées. Mais la somme élevée offerte à Turner, les nombreuses exigences techniques du peintre auprès des graveurs et les retards commerciaux vont rendre l'entreprise rapidement périlleuse. Malgré l'exposition régulière des aquarelles et la beauté des planches obtenues, le succès n'est pas au rendez-vous, dans un marché en outre saturé d'autres estampes d'après Turner. L'éditeur ressort ruiné de l'affaire, qui lui a coûté près de 17 000 livres et rapporté fort peu.

Cette malheureuse et magnifique entreprise demeure emblématique des menées du peintre et de ses éditeurs. Inlassablement, ils offrent à un public d'amateurs, britanniques pour l'essentiel mais parfois aussi continentaux, des estampes par centaines, satisfaisant à la fois leur curiosité pour le monde et leur intérêt pour l'artiste – la célébrité de Turner devant beaucoup à la diffusion de ces estampes.

Ruskin sur les traces de Turner

C'est la découverte de l'une de ces vignettes, dans un livre que ses parents lui ont offert, qui va déterminer, alors qu'il n'a que 13 ans, la vie de John Ruskin – et sa passion pour Turner, qui le transportera des landes d'Écosse aux confins de l'Europe, du Danemark aux Alpes. Entraînant ses parents à sa suite, il les convainc en effet de voyager en Europe pour retrouver les sites peints par l'artiste. Le 22 juin 1840, il rencontre pour la première fois son héros chez un ami commun : « Présenté aujourd'hui à l'homme qui sans aucun

L'enthousiasme du jeune Ruskin (à gauche) pour Turner le conduit – non sans une incroyable assurance – à sous-titrer son livre *Modern Painters* : « La supériorité des peintres contemporains sur les maîtres anciens dans l'art du paysage » (ci-dessous). Il influencera l'Europe entière par ses jugements et ses engouements. L'idée que l'artiste peut rejeter les enseignements des anciens sous-tend son œuvre tout entière et marque une rupture radicale de la tradition artistique européenne. Cette radicalité, soutenue par une foi profonde non dépourvue de messianisme, le verra s'opposer aux effets dévastateurs de l'industrialisation. Ruskin soutiendra aussi activement les préraphaélites, mais rejettera Whistler.

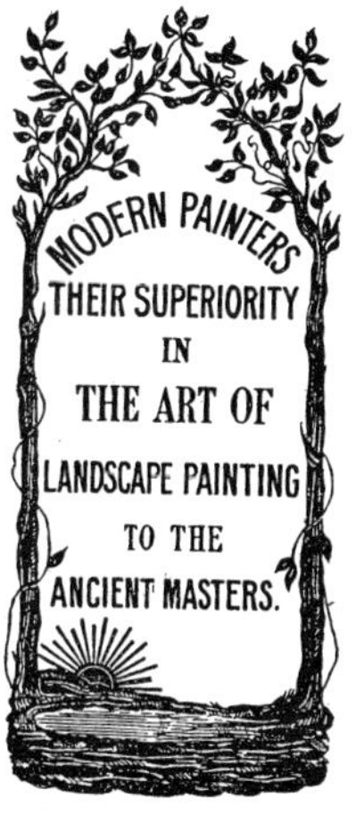

doute est le plus grand de notre temps, écrit-il dans son journal, le plus grand dans chaque domaine de l'imagination, dans toutes les branches du savoir visuel, à la fois le peintre et le poète du jour, J. M. W. Turner. Tout le monde me l'avait décrit comme rude, ennuyeux, pas intellectuel, vulgaire. C'est je crois impossible. J'ai trouvé en lui un peu d'un excentrique, des manières douces, pragmatiques, un gentleman à l'esprit anglais, d'un bon naturel évidemment, d'un mauvais caractère évidemment, haïssant les tromperies de toutes sortes, astucieux, peut-être un peu égoïste, hautement intellectuel, les puissances de son esprit ne s'exprimant pas par plaisir ou intention de paraître mais s'exprimant brutalement en un mot ou un regard. » Incroyablement doué, Ruskin écrit, enseigne et peint lui-même avec une confondante facilité. En 1843, à 24 ans, il publie le premier des cinq volumes intitulés *Modern Painters*, où, tout en étudiant la peinture de paysage, il consacre la prééminence de Turner.

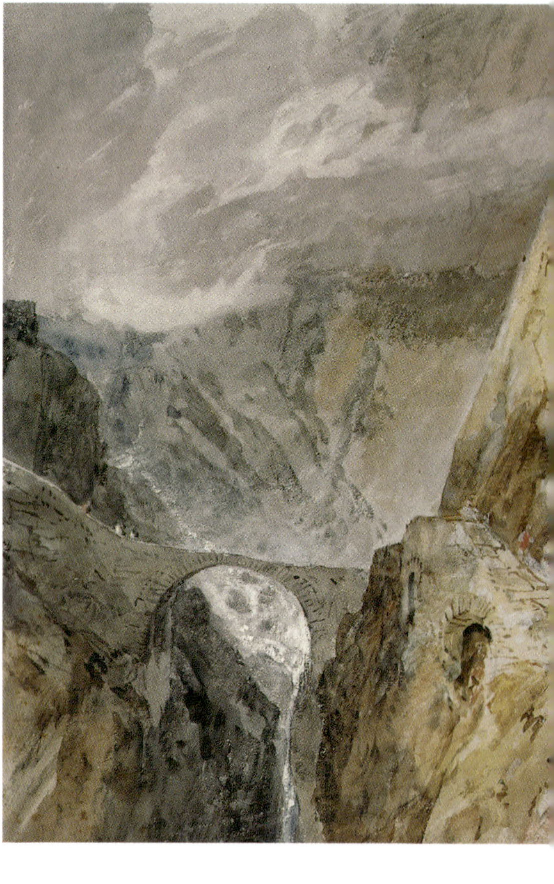

Selon le principe du sublime – « ce qui est susceptible d'inspirer la terreur », d'après Burke – Turner accentue dans cette aquarelle le sentiment de vertige que le voyageur, ou le spectateur, ressent devant la fragilité apparente du pont, dont l'arche semble prête à se rompre. Ce motif fit l'objet de nombreuses variations.

Avec les Alpes, une affinité sans égale

Le premier voyage que Turner fait en 1802 sur le continent est consacré aux Alpes

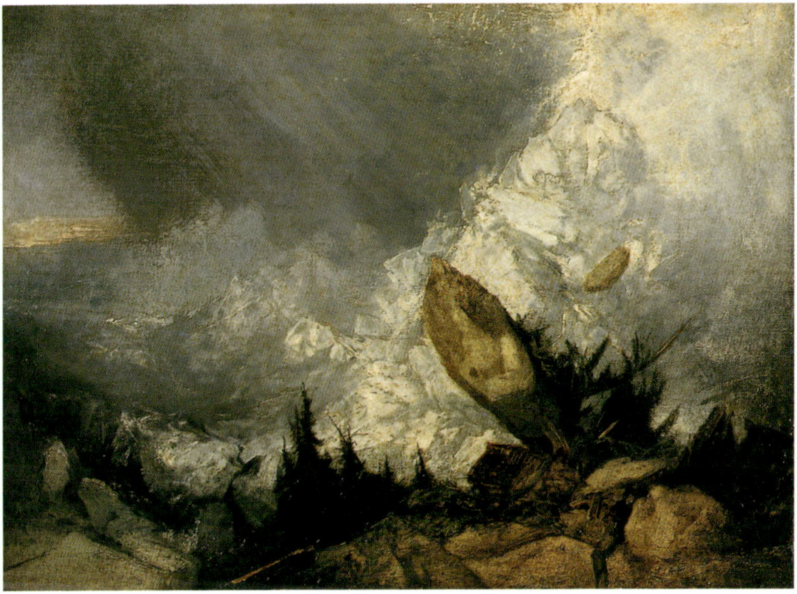

– avant même l'inévitable visite au Louvre. Si le choix de cette première destination a pu être influencé par son compagnon de voyage Newbey Lowson, un jeune gentilhomme anglais, les Alpes et la Suisse vont d'emblée fasciner Turner, qui y effectuera de nombreux circuits : de la Savoie au Tyrol, de l'Italie du Nord à l'Allemagne, il accomplira près d'une dizaine de fois la traversée du massif entre 1802 et 1844. Les Alpes vont ainsi devenir un motif récurrent dans son œuvre, au point de former un « cœur géographique et artistique » sans pareil.

Si les montagnes ont fasciné quelques peintres avant lui – en particulier des Anglais, comme John Robert Cozens, Francis Towne ou John Warwick Smith – aucun ne les a

Inspiré d'un tableau de Loutherbourg (en bas), *Avalanche dans les Grisons* (ci-dessus) était accompagné d'un poème de Turner : « La neige [...] fend l'écran de rochers / les pins de la forêt [...] /détruisant sans remède l'œuvre des générations ! »

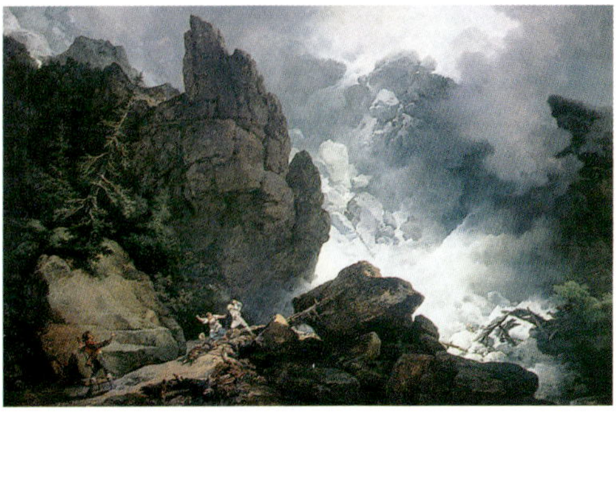

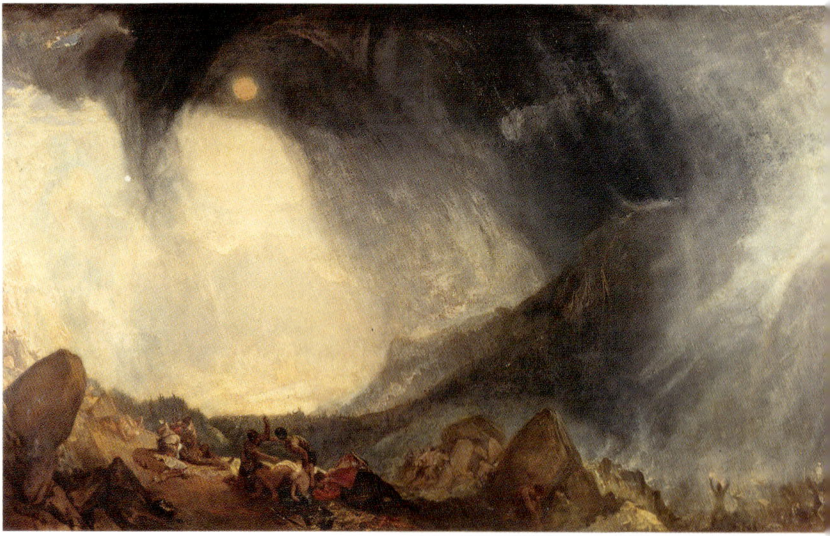

parcourues avec tant de curiosité, tant d'opiniâtreté. Il est vrai que les Alpes ont alors l'attrait de la nouveauté. Alors que la montagne était jusque-là redoutée et fuie, les hommes du XVIIIe siècle se passionnent pour ce désert glacé. En 1786, Jacques Balmat et le Dr Paccard atteignent les premiers le sommet du mont Blanc. Avec eux débute la véritable exploration de la montagne. Quelques années plus tard, Mary Shelley place dans les Alpes certains épisodes dramatiques de son roman *Frankenstein*.

Avec Turner, la montagne se prêtera à toutes les variations picturales. À la notion romantique du sublime qui imprègne le regard des premiers artistes sur les cimes, le peintre oppose d'abord une vision classique plus imprégnée de Poussin que des craintes et des émerveillements de ses contemporains. Ses paysages alpestres sont alors construits avec un sens de la géométrie et de la perspective qui témoigne de son éducation classique. Rapidement pourtant, son œuvre se transforme sous l'effet conjugué d'une technique plus affirmée et d'une familiarité grandissante avec le motif. C'est alors qu'il se laisse emporter

C'est probablement le *Bonaparte au Grand-Saint-Bernard*, que Turner voit dans l'atelier du peintre Jacques Louis David en 1802, qui a ravivé son intérêt pour le thème d'Hannibal franchissant les Alpes (ci-dessus). L'armée carthaginoise est ici représentée dans un décor d'apocalypse glacée, alors que les troupes se disloquent (détail, à droite).

“L'année finissante maculait de tempêtes la blanche barrière des Alpes. En vain, chaque passe ensanglantée de morts ou jonchée de rochers proclamait les ravages, Hannibal toujours songeait à la fertile Campanie...”

Turner, en légende de son tableau *Hannibal franchissant les Alpes* par le sentiment du sublime. À celui-ci s'ajoute son goût de l'histoire dans des évocations comme celle d'*Hannibal franchissant les Alpes* – un tableau devant lequel la critique se montre enthousiaste : « C'est une prouesse qui classe Monsieur Turner au plus haut rang des peintres de paysages, parce qu'il maîtrise parfaitement la qualité des *Sister Arts*, l'invention, écrit le critique de l'*Examiner* en juin 1812. Une terrible magnificence se voit dans le large tourbillon de neige qui s'élève dans les airs [...]. Enfin, les éléments moraux et physiques sont réunis ici par une main magistrale, suscitant des sentiments de terreur et de grandeur. »

À cette fascination féconde pour l'abîme et le vertige succèdent enfin les évocations grandioses et harmonieuses des œuvres des dernières décennies. Les couchers de soleil jouent alors sur les oppositions de tonalités chaudes et froides, comme dans les vues de la Goldau en 1843.

De 1841 à 1844, Turner se rend chaque année en Suisse. La vue du Rigi sur le lac de Lucerne, datée de 1842, (page suivante) a probablement été prise du rivage de Zoug. Le site est l'objet de nombreuses études du peintre, ainsi que d'aquarelles dites « échantillons ». Elles lui servent à présenter différentes propositions de points de vue et de couleurs à un acheteur. Lorsque celui-ci arrête son choix, Turner exécute l'œuvre en grandes dimensions, et suivant le degré de finition désiré par le collectionneur.

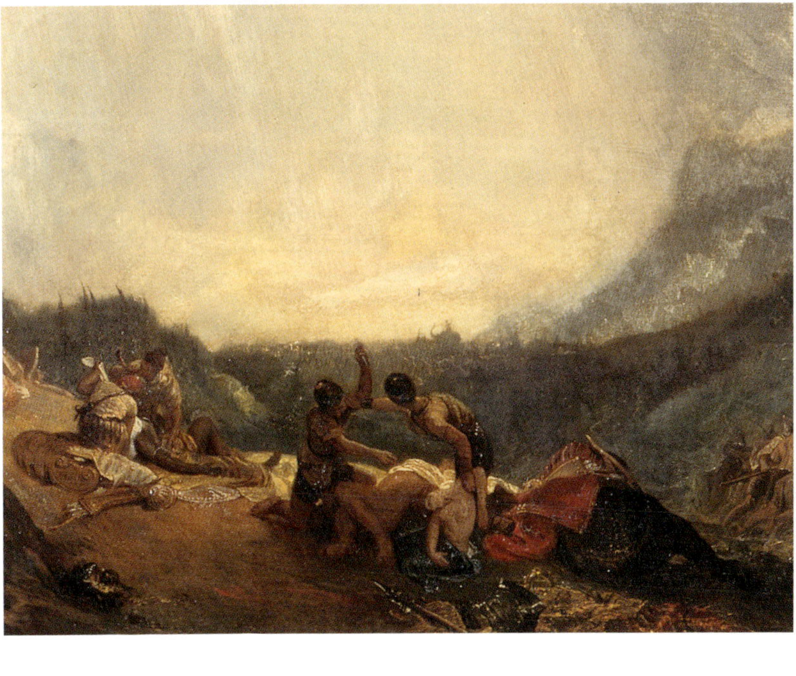

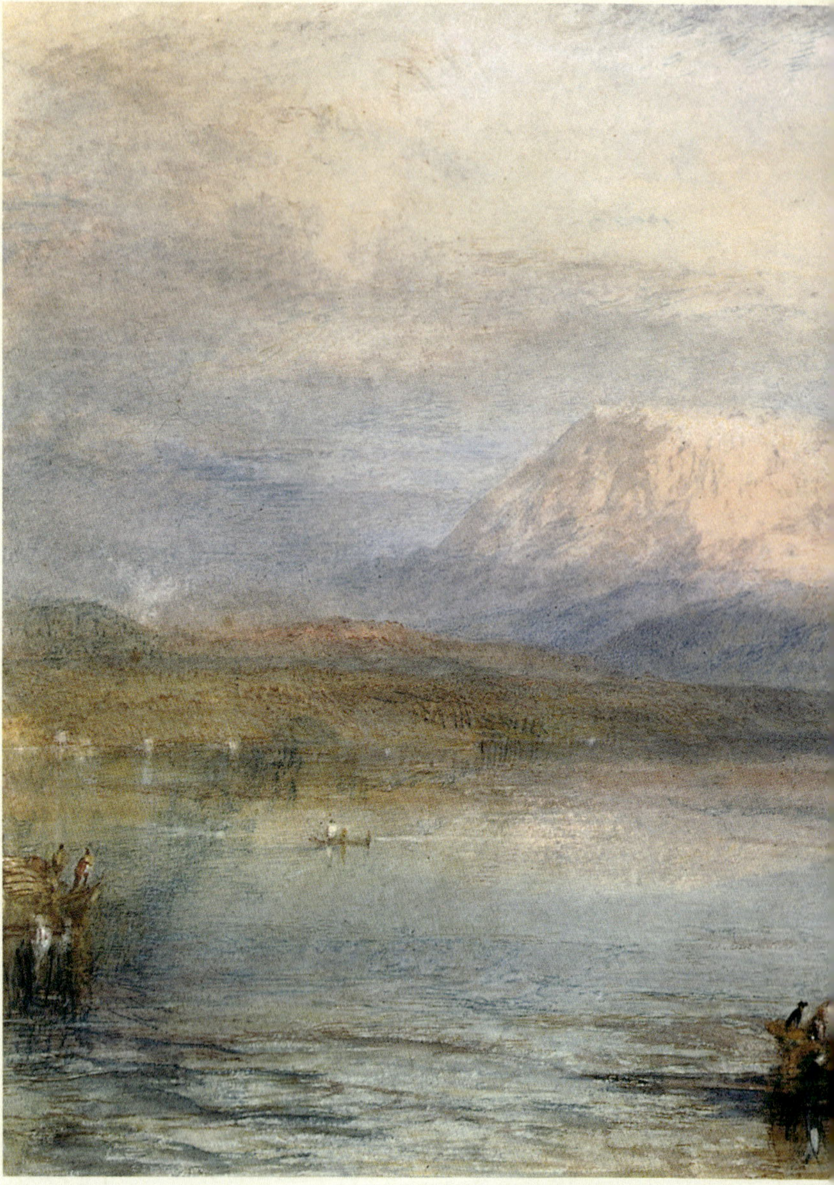

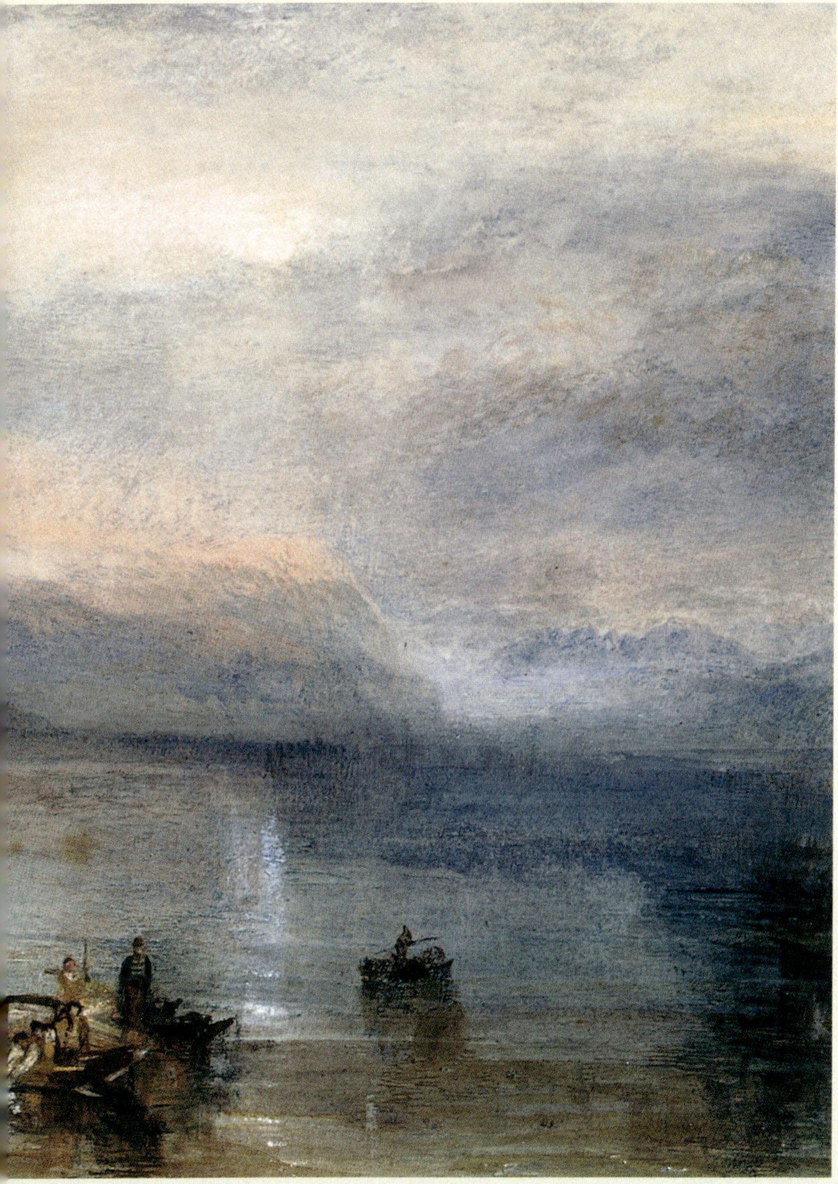

De l'Italie rêvée…

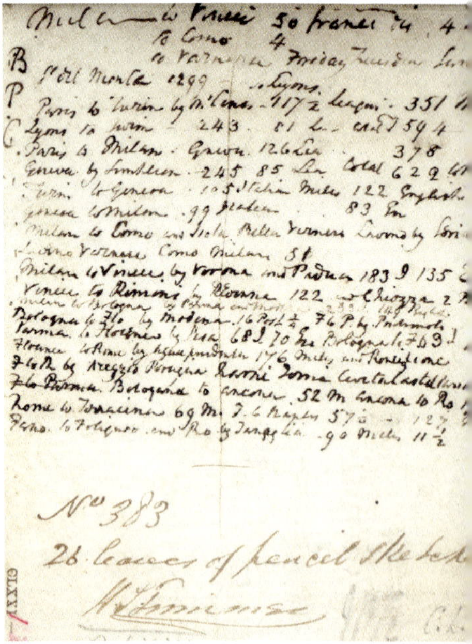

Dans l'un de ses carnets de croquis, Turner note de manière elliptique les diverses étapes de sa route vers Rome.

L'œuvre de Turner est tout entière imprégnée de l'Italie, de ses paysages, des réalisations de ses artistes, de son histoire. Il s'en inspire et s'en nourrit dès les premières années de sa carrière, la littérature latine lui fournissant d'innombrables thèmes.

À cette révérence pour la Rome du Lorrain s'est ajoutée l'étude approfondie des vues modernes de John Robert Cozens. Mais cette connaissance de l'Italie n'est restée longtemps que livresque et picturale ; de 1793 à 1815, la longue guerre franco-anglaise ne lui laisse en effet aucune occasion de satisfaire sa curiosité pour la péninsule. Et en 1802, lors de la paix d'Amiens, son premier voyage sur le continent est pour la France, avec pour seule excursion en terre italienne le Val-d'Aoste. Ainsi Turner n'effectue son premier voyage en Italie qu'à l'âge de 44 ans,

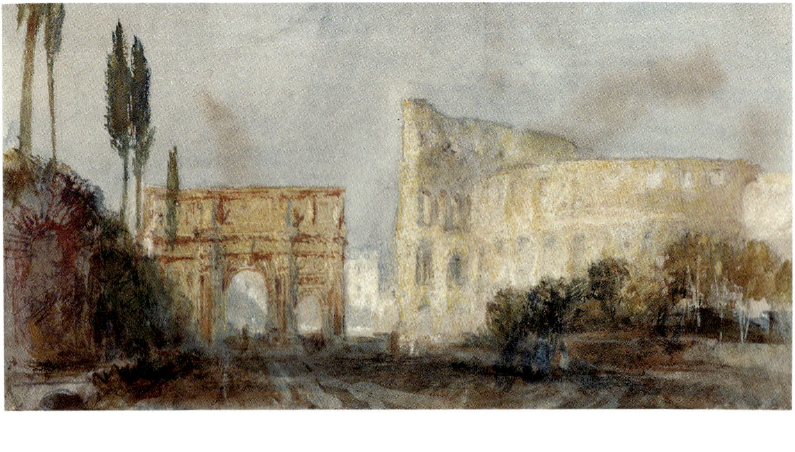

en 1819. Il reviendra par la suite une fois seulement en Italie centrale, lui préférant en réalité Venise, les Alpes italiennes, suisses ou autrichiennes. Car il y a deux Italie pour Turner, celle de Rome et du Sud, celle des Alpes et de Venise.

... à la réalité de Rome

Rome est vraisemblablement le rêve de toute la première partie de la vie du peintre, mais elle est aussi son plus grand malentendu. Il l'a imaginée à l'envi, allant jusqu'à en peindre – avant même son premier voyage dans la péninsule – plusieurs aquarelles destinées à illustrer *A Picturesque Tour of Italy* de James Hakewill (1818-1820).

Cette ville de Rome, il la visite inlassablement lors de son premier séjour, négligeant les plus élémentaires nécessités sociales, passant plus de trois mois à la parcourir; mais sans qu'au fond le désir tant exacerbé lui procure les plaisirs attendus. Par la suite, paradoxalement sans jamais l'admettre, Turner négligera Rome – attitude ambiguë qui peut s'expliquer de plusieurs manières. L'Italie imaginée pendant près de trente ans, au travers de lectures et d'admirations picturales, ne correspond certainement que de très loin à celle rencontrée en 1819. Si, au XVIIIe siècle, les Britanniques se sont considérés par

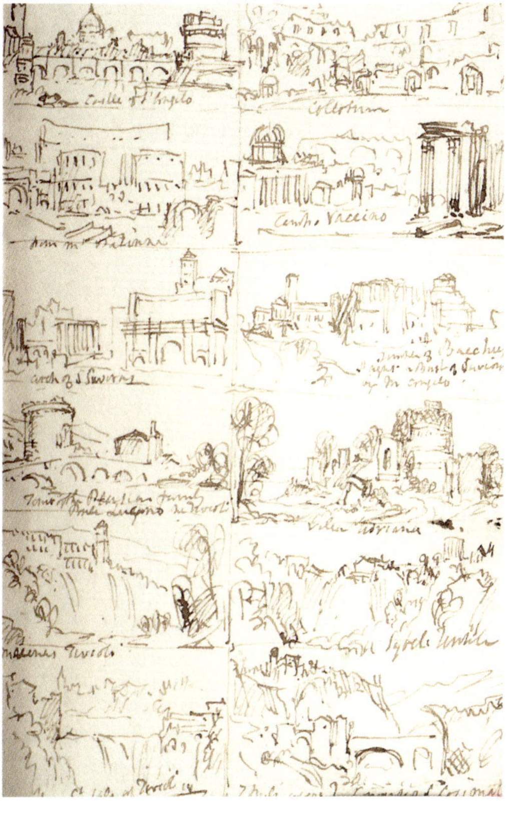

Pour se familiariser avec les sites les plus célèbres de Rome, Turner, encore à Londres, s'est plu à en copier des gravures dans des ouvrages comme celui de John Smith, *Select Views in Italy* (page de croquis ci-dessous). Ainsi le Colisée (aquarelle page de gauche) ne lui est-il pas tout à fait inconnu lors de son premier voyage dans la Ville éternelle, en 1819.

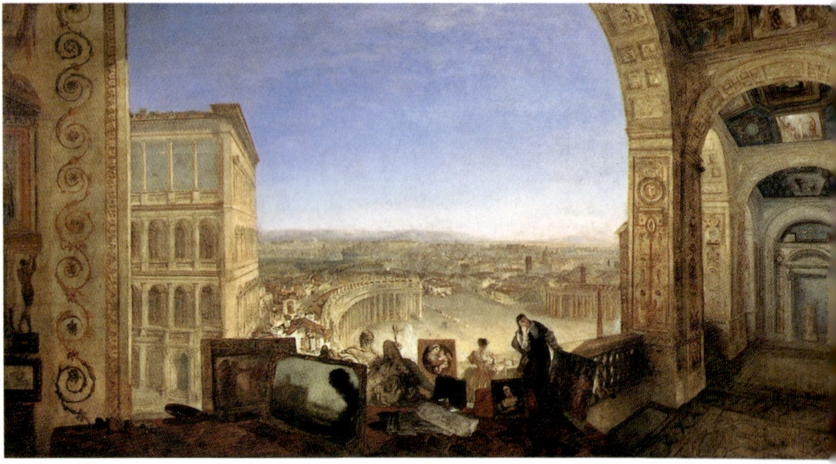

leurs vertus et leur système politique comme les héritiers de la Rome antique, leur culture reste pourtant l'une des plus étrangères, l'une des plus rebelles à celle qui prévaut en Italie. Dans l'esprit de Turner, l'imaginaire, la notion de Sublime tiennent une place tout aussi grande que celle dévolue aux écrivains antiques, aux grands peintres de la Renaissance ou du XVIIe siècle. Preuve encore de son désenchantement, il ne s'intéresse réellement au paysage romain que lors de son premier séjour de 1819, le second, en 1828, étant plutôt consacré à la vie mondaine et à des peintures d'intérieur. Si Turner travaille avec enthousiasme à Rome, c'est probablement davantage pour y découvrir les maîtres que pour en tirer la matière de paysages.

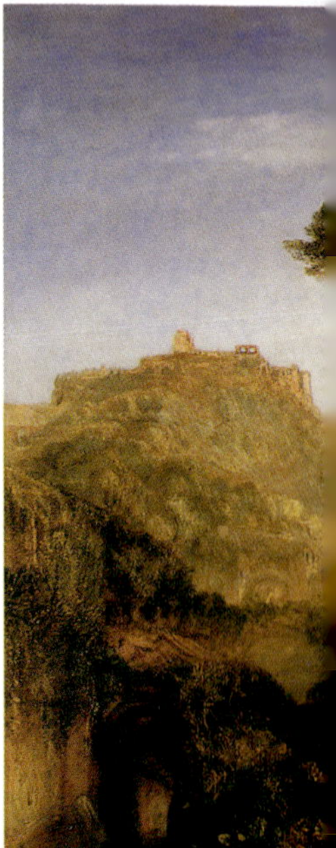

... et de sa lumière

Le désappointement inavoué de Turner devant la lumière romaine contribue à ce désintérêt. Alors qu'il a étudié et copié en compagnie de Girtin, dans la collection du Dr Thomas Monro, les contre-jours délicats de Cozens, qu'il a admiré les raffinements de Claude ou de Richard Wilson, il est sans doute dérouté par la franchise des ombres, la limpidité des paysages, la brutalité de la luminosité. De même,

Turner ne semble pas conquis par Naples, alors qu'il en a probablement rêvé en 1817 quand il a dessiné le Vésuve, sans l'avoir jamais vu, d'après des feuilles de James Hakewill.

D'ailleurs, son travail rencontre peu d'écho. Ses trois grandes peintures à sujets romains, *Rome vue du Vatican...*, avec son hommage à Raphaël, *La Baie de Baïes* et une *Vue du Forum*, achevées dans les années 1820, ne trouveront pas preneur. Une autre *Vue du Forum*, peinte pour l'architecte sir John Soane, se voit même refusée par ce dernier et, après le voyage de 1828, les œuvres exécutées sur des sujets romains ne rencontrent qu'un succès limité. Pourtant, les critiques continuent de l'encenser. En 1833, l'un d'eux écrit que Turner est « une sorte de Paganini jouant des merveilles sur une seule corde » et qu'il est aussi « étonnant avec ses [jaunes de] chrome que Paganini avec ses chromatiques ».

“Vous devez avoir entendu parler de la visite de M. Turner à Rome; il a travaillé ici [...] nuit et jour, commençant huit ou dix peintures et en finissant et exposant trois autres, le tout en environ deux mois ou un peu plus.”

Le peintre Charles Eastlake à un ami de Liverpool, 1819

En 1820, Turner expose *Rome vue du Vatican* pour célébrer le 300e anniversaire de la mort de Raphaël (à gauche). En bas, *Le Pèlerinage de Childe Harold, Italy*, peint en 1832 d'après l'œuvre de Byron.

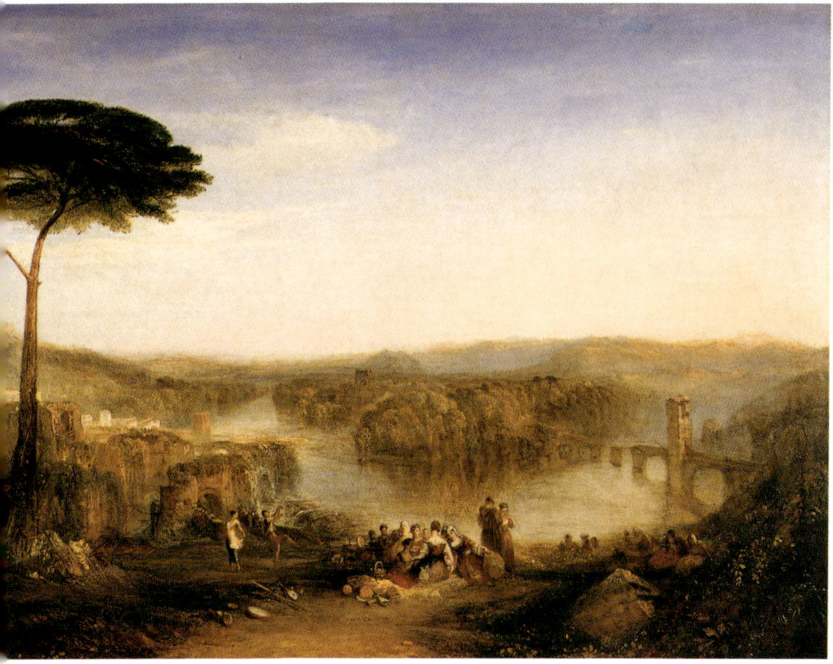

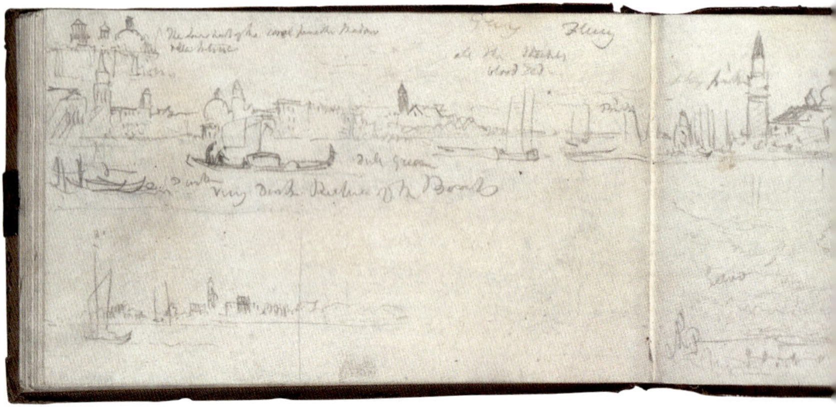

Un art en adéquation avec Venise

C'est en réalité dans le nord de la péninsule, à Venise, que l'artiste trouve une véritable inspiration. L'empreinte de la lagune sur Turner n'a d'égale que celle que l'artiste impose aujourd'hui encore à notre vision de la lagune. Plus encore que Canaletto, Guardi ou Bonington, Turner a créé une Venise qui marque les esprits. Avec ses lumières et ses brumes, ses architectures dont le reflet oscille au gré de l'eau miroitante, le sentiment tragique de la déchéance mêlé à l'orgueil, rarement une ville aura autant correspondu à l'art d'un peintre. En effet, les thèmes de prédilection de l'artiste, l'eau, la lumière, la dissolution des formes, le sentiment du sublime, l'importance de l'histoire, l'ailleurs et le passé, Venise les lui offre combinés à l'infini, toujours recomposés, perpétuellement changeants.

Turner séjourne à Venise moins longtemps qu'à Rome mais, l'ayant moins « rêvée », il en subit plus profondément le charme. Son premier séjour, en 1819, ne dure que quelques jours. La célébrité de la ville, qui a perdu son indépendance avec Bonaparte pour tomber en 1815 sous le contrôle de l'Empire autrichien, vient de s'accroître subitement avec la publication des poésies de Byron, qui y réside 1817 à 1820. Alors que Florence, Rome et Naples tenaient jusque-là la première place auprès des

Dans le carnet de son premier voyage à Venise, en 1819, Turner trace la silhouette aérienne de la ville (page de droite). Ces simples croquis sont souvent l'essentiel de son travail en plein air. Le fils de son ami et architecte John Soane a rapporté dans une lettre de 1819 la réponse que le peintre fit à de jeunes Anglais à la mode lui ayant demandé pourquoi il dessinait sur le motif : « Il grogna [...] que cela lui prendrait trop de temps de faire de l'aquarelle en plein air – il pouvait faire pendant ce temps-là 15 ou 16 croquis pour une aquarelle, et puis il grogna jusqu'à son retour à la maison. »

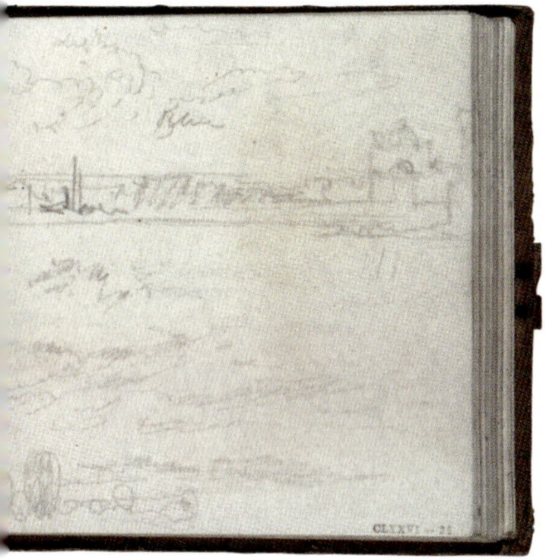

voyageurs étrangers en Italie, Venise attire désormais en nombre les touristes anglais et européens. Turner y retournera ainsi en 1833, pour une dizaine de jours, et en 1840, pour près de deux semaines, où il travaillera sans relâche : « Je [le] rencontrai [...] à l'hôtel Europa, où nous nous retrouvions face à face lors des repas et où nous entrâmes en conversation, rapporte dans ses *Mémoires* William Callow, un aquarelliste d'une bonne génération plus jeune que Turner. Un soir, alors que je savourais un cigare dans une gondole, je vis dans une autre Turner peignant une esquisse de San Giorgio brillamment éclairé par le soleil couchant. Je me sentis honteux de mon oisiveté alors que lui-même travaillait si dur et si tard. » L'anecdote montre l'acharnement de l'artiste à saisir chaque moment du jour, chaque variation de la lumière sur les monuments et la mer. Elle révèle aussi la nature de ce travail sur le motif, alors même

« L'eau s'étendait là, et ce n'était pas une couche plate de peinture grise et morte, mais une vraie surface limpide, joueuse, palpable, emplie d'une teinte indéfinissable, et fuyant de façon aussi régulière et visible vers le lointain que si elle avait été couverte d'objets pour nous indiquer ce mouvement en termes de perspective. Or c'est cela qui met le peintre à l'épreuve, et c'est parce que [Turner] y avait réussi que j'ai dit [...] que « nul homme n'avait jamais peint la surface d'une eau calme comme lui ». »

John Ruskin, in *Modern Painters*, sur les Turner peints à Venise

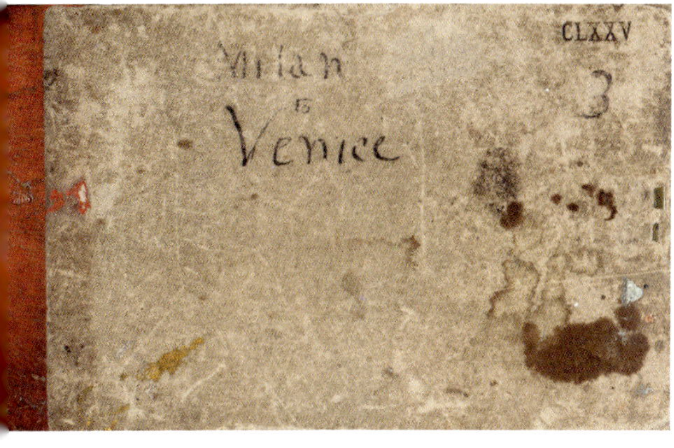

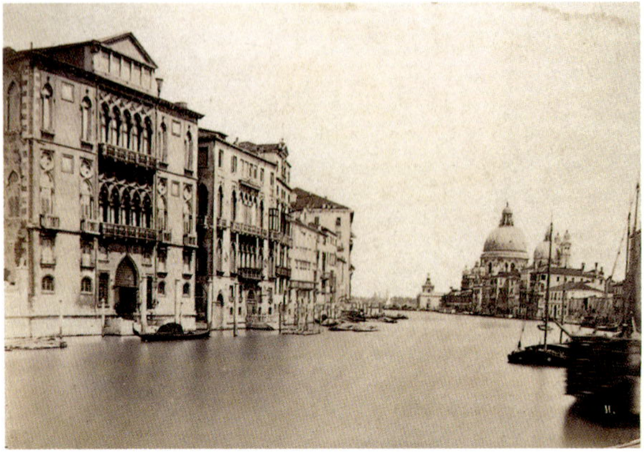

À Venise, Turner réside à l'hôtel Europa, un établissement de luxe (ci-contre, le Grand Canal, vers 1860). Situé face à San Giorgio Maggiore, près de la place Saint-Marc, cet hôtel lui offre des perspectives remarquables. Il est en revanche plus rare que l'artiste s'attarde au décor de la chambre qu'il occupe, comme dans cette aquarelle largement brossée (page de droite), et qui livre la vue dont bénéficie le peintre sur le campanile (aquarelle ci-dessous). En 1842, Turner exposera une vue de la Douane de mer dont le titre portera explicitement la mention « vue des marches de l'hôtel Europa ».

que les œuvres de Turner sont toujours riches de notations littéraires, sentimentales et philosophiques. Ici, à Venise, le sujet disparaît formellement pour mieux rendre l'évanouissement d'un monde.

Traduire la fuite du temps

L'importance de Venise dans l'œuvre du peintre se mesure d'abord au nombre de grands tableaux qu'il expose à la Royal Academy sur le sujet. Entre 1833 et 1846, c'est plus d'une vingtaine de toiles vénitiennes qu'il présente, toujours avec un immense succès. L'indéniable qualité des aquarelles qu'il y exécute ou qu'il réalise de retour à Londres est un autre témoignage de cette parfaite symbiose entre l'artiste et la ville. Il semble que l'œuvre de Turner s'identifie à Venise, comme Venise s'identifie à ses aquarelles.

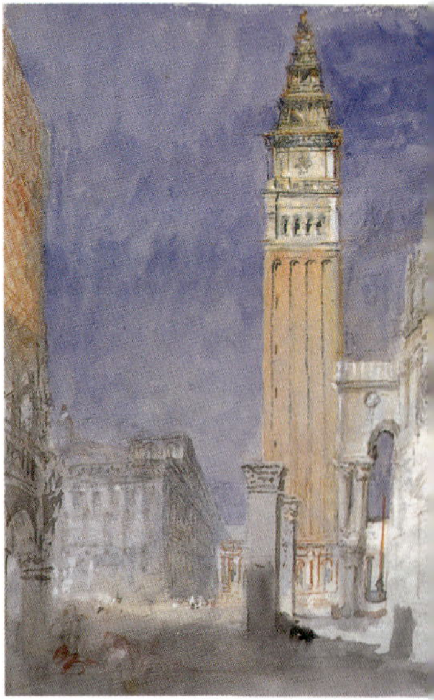

Aux aspects formels s'ajoutent les sentiments mêmes de Turner face au passé qui s'enfuit. Ce qu'il rendra avec grandeur dans un tableau célébrant le dernier voyage du *"Fighting Temeraire"*, peint en 1839-1840, il le répand à profusion dans ses paysages de la lagune. Un sentiment diffus du temps évanoui dans les beautés d'une lumière humide. L'irréalité des

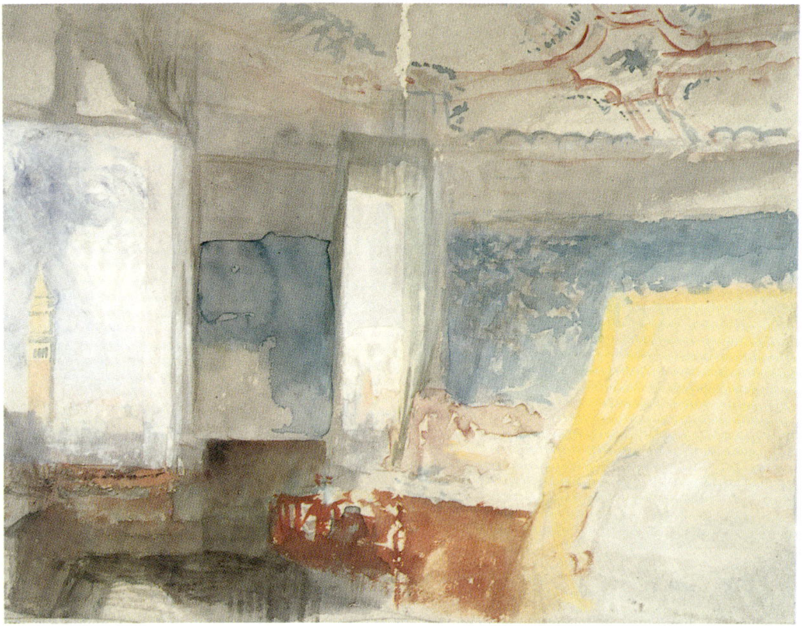

hommes, dans un décor voué à la destruction, les aspects morbides, aucune de ces notions ne prend pourtant le pas sur les émerveillements qui fondent l'œuvre de Turner à Venise.

Au contraire de Rome, vue au travers du prisme enchanteur de Claude Gellée, Turner n'a connu Venise qu'à travers Canaletto et quelques védutistes plus précis qu'atmosphériques, moins poétiques que pittoresques. Personne avant lui ne l'a trop magnifiée ou transformée, aucune culture classique ne l'a alourdie de références en surnombre. Aussi n'est-il pas déçu par la réalité, et se sent-il complètement libre devant Venise. Il n'est pas obligé de peupler ses paysages de références à l'histoire antique. Tout au plus fait-il quelques allusions au *Marchand de Venise* de Shakespeare en exposant sa *Vue du Grand Canal* à la Royal Academy en 1837 et au *Pèlerinage de Childe Harold* de Byron dans trois autres tableaux sur ce thème.

Exposé en 1841 avec deux autres vues de Venise, *Le Palais des Doges* (page suivante) est reçu avec enthousiasme par ceux-là mêmes qui critiquent Turner pour ses « extravagances ». Dans l'*Athenaeum*, on peut lire : « Dans ces peintures vénitiennes, il serait difficile d'égaler la clarté et la limpidité de l'air et de l'eau – celle-ci captant chaque reflet qui passe avec une souple translucidité qui semble dépasser le pouvoir d'un simple pinceau. » Pages 84-85, une vue de Santa Maria della Salute, également peinte à l'huile, et exposée à la Royal Academy en 1844.

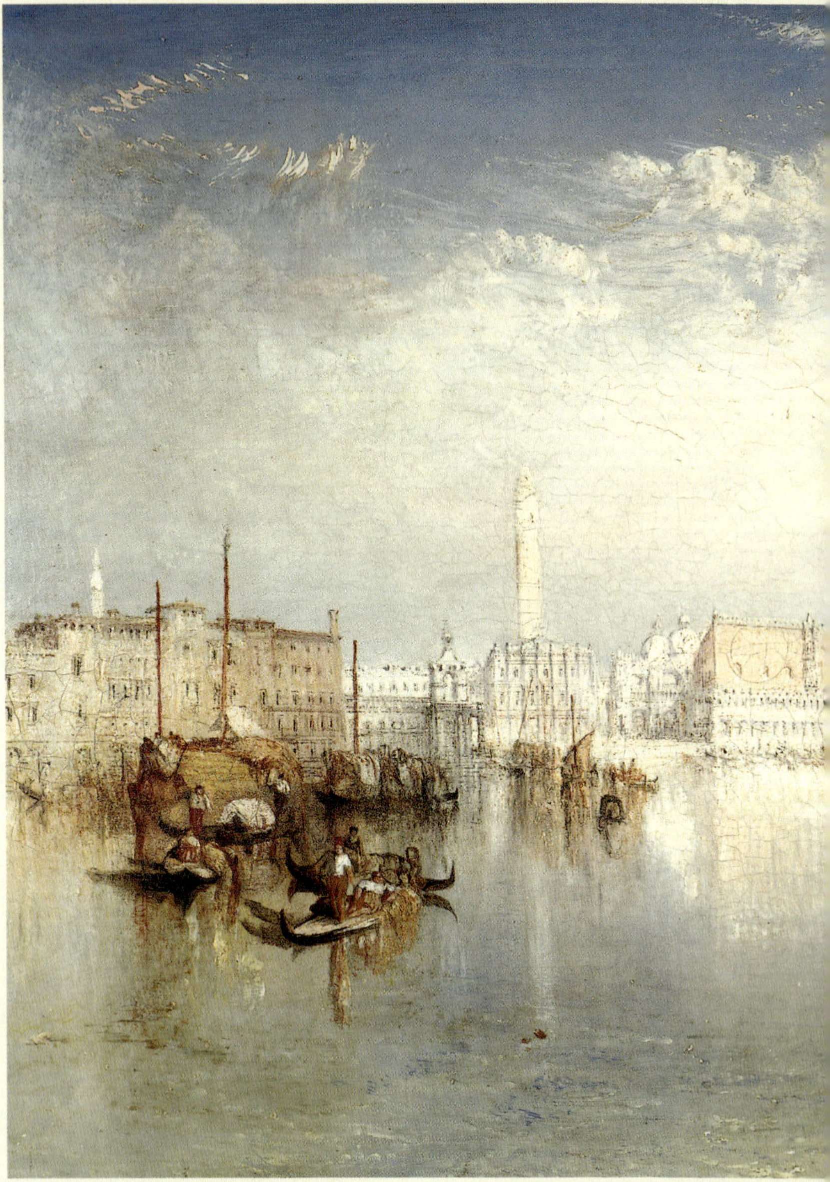

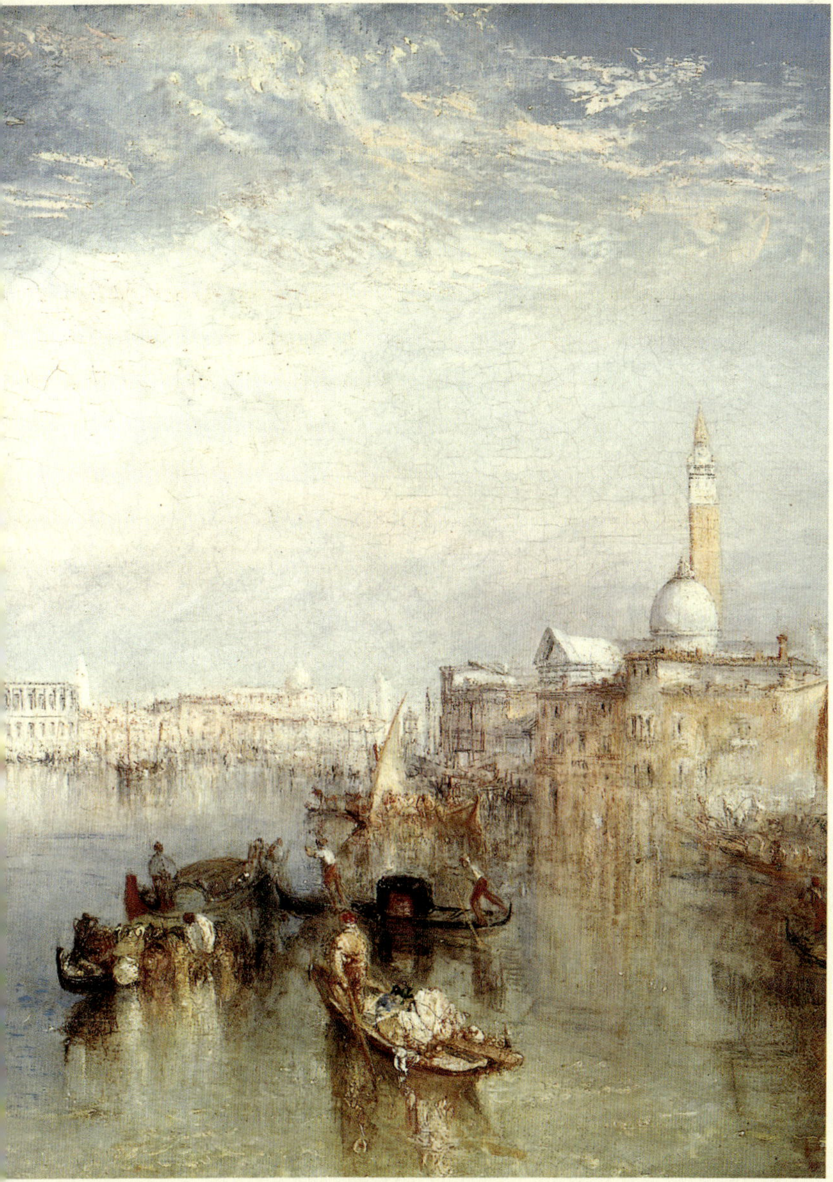

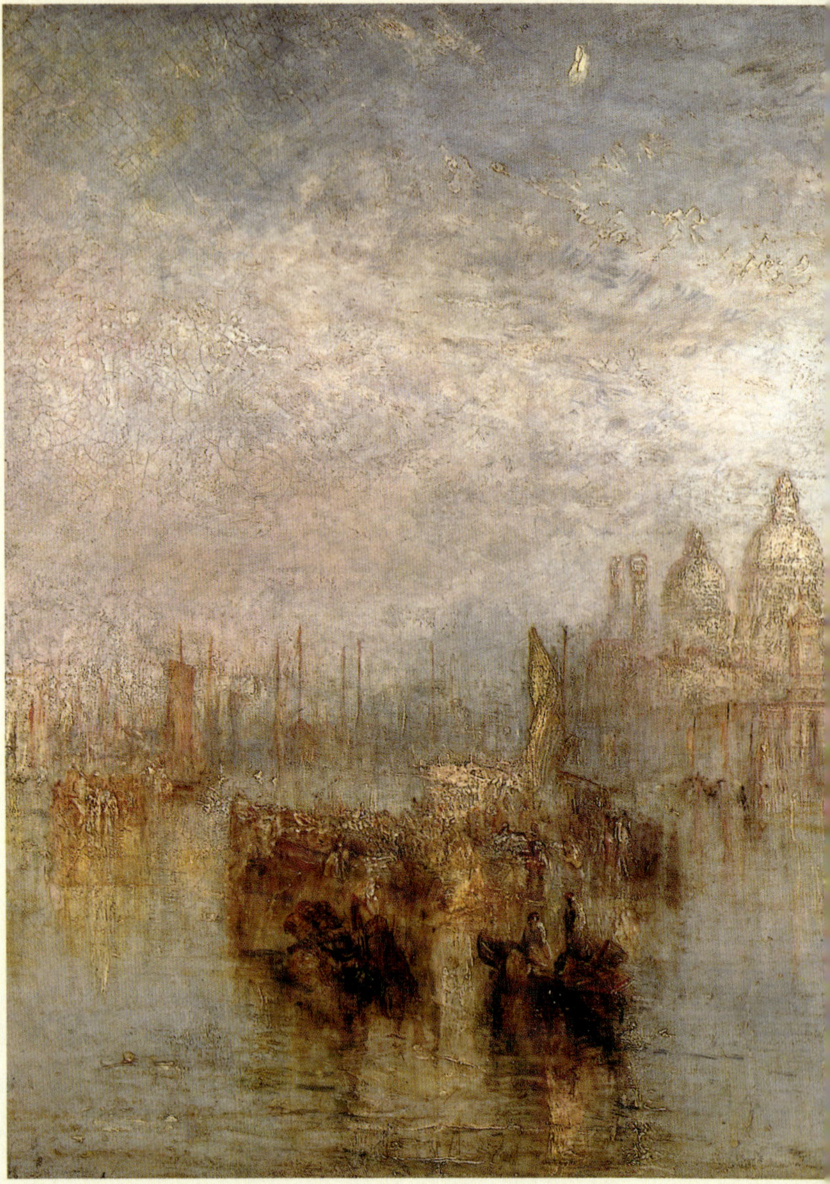

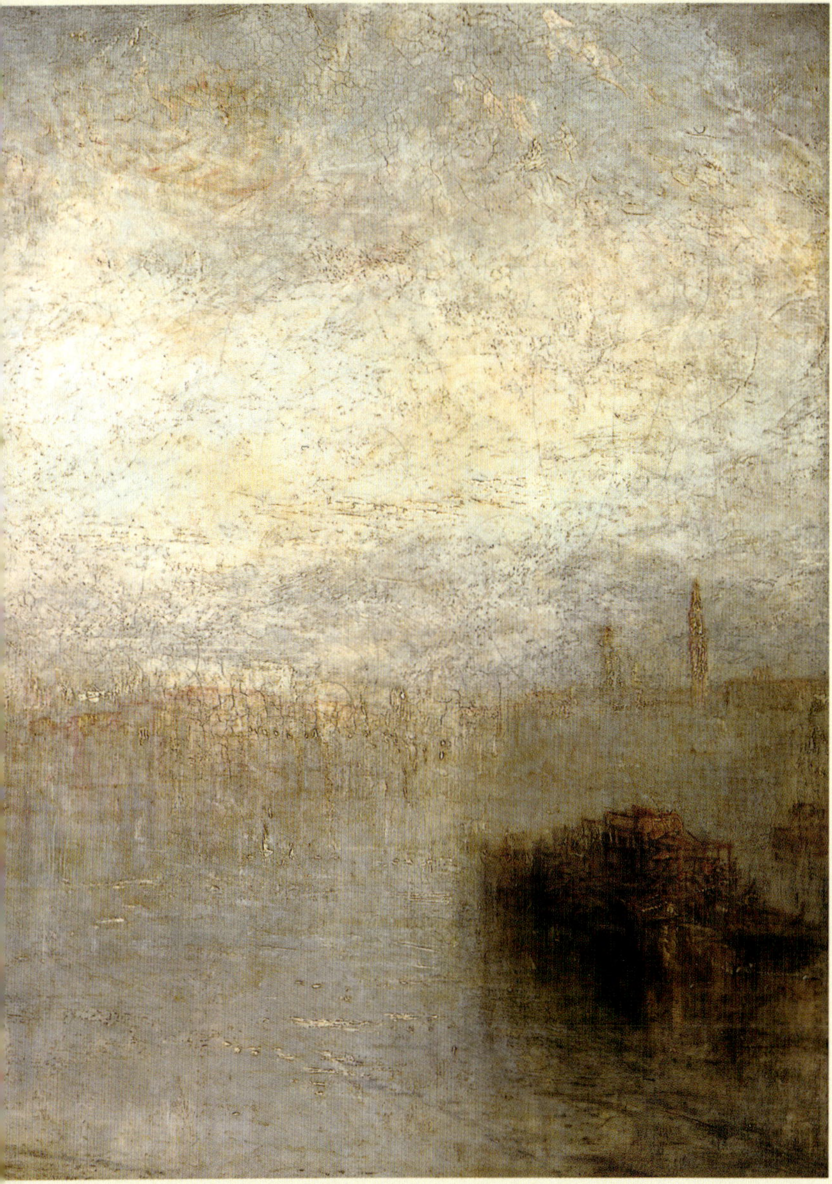

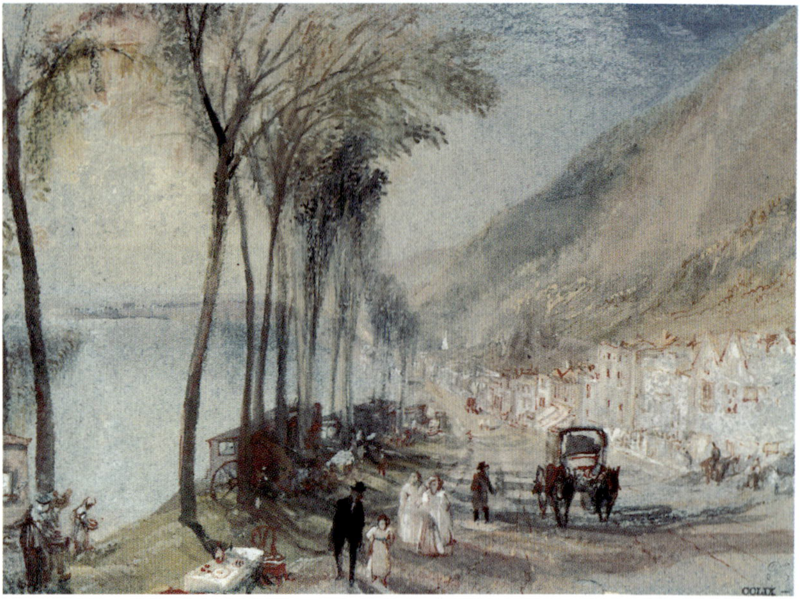

En France

Cette aquarelle, peinte en 1833, représente la route entre Mantes et Vernon. Comme dans nombre des œuvres de Turner consacrées à la Seine, le peintre a privilégié l'animation du paysage. Les allées et venues des carrioles, les petits commerces de bord de route et les silhouettes presque dansantes des femmes et des enfants monopolisent le regard plus que le fleuve lui-même. L'importance donnée aux personnages rappelle que Turner n'a pas, comme on le dit souvent, négligé la figure humaine, qui participe de l'équilibre de la plupart de ses compositions.

Si l'on en croit Ruskin, « de tous les pays étrangers, c'est l'esprit de la France que Turner a le mieux pénétré »... Si, lors de son premier voyage en 1802, la France n'a d'abord été qu'un chemin obligé vers les Alpes, au retour le peintre s'est attardé plus d'un mois à Paris. L'étude des collections du musée du Louvre, tout juste enrichies des œuvres saisies lors des campagnes de Bonaparte, l'a occupé une grande partie du mois de septembre. Il s'est notamment intéressé aux tableaux de Poussin et aux artistes vénitiens, mais aussi à Rembrandt, Watteau et Joseph Vernet; curieusement, les œuvres de Claude Gellée n'ont guère retenu son attention.

Turner profite également de ce premier séjour pour visiter l'atelier du peintre Jacques Louis David, dont il voit le *Bonaparte franchissant le Grand-Saint-Bernard*. Lors d'autres voyages, il rendra visite à Pierre Narcisse Guérin et

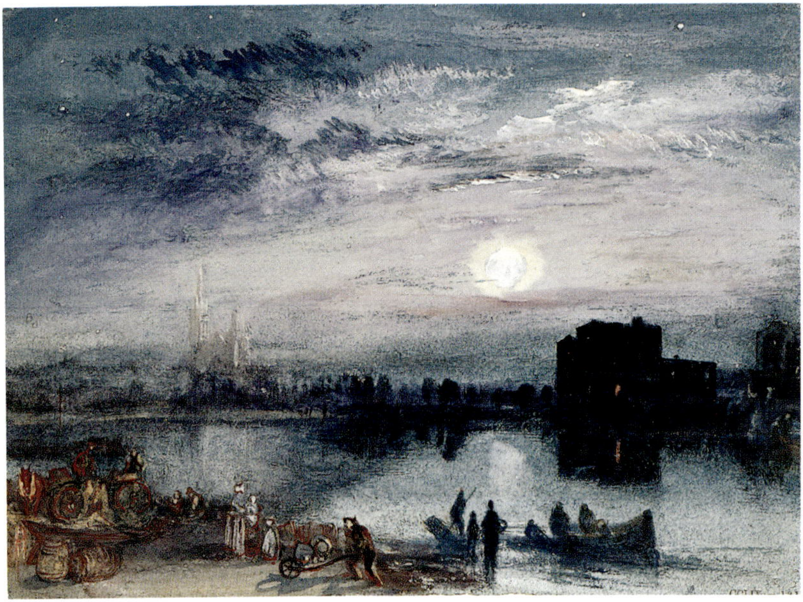

Cette vue de la ville de Saint-Denis est inhabituellement sombre (ci-dessus). Dans une lumière plus proche du clair de lune que du soleil couchant, on devine, sur la gauche, la silhouette de la basilique royale, dont la grande tour devait disparaître en 1846, au cours de la restauration de la basilique commencée en 1833, l'année de cette aquarelle. Turner préparait alors sa publication sur les fleuves de France, mais aussi les vignettes pour le livre de Walter Scott sur la vie de Napoléon.

à Eugène Delacroix, qui, fin connaisseur de l'art anglais, lecteur de Byron, ami de Bonington, amateur de Constable reçoit en toute connaissance de cause Turner, qu'il admire. La rencontre semble s'être révélée décevante pour Delacroix : « Je me rappelle l'avoir reçu chez moi une seule fois quand je demeurais au quai Voltaire, note-t-il dans son *Journal*. Il me fit une médiocre impression : il avait l'air d'un fermier anglais, habit noir, assez grossier, gros souliers et mine dure et froide. »

Au fil de la Seine

Mais les voyages les plus remarquables effectués en France par Turner sont ceux qu'il consacre à la découverte de deux de ses fleuves, la Seine et la Loire. À de nombreuses reprises, en particulier en 1821, 1826, 1828, 1829 et 1832, le peintre va en effet remonter ou descendre la Seine, en explorer les rives jusqu'à Troyes, couvrant de croquis et de notes des centaines de pages de carnets, esquissant des études aquarellées. En 1834, il publie un ensemble de vingt gravures sur le sujet et, l'année suivante, une seconde série. Accompagnées d'un texte de Leitch Ritchie, ces gravures sont reproduites dans des recueils intitulés *Turner's Annual Tour*, où l'artiste peut ainsi offrir à un large public, impatient de leur parution, le fruit de ses voyages britanniques ou continentaux. Les œuvres de Turner consacrées à la Seine sont souvent très colorées, structurées avec force. Elles témoignent de la connaissance intime qu'a l'artiste des paysages qui bordent le fleuve.

Sur les bords de Loire

En 1826, Turner consacre deux semaines à un voyage sur la Loire, à bord de l'un des bateaux à vapeur nouvellement introduits sur le fleuve. Il peut ainsi en découvrir les rives, et dessiner des vues inédites de la Loire et des villes qui la bordent, Nantes, Angers, Saumur, Tours ou Orléans. Dessins et aquarelles, une peinture même, exposée à la Royal Academy en 1829, forment un ensemble étonnant. Des aquarelles, ébauchées ou finies, émane une luminosité aquatique où les formes se diluent et s'étirent, les sites baignent dans une lumière bleue, d'où rayonnent des gris, seul le jaune

WANDE

Cette vue de Nantes, avec, à l'arrière-plan, la cathédrale Saint-Pierre-Saint-Paul, est l'aquarelle préparatoire à la vignette qui ornait le frontispice des *Wanderings by the Loire*. Elle fait partie d'un ensemble de dix-sept dessins qui seront achetés en 1858 par John Ruskin, puis donnés par lui à l'Ashmolean Museum, d'Oxford.

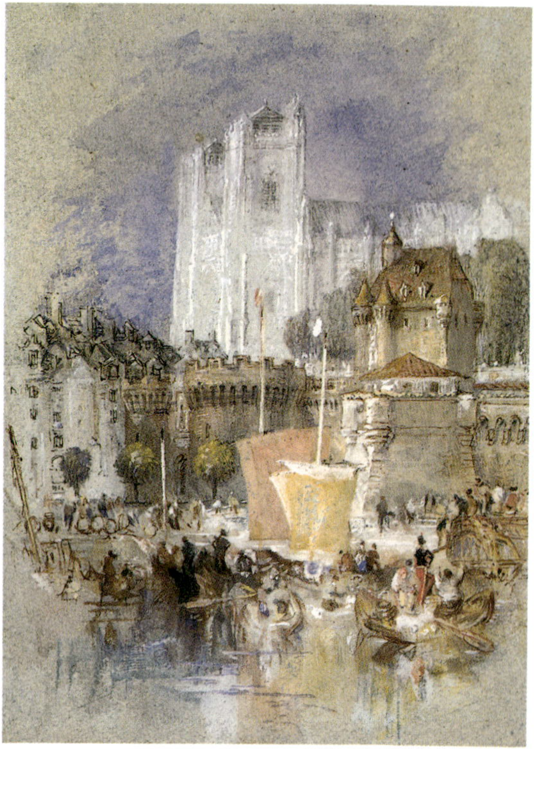

RINGS BY THE LOIRE.
From Drawings
BY
. M. W. TURNER, ESQ. R.A.

venant parfois strier le raffinement. Les vingt et une gravures tirées de ces œuvres seront publiées en 1833 sous le titre de *Wanderings by the Loire*. Selon l'auteur du texte du recueil, Leitch Ritchie, « la Loire, comparée au Rhin et au Rhône, est pour un Anglais, le plus intéressant des trois. Elle baigne ces fameuses régions de Touraine et d'Anjou, où les os de ses ancêtres reposent encore. Ses rives associent sans fin l'histoire et le romanesque ». Ce recueil ne connaîtra pourtant qu'un succès limité : pour les Anglais, d'autres artistes comme Samuel Prout ou William Callow peignent le même fleuve à la même époque ; pour les Français, les recueils de gravures sur les provinces abondent depuis les *Voyages pittoresques* du baron Taylor. Néanmoins, l'ouvrage sera réimprimé plusieurs fois, la dernière tout récemment, en 1990 – preuve d'un intérêt persistant.

En 1845, le dernier voyage de Turner sur le continent sera pour la France. Alors qu'il avait peint l'arrivée de Louis-Philippe à Portsmouth l'année précédente, il est reçu par lui au château d'Eu ; l'artiste avait fait sa connaissance en 1815 à Twickenham. Entre ces deux dates et entre autres périples, il a consacré en 1832 un voyage entier à la poursuite des souvenirs napoléoniens.

Prise de l'île d'Offard, cette vue de Saumur (ci-dessous) a été gravée d'après une aquarelle réalisée vers 1828-1830. Elle montre le pont de Cessart, avec à l'arrière-plan, le château – un site apprécié des artistes, peint au début du XVe siècle déjà par les frères Limbourg dans les *Très Riches Heures du duc de Berry*. Parti d'Angers en diligence dans la nuit du 5 octobre 1826, Turner n'est resté dans la ville qu'une seule journée. Les croquis qu'il en a réalisés se trouvent dispersés au fil des pages de son carnet utilisé pour les villes de Nantes et Angers, comme s'il avait voulu remplir les blancs laissés lors de ses précédentes journées de visite.

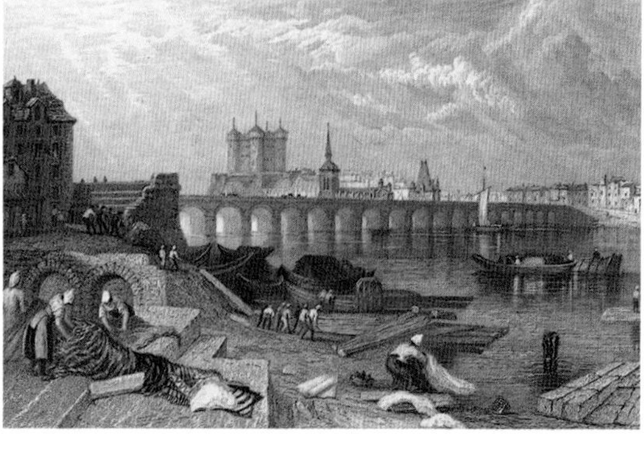

Dans le nord de l'Europe

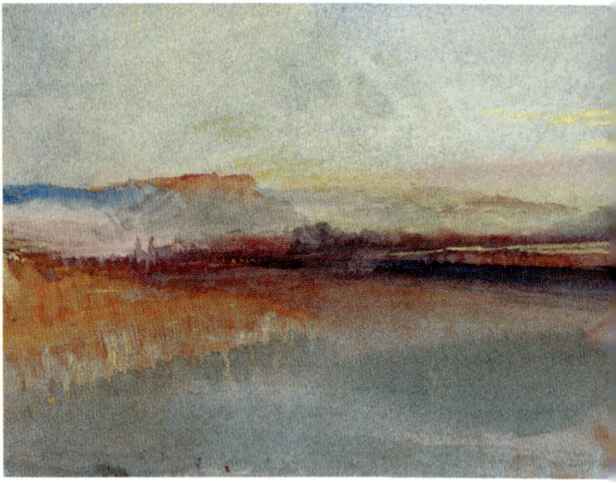

Délaissant les pays du Sud – il n'ira jamais en Espagne, que les Anglais découvrent alors –, Turner voyage dans le reste de l'Europe, en Autriche, au Danemark ou encore en Allemagne, souvent au fil des fleuves comme le Rhin, la Moselle et la Meuse. De 1817 à 1842, il parcourt à plusieurs reprises ce qui est alors le Royaume des Pays-Bas, qui comprend, jusqu'en 1830, les actuels Pays-Bas, la Belgique et le Luxembourg. Son attirance pour les pays du Nord doit beaucoup à son amour de la peinture flamande et hollandaise, mais aussi, au moins pour son premier voyage, au site de Waterloo, qu'il visite avant toute chose en 1817.

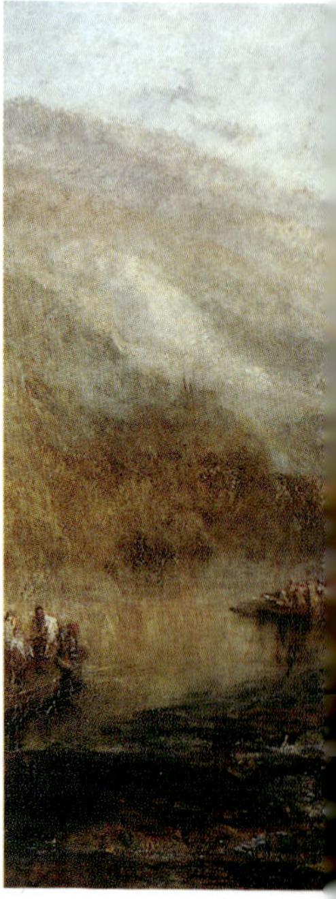

Que le roi George III d'Angleterre ait parallèlement régné sur le Hanovre – ses nombreux enfants et petits-enfants contractèrent des alliances avec les princes et princesses allemands – ne suffit pas à expliquer l'interêt de Turner pour Munich, Berlin, Dresde ou Hambourg. Il parcourt toute l'Allemagne, alors divisée en de nombreux royaumes et principautés, s'arrêtant même au Danemark sur le chemin de Berlin. Il visite collections et monuments, prenant inlassablement des notes, peignant des aquarelles. Le Rhin est l'un de ses fleuves favoris. Célébré par Byron, il offre une incroyable variété de paysages, du torrent alpestre au grand fleuve majestueux des plaines de la mer du Nord. Les périples allemands ne sont pas seulement l'occasion pour Turner de peindre des paysages en vue de quelque *keepsake book*, d'un livre d'étrennes, ils lui permettent de retrouver les lieux chantés par lord Byron dans *Childe Harold*. Il exprime aussi son intérêt pour Goethe, considérant en lui le poète comme le théoricien de la couleur. De ces paysages allemands, Turner tire de grands tableaux qu'il expose à la Royal Academy, tels la *Vue de Cologne* ou *Le Château Rosenau*.

Sa connaissance de la culture allemande et de ses légendes s'exprime dans son tableau de 1842, *L'Inauguration du Walhalla*. Pour la première fois, l'artiste désire présenter une peinture dans le pays qui l'a inspiré. Aussi l'envoie-t-il à Munich en 1845 dans l'exposition intitulée « Congrès d'art européen ». L'œuvre est mal reçue par la critique allemande, qui imagine que Turner l'a choisie pour se moquer de leur manifestation : « Quand on regarde cette peinture, il est impossible de croire que cet artiste a fait une seule fois de bons tableaux et qu'il a su comment produire de beaux effets de lumière et de couleurs. Ses peintures n'ont aucun sens. » Comble de l'ironie, la peinture lui sera retournée à ses frais et tachée.

En Allemagne, Turner s'est inspiré des sites naturels qui bordent le Rhin, comme Coblence et Ehrenbreistein (page de gauche), mais aussi d'événements contemporains, telle l'inauguration du Walhalla (ci-dessous), le 18 octobre 1842. Ce gigantesque monument, imaginé par Louis Ier de Bavière et dessiné par Leo von Klenze, était un temple aux gloires de l'Allemagne. Élevé en surplomb du Danube à Donaustauf, en aval de Ratisbonne, il avait reçu le nom du séjour des anciens dieux germaniques.

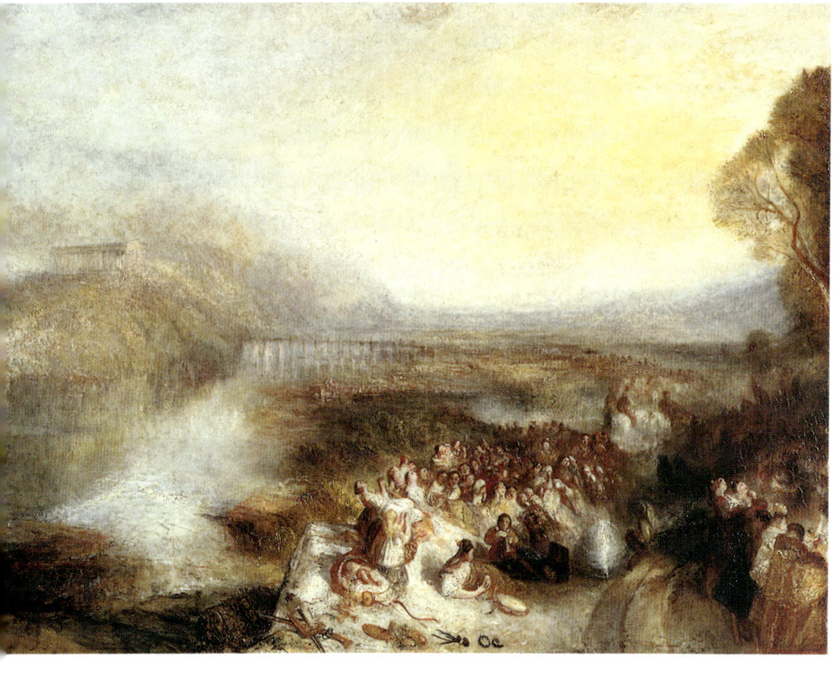

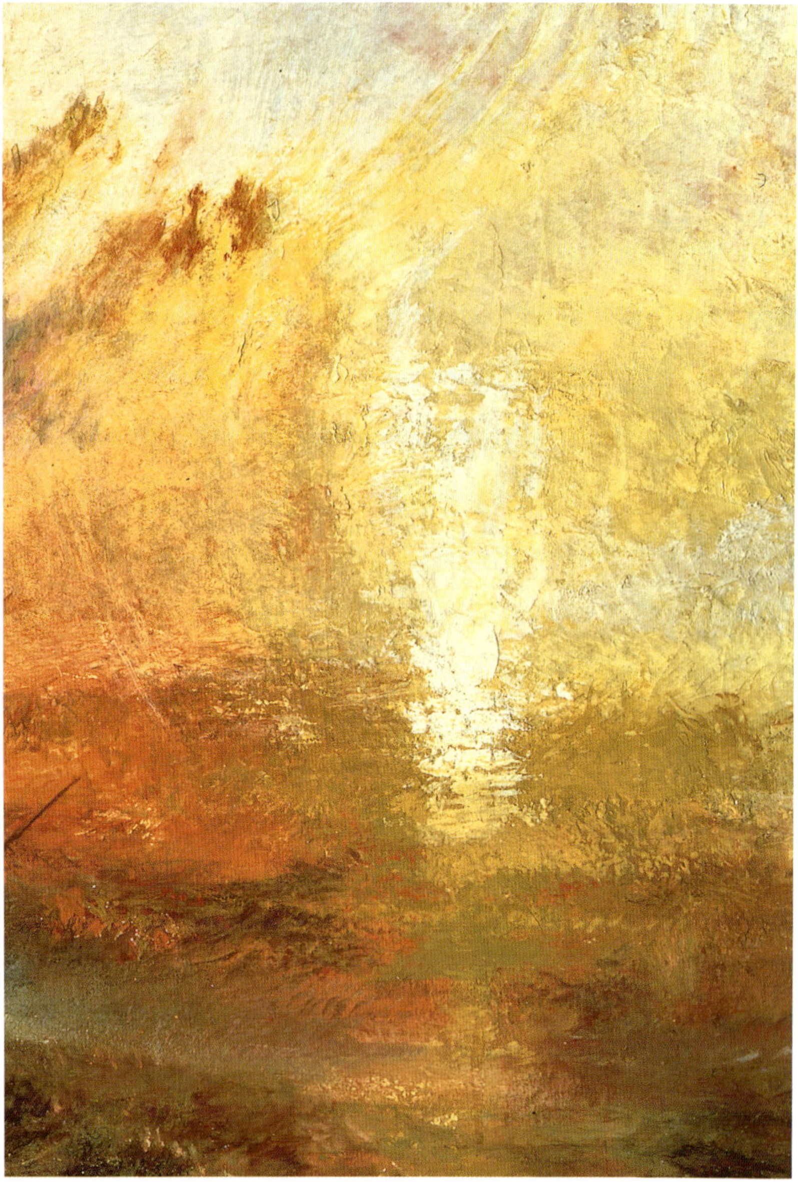

À partir de 1830, et pendant plus d'une décennie, Turner peint des tableaux prodigieux qui témoignent autant d'une rupture avec la tradition que de sa transmutation. Ces images incandescentes et liquides à la fois déroutent nombre de ses contemporains par la dissolution des formes, mais elles montrent aussi une maîtrise incomparable des couleurs.

CHAPITRE 4

L'INCENDIE DE LA PEINTURE

Dans le milieu de l'art anglais, le goût de Turner pour le jaune est célèbre (page de gauche, détail des *Négriers...*), et souvent raillé : pour sir George Beaumont, l'artiste est atteint de jaunisse. Le peintre lui-même sait en plaisanter : ainsi, dans une lettre de 1830, il réclame à un ami de « mettre en bouteille, à [son] intention, tous les jaunes qui pourraient se rencontrer ».

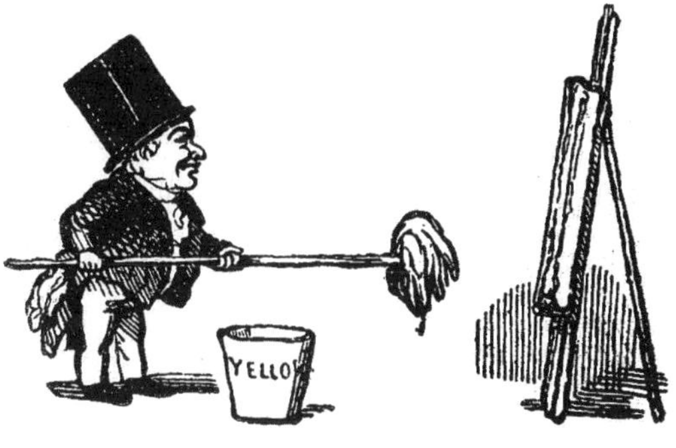

THE MORNING CHRONICLE,

DREADFUL FIRE, and TOTAL DESRTUC-TION of BOTH HOUSES of PARLIAMENT.

Alors que les vingt premières années du siècle ont été pour Turner une période d'intense activité – expositions à la Royal Academy, à la British Institution et dans sa propre galerie, voyages en Grande-Bretagne et en Europe –, les années 1820 marquent une respiration dans son œuvre, ou tout au moins dans son activité publique : il n'expose pas à la British Institution, ralentit son activité de professeur et d'académicien, même s'il continue de peindre et de voyager. Cette décennie précède en fait une époque prodigieuse pendant laquelle Turner va peindre parmi ses œuvres les plus connues.

Les années 1830 et 1840 sont à la fois les plus créatives et les plus controversées de sa carrière. Alors qu'il réalise de véritables chefs-d'œuvre – la liberté conquise depuis le début du siècle,

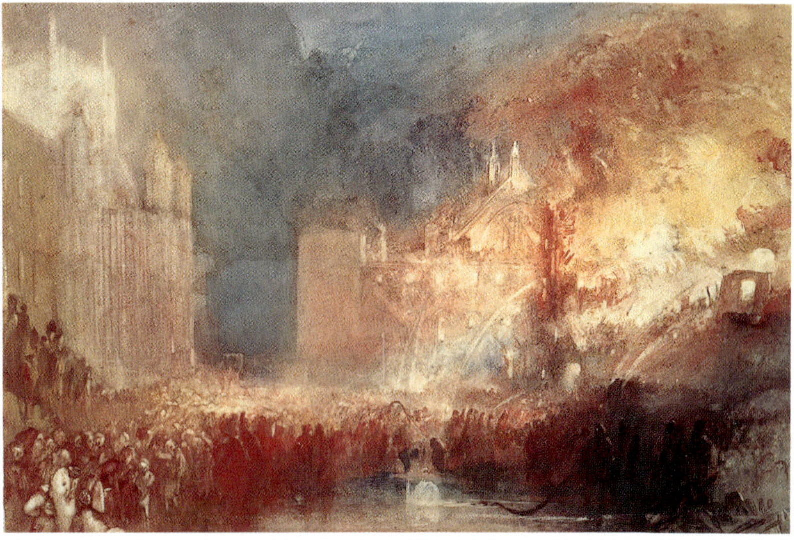

La nuit du 16 octobre 1834, les pompiers de Londres – des sociétés privées payées par les compagnies d'assurances – tentent d'empêcher la destruction de Westminster Hall (le Parlement) et la propagation du feu à l'abbaye. Alors que les flammes sont toutes proches, la foule se presse dans la cour du vieux palais où s'est déclaré l'incendie ; les peintres, eux, vont s'emparer de ce spectacle pleinement romantique.

FRIDAY, OCTOBER 17

l'immense stature que ses succès lui ont permis d'acquérir l'autorisent à toutes les audaces –, les critiques se font de plus en plus fréquentes : la maturité atteinte, le temps du jugement est venu. Seul face à son art, Turner ressent plus profondément encore la nécessité d'aller jusqu'aux limites de sa démarche, tant par la confrontation plus violente encore de l'incandescence et des éléments liquides, le contraste des rougeoiements et des ténèbres, que par le choix des sujets. Une dissolution des formes qui va jusqu'à choquer certains de ses fidèles partisans.

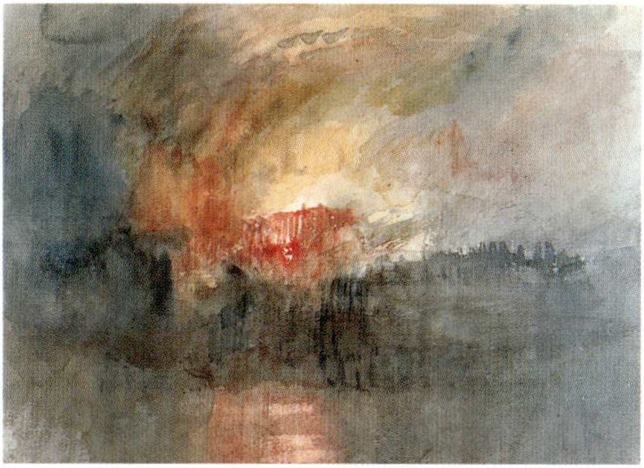

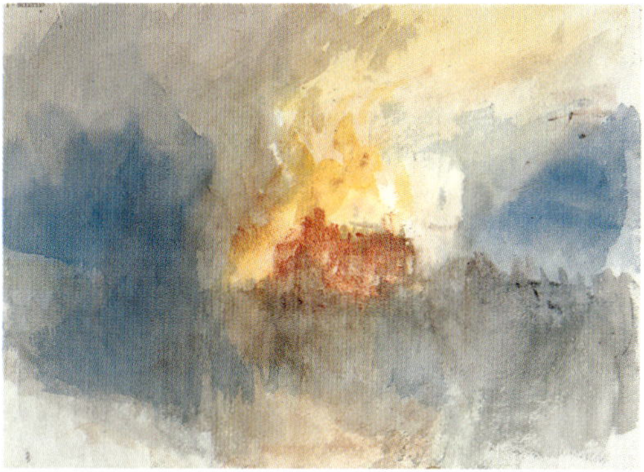

L'incendie du Parlement

Le 16 octobre 1834, pour Turner comme pour nombre de Londoniens, l'incendie des Chambres des lords et des communes se révèle un magnifique spectacle, qui s'étire tragiquement toute la nuit. Dans l'embrasement sublime des ténèbres se consume aussi l'antique symbole des libertés anglaises. La scène, grandiose, attire des milliers de spectateurs tout à la fois horrifiés et fascinés, et les peintres s'en emparent avec avidité. Alors que Constable se place au pont de Westminster, Turner, comme d'autres, loue un bateau à bord duquel il va sillonner la Tamise toute la nuit

Turner s'est embarqué avec le peintre Clarkson Stanfield et quelques élèves de la Royal Academy sur l'un des bateaux qui parcourent la Tamise. En résultent neuf aquarelles de notations colorées immortalisant la nuit de l'incendie – rares œuvres du peintre réalisées avec certitude sur le motif.

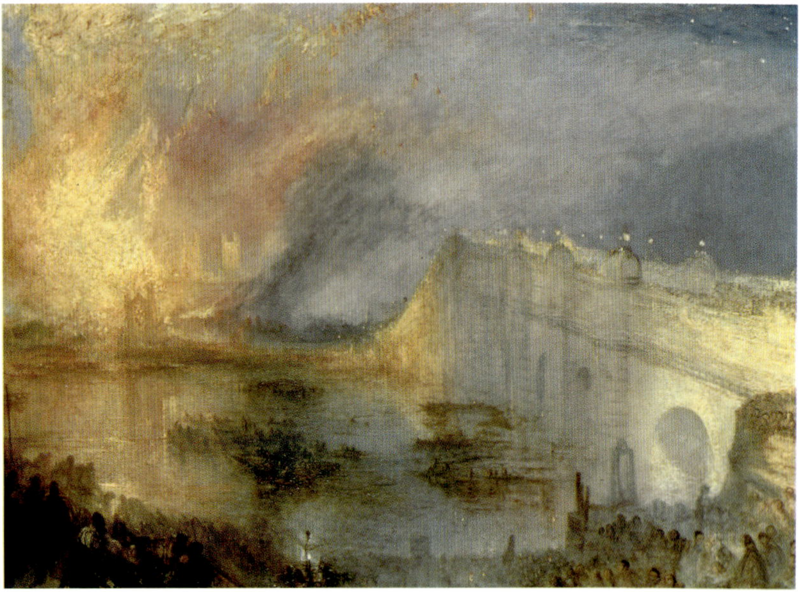

et réaliser de plusieurs points de vue près d'une dizaine d'aquarelles. De ces œuvres, il tire l'année suivante deux tableaux. Celui du musée d'Art de Philadelphie est particulièrement saisissant par le contraste du froid blanc du pont avec la luminosité éclatante des jaunes du feu, les frottis noirs qui viennent couvrir les reflets de l'eau et ceux qui se cabrent comme un cheval au-dessus du feu. Il a été presque entièrement peint en une journée de février 1835, alors que la toile, à peine ébauchée, était déjà accrochée sur le mur de la British Institution.

« L'embrasement était particulièrement grandiose et impressionnant [...]. Westminster Bridge, couvert de gens debout sur les balustrades, était un curieux spectacle, les masses sombres de cette foule offrant un contraste avec la pierre blanche, que le clair de lune mettait en valeur. »
The Times, 17 oct. 1834

La peinture comme performance

Depuis plusieurs années déjà, les jours de vernissage sont devenus pour l'artiste l'occasion de véritables performances, au sens moderne du terme – confrères et curieux venant assister en nombre à la magie de l'opération. Le peintre Edward Villiers Rippingville relate ainsi ce jour : « Il n'y avait vraiment pas de temps à perdre, car le tableau, lorsqu'il fut envoyé, n'était guère qu'un barbouillage

Dans la version de *L'Incendie* conservée à Philadelphie (ci-dessus), Turner a représenté le moment où, vers dix heures du soir, le feu, parti de la chapelle de la Chambre des communes – le pignon se détache nettement sur le brasier –, se rabat vers l'est.

de couleurs variées, sans formes ni fond, comme le chaos avant la création [...]. Etty travaillait à côté de lui; de temps en temps les deux grands artistes échangeaient un mot ou un sourire. Le petit Etty se reculait par moments pour contempler l'effet de son tableau mais pas Turner: pendant les trois heures que je passai là – et je compris qu'il en était ainsi depuis le matin – il ne cessa jamais de travailler, ni ne regarda une seule fois son tableau ou ne s'éloigna du mur où il était accroché [...]. Une petite boîte de couleurs, un nombre infime de petits pinceaux et un ou deux flacons se trouvaient à ses pieds, très mal placés; mais sa petite taille lui permettait d'atteindre très rapidement, en se baissant, tout ce qu'il voulait [...] il présentait un aspect bizarre aux visiteurs, qui murmuraient entre eux des commentaires et riaient sous cape. À un moment donné de ses mystérieuses manigances, on voyait Turner qui travaillait presque uniquement au couteau, rouler et étendre un tas de pâte translucide sur la longueur et la hauteur d'un doigt. [...] Bientôt l'œuvre fut terminée: Turner rassembla ses instruments, les remit dans la boîte et la ferma, puis, le visage toujours tourné vers le mur et sans s'en écarter, il partit en marchant de côté, sans dire un mot à personne; enfin, arrivé à l'escalier au centre de la pièce, il descendit à toute vitesse. [...] [le peintre] Maclise [...] commenta: "La marque d'un vrai talent, c'est qu'il ne s'arrête pas pour regarder son œuvre: il sait qu'elle est achevée et il s'en va." »

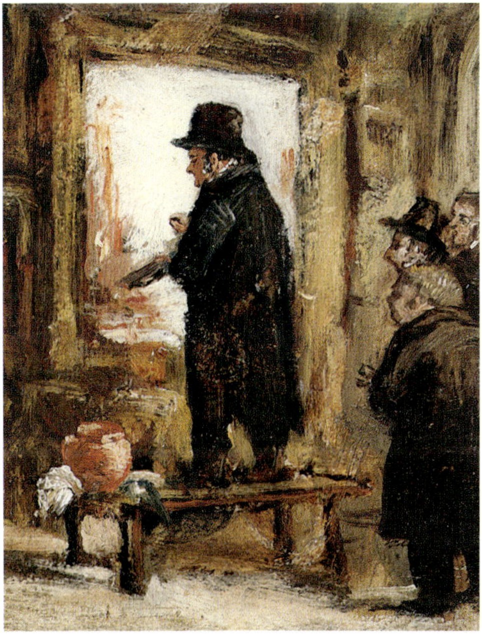

Grâce à Charles Robert Leslie, biographe de Reynolds et de Constable, on sait que Turner, les jours de vernissage (ci-dessous, en 1828), « allait d'un de ses tableaux à un autre, écrasant, généralement avec le couteau, tous les plus brillants pigments qu'il pouvait avoir sous la main [...] jusqu'à ce qu'ils scintillassent de lumière et de couleur ». Selon lui, les autres artistes appréhendaient d'être exposés à ses côtés – chose pour eux aussi redoutable que d'être accrochés à côté d'une fenêtre ouverte.

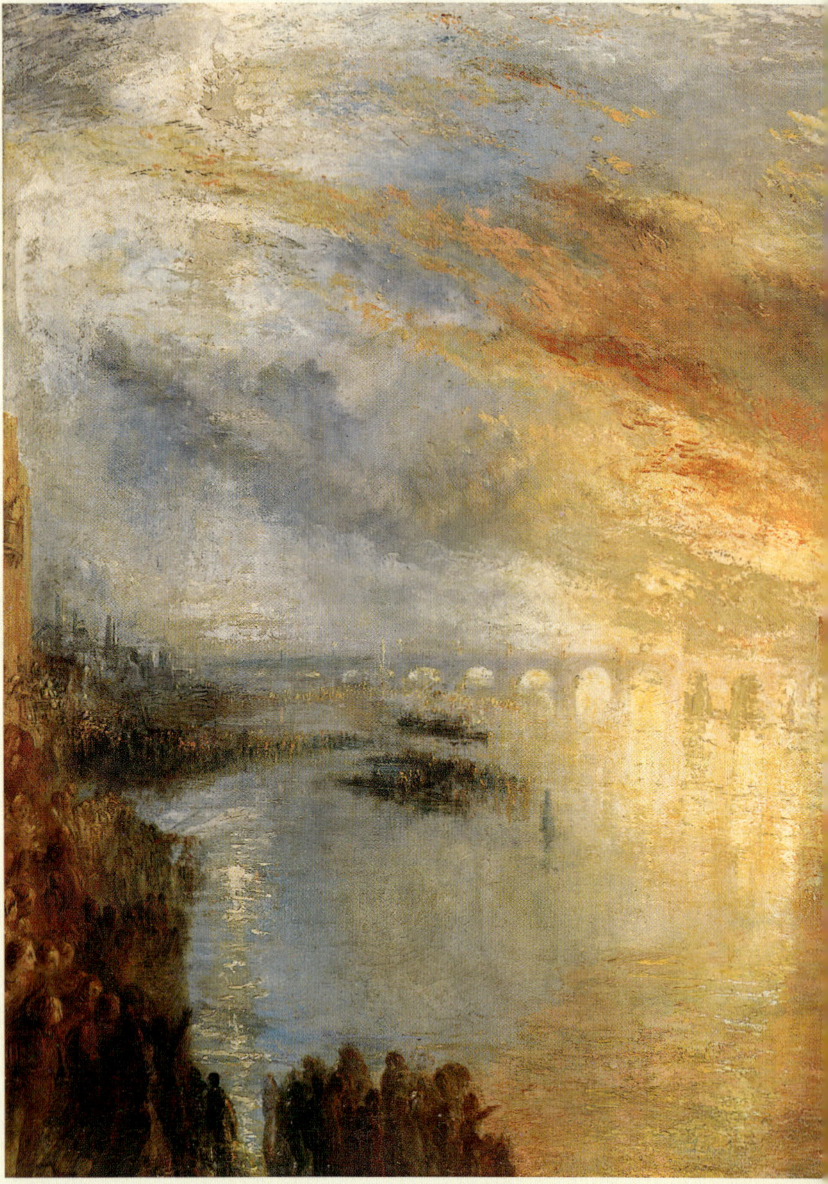

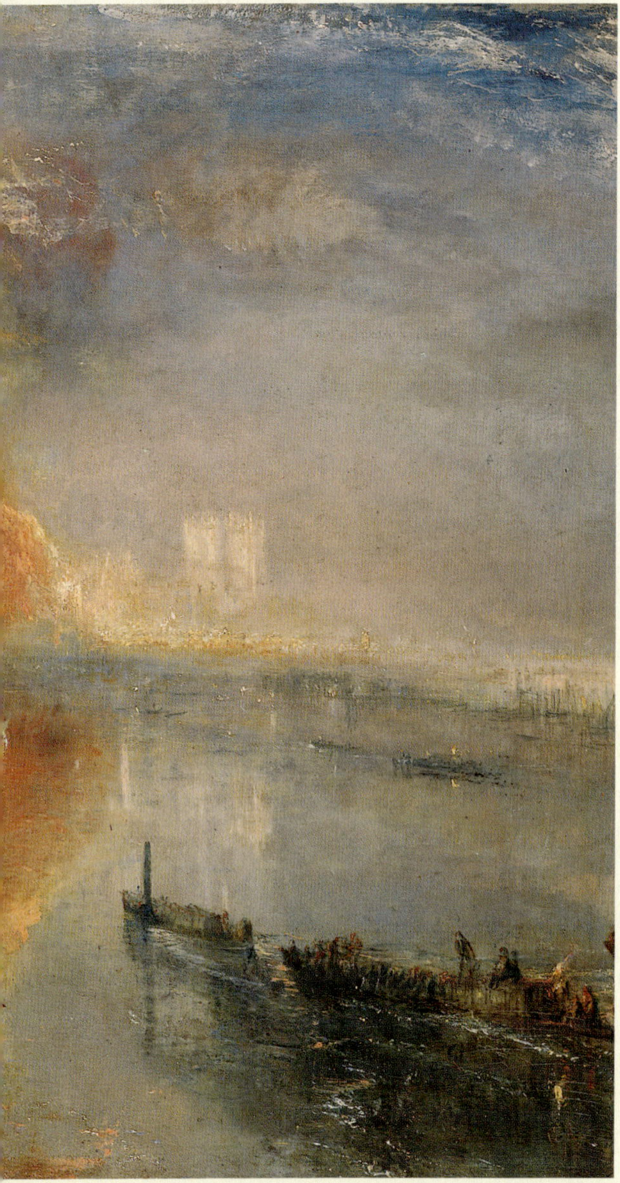

La seconde version à l'huile de l'incendie du Parlement peinte par Turner est exposée en mai 1835 à la Royal Academy. Alors que la beauté du tableau et la liberté de sa touche semblent le fait d'un esthète et non d'un chroniqueur, la précision de certains détails permet de connaître exactement le point de vue et le moment décrits. Ainsi les bateaux situés au premier plan ont été clairement identifiés. Il s'agit d'un petit remorqueur qui, vers une heure du matin, parvint à tirer le bateau-pompe de la compagnie Sun Fire Office, en provenance de Rotherhite, sauvant ainsi ce qui restait du majestueux et inextricable labyrinthe de bâtiments qui, depuis le XIe siècle, avait servi à la fois de cour de justice et de lieu de représentation nationale. Toutefois, des critiques se sont attachés à montrer les transformations que Turner a apportées à certains autres détails – notamment la direction des flammes –, n'hésitant pas à qualifier le tableau d'extravagant. Ainsi le *Times* écrit-il : « Son goût pour l'exagération l'a conduit à des fautes que seule son excellence dans d'autres domaines atténue. »

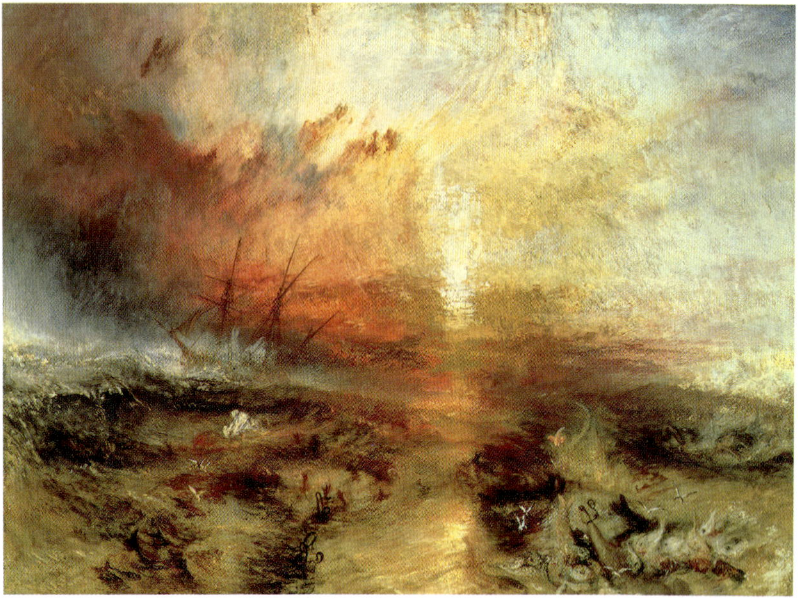

Une alchimie de contrastes, un chaos de formes

Qu'elles traitent de thèmes industriels, comme les *Mariniers déchargeant du charbon la nuit*, peint en 1835, ou maritimes, comme *Fusées et signaux bleus* de 1840, les œuvres de cette époque présentent pour la plupart une alchimie de contrastes et d'oppositions en même temps qu'un chaos de formes. Mais si *Fusées et signaux bleus* est une œuvre purement picturale, d'autres compositions traitent de sujets politiques brûlants. Ainsi, *Négriers jetant par-dessus bord les morts et les mourants*, peint la même année, montre comment, par une dramatisation visuelle puissante, Turner aborde un sujet aussi grave que la traite des Noirs. Il est étrange aujourd'hui de constater qu'un artiste aussi engagé dans des recherches esthétiques qui le coupaient de son public pouvait également mettre son art au service d'un engagement cette fois politique. Depuis qu'ils ont interdit la traite atlantique, c'est-à-dire la déportation des Noirs dans

« Je crois que si je devais ne faire reposer l'immortalité de Turner que sur une seule œuvre, je choisirais celle-ci. Sa conception audacieuse, idéale dans le plus haut sens du mot, est basée sur la pure vérité. »

Ruskin, à propos de *Négriers jetant par-dessus bord les morts et les mourants* [ci-dessus]

Malgré son admiration pour cette œuvre, offerte par son père pour l'achèvement de son livre *Modern Painters*, Ruskin conviendra plus tard qu'il était difficile de vivre en compagnie d'un tel sujet et tentera de le vendre aux enchères – en vain.

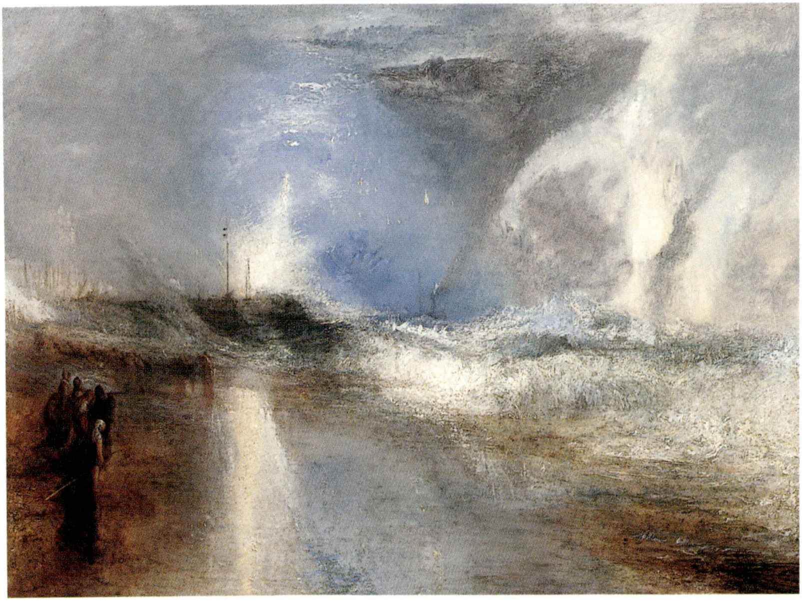

les colonies britanniques, le 25 mars 1807, les Anglais n'ont cessé de multiplier les traités internationaux pour dénoncer la traite clandestine, leur flotte s'autorisant le « droit de visite » sur les bateaux suspects de transporter des Africains. Le mouvement abolitionniste étant fort actif en Angleterre – certains de ses dirigeants sont des mécènes de Turner, comme le comte de Carysfort à qui est dédiée la gravure du *Déluge* –, le pays est le premier à abolir l'esclavage en 1833 (la France le fera en 1848, les Pays-Bas en 1861, les États-Unis en 1865).

Méditer sur l'histoire

À la fin de la décennie, Turner, largement engagé dans la soixantaine, peint aussi certains tableaux où la méditation sur l'histoire prend une forme particulière. Dans *Le "Fighting Temeraire"* s'expriment à la fois la quintessence de son art de coloriste, les leçons tirées du Lorrain, son goût des ciels, étudiés sans relâche, le sens de l'immobilité autant que le sentiment du mouvement.

Présenté parfois comme un pendant aux *Négriers* (page de gauche), *Fusées et signaux bleus pour avertir les vapeurs de bancs de sable* (ci-dessus) en constitue surtout un contrepoint visuel. Aussi bleu et blanc que l'autre est jaune et rouge, le tableau est plein d'espoir quand l'autre exprime les sentiments les plus sombres. La toile aura un destin étrange : alors qu'elle devait participer à l'exposition de Manchester de 1857, le train qui la transportait dérailla ; par ailleurs, elle changera de propriétaire plus de vingt fois en quatre-vingts ans.

Le principal titre de gloire du *Téméraire*, construit en 1798, avait été la part héroïque qu'il avait prise à la victoire de la flotte anglaise commandée par Nelson à Trafalgar en 1805. Durant cette fameuse bataille, alors que le *Victory*, le vaisseau amiral de Nelson, était pris sous le feu des bateaux français, le *Téméraire*, dans une manœuvre aussi audacieuse que courageuse, attaquait victorieusement sur ses deux bords les bateaux ennemis, l'incroyable témérité du capitaine contribuant sans aucun doute à la victoire britannique. Après les guerres napoléoniennes, cet immense bateau est transformé en ponton à Sheerness, avant d'être vendu démâté – à la différence de ce que montre Turner –, en 1838.

Si c'est bien son remorquage jusqu'à un chantier de démolition que peint Turner, le peintre n'a en fait pas assisté au dernier voyage du *Téméraire*, contrairement à ce qu'a affirmé son premier biographe, Walter Thornbury. Il a vu toutefois des

Lorsque Turner présente *Le "Fighting Temeraire"* à la Royal Academy en 1839, les critiques sont unanimes à le louer. « Il y a dans une telle scène quelque chose qui nous affecte autant que la vue de la déchéance d'un homme », lit-on dans le *Morning Chronicle*. Et pour l'écrivain Thackeray, « jamais une peinture aussi majestueuse n'a figuré sur les murs d'un musée ni n'est apparue sur le chevalet d'un peintre. [Turner] vous fait voir et penser beaucoup plus que vous ne pouvez le faire face aux objets eux-mêmes ».

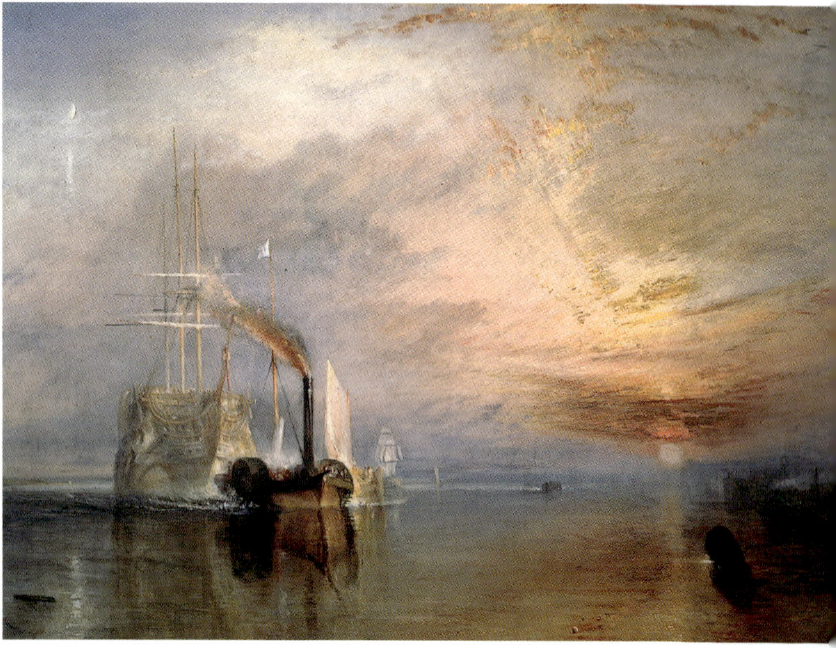

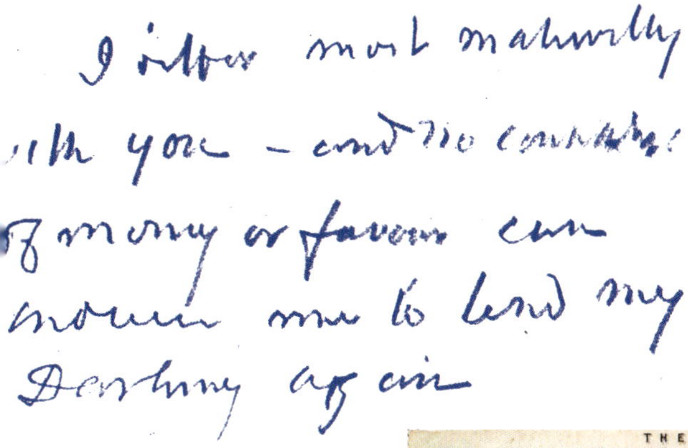

Parmi les œuvres innombrables inspirées par le tableau *Le "Fighting Temeraire"*, la chanson de Duff sur une musique de John Williams Hobbs sera chantée pendant près d'un siècle (partition ci-dessous). En 1876, lorsque la Royal Academy décidera de créer une médaille en l'honneur de Turner, ce sera encore cette œuvre – que le peintre se plaisait à appeler « *my Darling* » (en haut) – qui sera choisie comme sujet de son revers. (Page suivante, *Paix, funérailles en mer*, peint en 1842.)

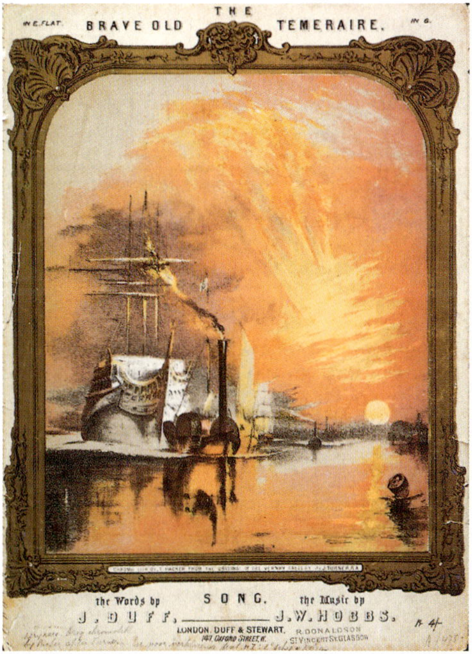

scènes semblables dans de nombreux ports et sur tous les grands fleuves, comme le montre une gouache de 1830-1832 figurant le remorquage d'un grand voilier sur la Seine, entre Quillebeuf et Villequier. Le grand bateau, presque fantomatique, aux mâts sans voiles et sans couleurs, est remorqué par un petit bateau à vapeur et à aubes. Ce remorqueur noir, dont la cheminée exhale presque autant de feu que de fumée, semble rougeoyer lui-même sous l'effet des chaudières qui l'animent. Comme dans un panorama, un grand crépuscule inonde de lumière l'ensemble du tableau. Rarement une œuvre n'a illustré avec autant de cruauté et de simplicité le sentiment du temps qui s'écoule, l'évanouissement des gloires comme l'indomptable activité des hommes, la brutale irruption de la modernité.

Présenté à la Royal Academy en 1839, le tableau du *Téméraire*, majestueux mais déchu, gloire des mers ainsi conduite à sa destruction, étreint le cœur des Britanniques, émeut le public et les critiques anglais. La popularité du tableau sera immense, copies, gravures, poèmes, chansons ne cessant de s'en inspirer tout au long du XIXe siècle.

Hommage à Wilkie

Sur un thème voisin de celui du *"Fighting Temeraire"*, la gloire qui s'évanouit, la fragilité de la vie, des choses et des hommes, *Paix, funérailles en mer*, de 1842, est un autre chef-d'œuvre. Ce tableau est un hommage de Turner au grand peintre de genre du début du XIXe siècle, sir David Wilkie (1785-1841). Célèbre dans toute l'Europe, Wilkie a souvent dépassé en popularité Turner lui-même. Sans que jamais une véritable amitié ne naisse entre les deux hommes, un respect mutuel s'établit. En 1840, Wilkie entame le voyage vers la Terre sainte, autant pour des raisons spirituelles que pour y trouver de nouveaux sujets. Sur la route du retour, il meurt en mer au large de Gibraltar. Sans qu'aucune silhouette humaine ne paraisse, sans qu'aucune proximité ne permette de distinguer l'action, Turner évoque à merveille le silence, le recueillement, la fatalité. L'éloignement donne à la scène la force des événements sur lesquels l'homme n'a aucune prise. Le contre-jour l'ombre d'un noir funèbre. Quelques semaines après l'avoir réalisé, Turner confie à l'artiste Clarkson Stanfield qu'il aurait voulu le peindre plus noir encore pour l'accorder à sa peine.

« Pluie, vapeur, vitesse »

En 1844, Turner peint une toile qui figure en première place dans son œuvre comme dans l'histoire de l'art européen : *Pluie, vapeur, vitesse*. Considéré comme un véritable manifeste de son art et comme un symbole de l'irruption du monde moderne, ce tableau révèle une époque autant qu'il la transcende. Depuis 1840 en effet, le chemin de fer est partout, mais les artistes n'ont pas un regard

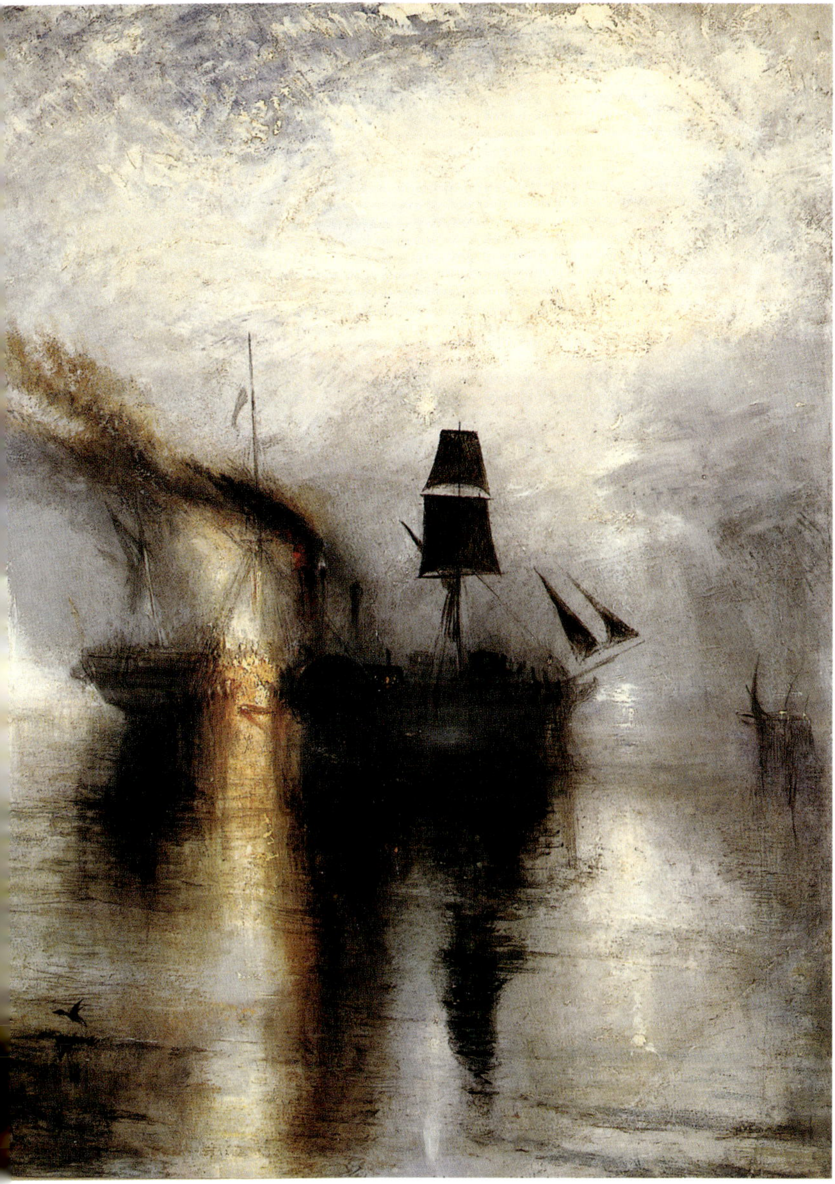

pour le train. Alors qu'ils sont réputés sentir le monde avant le commun des mortels, seuls quelques-uns, et généralement bien après Turner, aborderont ce sujet : Karl Spitzweg en Allemagne verra le train par les yeux d'un gnome de la montagne, le sculpteur Bartholdi l'imaginera comme un objet de frayeur pour les nymphes de la forêt. Les préraphaélites se montreront quant à eux sensibles à l'atmosphère des nouveaux transports publics, à leur promiscuité,

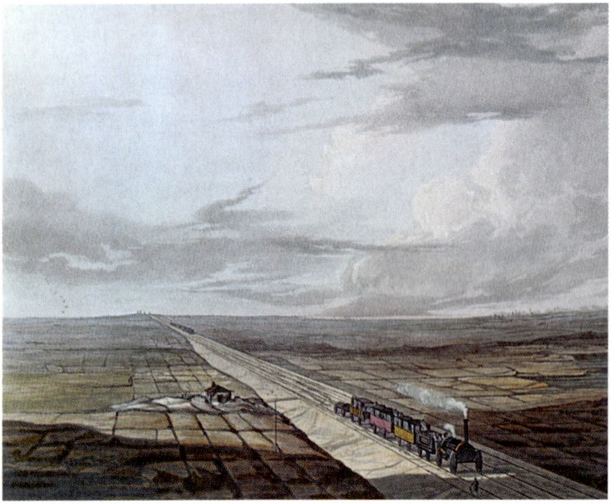

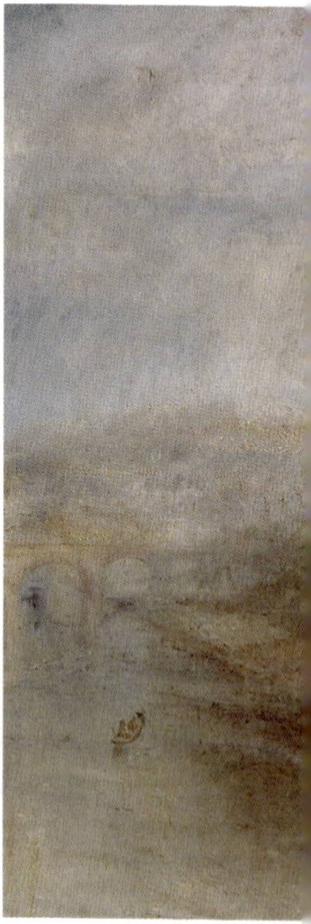

à leur confinement troublant. Le peintre William Powell Frith, lui, peindra en 1862 la gare comme l'un des nouveaux lieux de la ville ; ce n'est pas la machine qui est décrite chez Frith, ce n'est pas même le mouvement, mais l'architecture qui sert d'écrin et de carcan aux nouvelles habitudes sociales.

Turner avait déjà représenté les premiers wagons industriels dès 1823 dans une scène de port des *Rivières de l'Angleterre*. Dans *Pluie, vapeur, vitesse*, il ne s'agit plus pour lui de figurer physiquement le train, la locomotive ou le chemin de fer, mais bien de donner à voir les sensations suscitées par cette force nouvelle. Aucun détour par la nostalgie, aucune sentimentalité, pas d'appel à une mythologie métaphorique dérangée par la modernité. Tout juste Turner ajoute-t-il devant le train la minuscule

La locomotive peinte en 1844 par Turner dans *Pluie, vapeur, vitesse* (ci-dessus) est une machine de type Luciole. Dans ces années-là, des machines plus rapides encore sont capables d'atteindre des vitesses considérables : en 1843, une pointe à 120 km/h est enregistrée sur le Great Western, lors d'un trajet vers Bristol. L'œuvre de Turner devait inspirer une satire à G. A. Sala sur les inconvénients du voyage en train (page de droite).

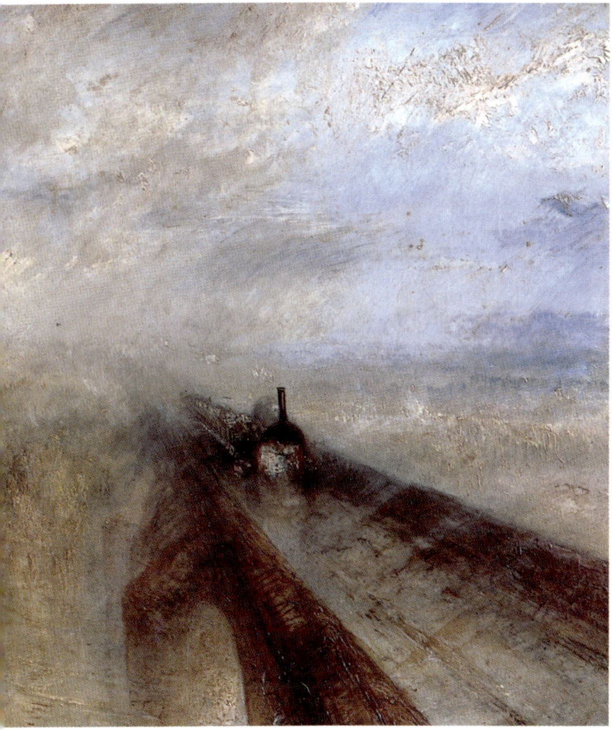

❝C'était un vrai cataclysme [...]. On eût dit le décor de la fin du monde. À travers tout cela se tordait comme la bête de l'Apocalypse la locomotive, ouvrant ses yeux de verre rouge dans les ténèbres et traînant après elle, en queue immense, ses vertèbres de wagons. C'était sans doute une pochade d'une furie enragée, brouillant le ciel et la terre d'un coup de brosse, une véritable extravagance, mais faite par un fou de génie.❞

Théophile Gautier, à propos de *Pluie, vapeur, vitesse,* in *Histoire du romantisme*

Page de gauche, la ligne Liverpool-Manchester, gravure d'après Thomas Talbot Bury, 1830.

silhouette d'un lièvre qui traverse la voie – discrète métaphore du temps qui s'enfuit. Le peintre se concentre sur l'impalpable, l'immatériel. Ces sensations, cette physique nouvelle, la vitesse, trouvent chez lui le seul artiste capable de les rendre. Son idée du sublime, non plus seulement cantonnée après un siècle aux phénomènes naturels mais incarnée dans des machines créées par une humanité démiurge, en magnifie la nouvelle puissance. Son attention à la lumière, à la couleur, au mouvement, plus encore qu'aux choses solides, donne au train le statut de symbole.

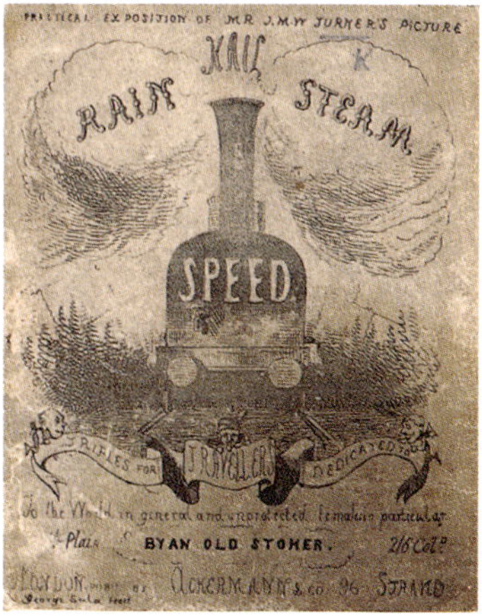

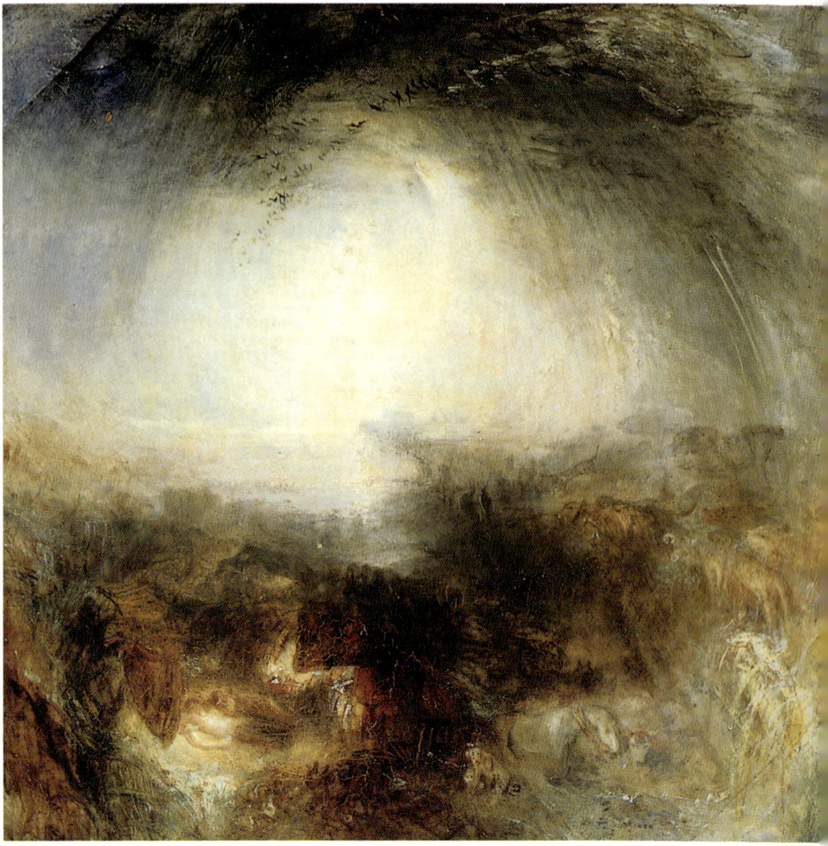

Inspiré d'un poème de Thomas Gisborne, le tableau ci-dessus s'intitule *Le Soir du déluge* : « [...] en longue procession les oiseaux y cherchaient le hasard d'un refuge / Les ténèbres alors partout se répandirent / Et l'ombre de la mort obscurcit le soleil / C'était comme un retour à la nuit primordiale. »

Le vortex

Enfin, parmi les œuvres de la maturité, on remarque un petit ensemble de peintures et d'aquarelles qui circonscrivent leur sujet dans des compositions circulaires. Certaines sont clairement inscrites dans la figure géométrique du cercle, d'autres rassemblent couleurs et motifs dans un grand mouvement tournoyant. Si l'on peut souligner cette particularité visuelle, c'est aussi parce qu'elle semble correspondre pour les principales d'entre elles à une réflexion plus large. En effet, que ce soit

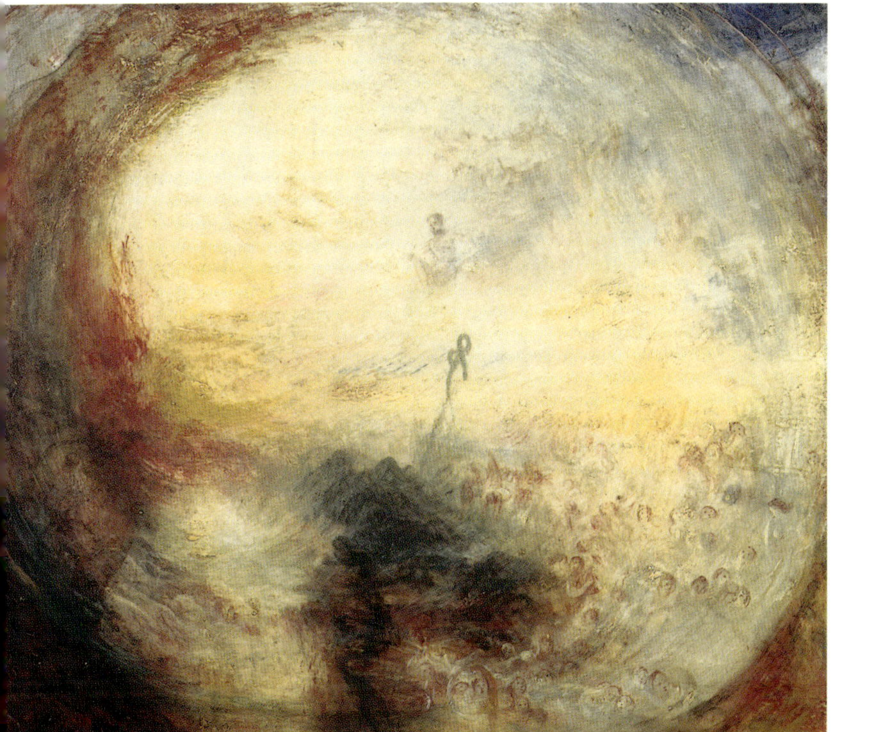

Lumière et couleur ou *La Guerre. L'exilé et l'arapède,* il semble que Turner ait conçu ces œuvres comme des cosmogonies, des œuvres d'art totales dont la forme solaire révèle la conception systématique. On peut ajouter à ces compositions fameuses d'autres plus modestes comme *L'Ange debout dans le soleil, Ondine donnant l'anneau à Masaniello, L'Aube du christianisme* et certaines aquarelles. L'ensemble, bien que sans véritable lien, témoigne d'une aspiration de Turner à bâtir une théorie de la perception qui rendrait compte de l'intégralité du monde.

En 1840, la *Théorie des couleurs* de Goethe vient d'être traduite par Charles Eastlake. Turner en annote le texte de manière souvent critique, et tente de le mettre en pratique en peignant cette paire de tableaux qui jouent, avec plus ou moins de rigueur, sur l'opposition des couleurs.

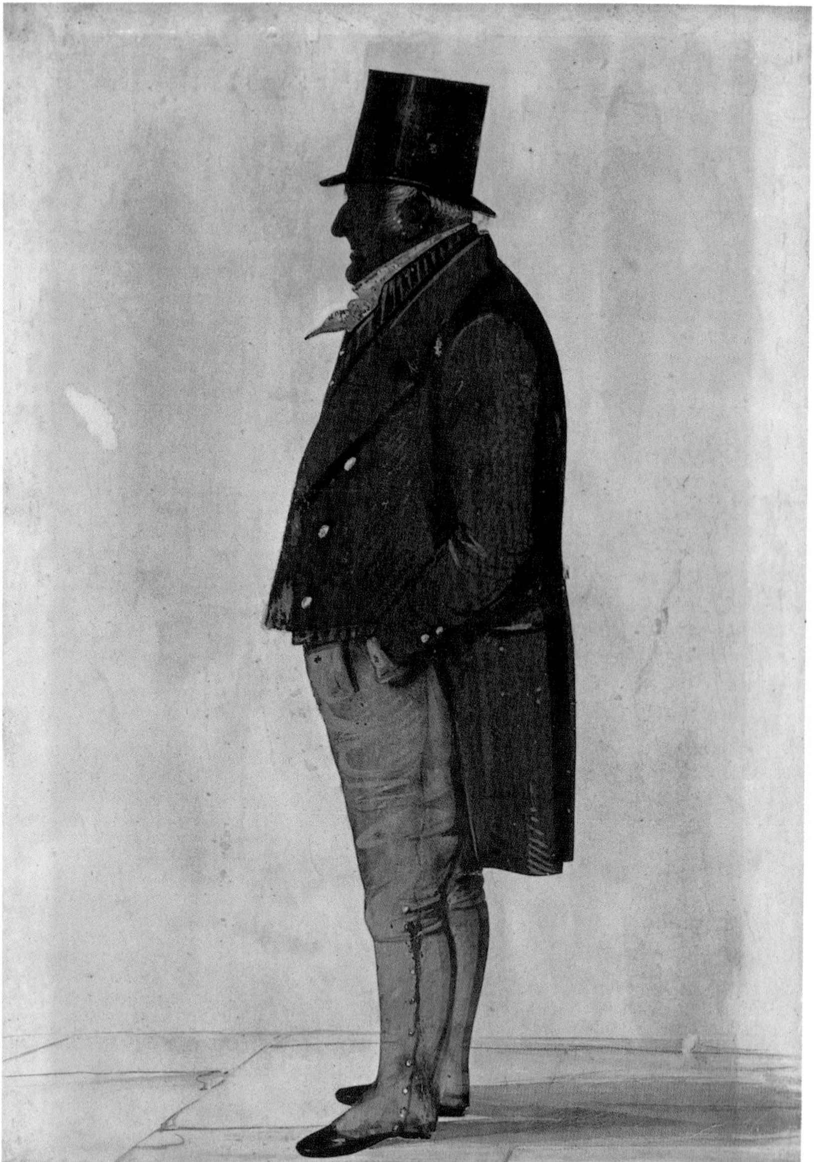

La mort de Turner, survenue dans un petit appartement loué sous un nom d'emprunt, révèle sa vie secrète; elle va également ouvrir une longue bataille autour de son testament. L'artiste a organisé la postérité de son œuvre et affecté une grande part de sa fortune à l'édification d'un musée et d'une institution charitable pour les artistes.

CHAPITRE 5

ORGANISER SA POSTÉRITÉ

Malgré des divergences d'interprétation de son testament, la volonté de Turner (à gauche, portraituré par Ruskin) – la création d'un musée dédié à son œuvre – sera respectée. En 1910, de nouvelles salles (ci-contre) sont ajoutées à la National Gallery of British Art (l'actuelle Tate Britain) pour constituer la Turner Gallery; les tableaux y sont disposés sur un fond à motifs.

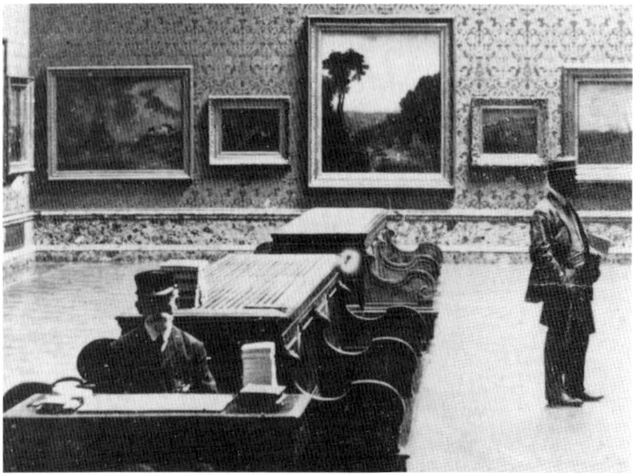

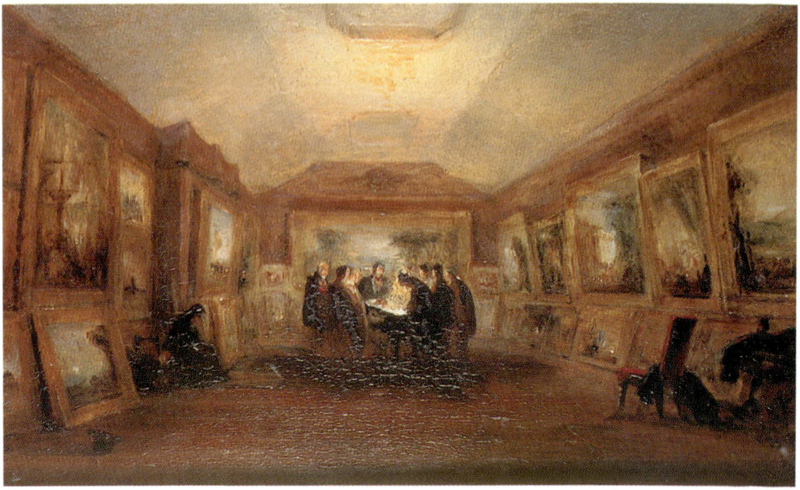

Une compagne et deux filles

Turner souffrait depuis des mois d'une maladie de cœur, quand il meurt le 19 décembre 1851, à l'âge de 76 ans, dans une chambre sur Cheyne Walk, qui borde la Tamise. Ses derniers mots, du moins ceux que la postérité a retenus, sont : « Maintenant, je rejoins l'infini. » Sa mort va révéler sa vie privée, celle qu'il s'était construite loin du succès et de la société qu'il fréquentait comme artiste.

Depuis 1833 déjà, Turner louait à Margate, le port où il avait passé une partie de son enfance, un logement à la femme d'un marinier, Sophie Booth (1798-1875). Bientôt veuve, celle-ci devint la compagne dévouée du peintre. Leur liaison se poursuivit jusqu'à la mort de l'artiste. Elle avait duré dix-huit ans, à l'insu de tous, loin des obligations imposées par sa célébrité. Ce goût du secret était ancien puisqu'il avait eu deux filles d'une première liaison avec Sarah Danby, la veuve d'un musicien et compositeur. Bien que plus âgée que Turner d'une dizaine d'années, elle mourra bien après lui en 1861. Cette liaison de près de quinze ans, jamais officialisée et rompue pour des motifs inconnus, ne fut révélée que par le testament de l'artiste,

Dès le lendemain de la mort de Turner, son corps est transporté à Queen Ann Street et placé au centre de la galerie de tableaux du peintre ; seuls quelques proches, principalement des artistes, ont le privilège de le veiller (ci-dessus). Le cortège funéraire se dirige ensuite vers la cathédrale Saint-Paul, à Covent Garden. Là, devant une importante assistance, la dépouille de Turner est placée dans la crypte, près des tombes de sir Joshua Reynolds et de sir Thomas Lawrence. Immédiatement après la cérémonie, ses proches reviennent à la galerie, où le notaire doit faire lecture des dernières volontés de l'artiste.

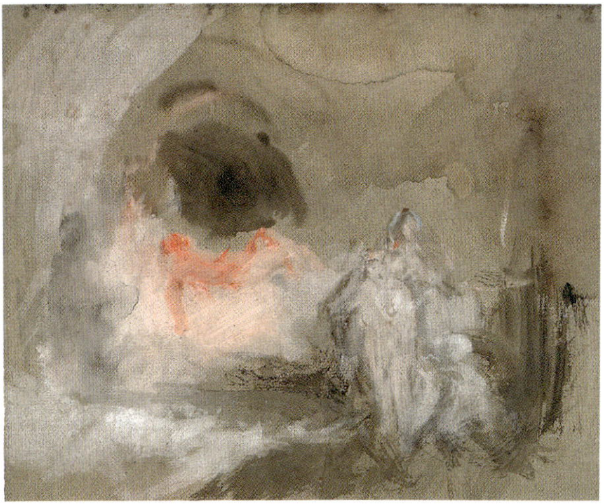

L'une des plus grandes surprises réservées par le testament de Turner est la révélation de l'existence de ses deux filles, que certains ont voulu voir représentées dans le tableau intitulé *Le Passage du ruisseau* de 1815 (détail ci-dessous).

Par ailleurs, John Ruskin, chargé de classer l'œuvre du peintre après sa mort, y découvre de nombreux dessins et aquarelles à caractère érotique (ci-contre), qu'il s'efforce de dissimuler. Selon lui, Turner les a « assurément peints sous l'emprise d'une certaine folie ». On a longtemps cru que la plus grande partie de ces œuvres avait été brûlée, mais il apparaît aujourd'hui qu'un grand nombre d'entre elles – un peu plus d'une centaine – a été préservé dans le fonds de la Tate Gallery (actuelle Tate Britain).

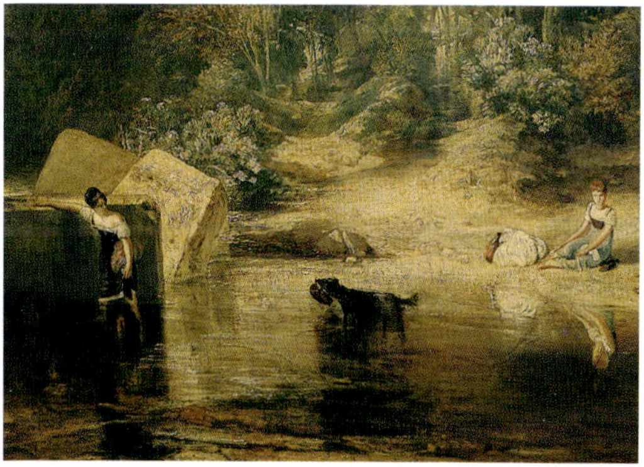

où celui-ci manifeste la volonté d'assurer à sa discrète postérité une rente, somme toute modeste. L'essentiel de ses volontés testamentaires concernait en réalité tout autre chose que sa famille ou ses amis.

Un lieu pour son œuvre

Rarement un artiste n'a autant préparé sa postérité. Si l'idée paraît aujourd'hui plus commune, elle était à l'époque totalement inhabituelle. Par un testament complexe, Turner désirait que fût fondée après sa mort une galerie consacrée à son œuvre. L'argent devait provenir de la vente de ses différentes propriétés et de la réalisation de ses biens. Les sommes obtenues, écrit-il, devront être utilisées pour la construction « de la galerie destinée à abriter mes tableaux, de logements – maisons ou appartements – conçus pour une, deux, trois personnes ou plus suivant les circonstances ou les dotations que mes exécuteurs testamentaires jugeront adéquates, sans perdre de vue le fait que mes instructions expresses concernent au premier chef la conservation en un même lieu de mes tableaux, de sorte qu'ils puissent être vus [...] gratuitement. »

Parallèlement, il désirait que fût créée une institution charitable pour « des artistes pauvres et malades, de sexe masculin, nés en Angleterre, de parents anglais et de naissance légitime ». En dépit des sommes importantes léguées en plus par le peintre, les controverses et les procès intentés par ses héritiers anéantirent une partie de ses volontés. Les jugements rendus attribuèrent à la National Gallery de Londres le soin d'établir à perpétuité une galerie de peinture qui lui fût entièrement consacrée. Aux quelque trois cents peintures achevées s'ajoutent les dessins et esquisses, au nombre de 20 000 environ.

Parmi les autres volontés de l'artiste figurait celle de voir ses œuvres comparées à celle de son « maître » – que deux de ses tableaux, *Didon faisant construire Carthage* et *Le Soleil levant à travers la vapeur* fussent placés, à perpétuité, en vis-à-vis de deux œuvres du Lorrain, *Port de mer avec l'embarquement de la reine de Saba* et *Le Moulin (Les Noces d'Isaac et Rébecca)*; sa volonté est toujours respectée de nos jours.

John Ruskin, le héraut de Turner

À la mort de l'artiste, le plus remarquable et le plus actif de ses thuriféraires fut sans aucun doute John Ruskin (1819-1900). Celui-ci tient une place centrale dans la grande entreprise de consécration anthume puis posthume de l'artiste. En 1856, il propose de classer et d'étudier tous les dessins et esquisses du maître. L'année suivante, il publie ses *Notes sur la Turner Gallery*. Pendant près d'un an, durant l'hiver 1857-1858, il examine chacune de ses œuvres – ce qui change partiellement son analyse de l'artiste. Après la parution du dernier volume des *Modern Painters* en 1860, les écrits de Ruskin sur Turner s'espacent. Il continue néanmoins d'acquérir des œuvres.

L'essentiel des œuvres du peintre est conservé depuis 1987 dans une aile particulière de la Tate Britain – la Clore Gallery, du nom de son mécène sir Charles Clore. Cependant, des tableaux sont restés à la National Gallery, ce depuis 1954 quand l'œuvre a été partagé entre les deux institutions. C'est là que sont présentés, dans une salle octogonale, *Didon faisant construire Carthage* et *Le Soleil levant à travers la vapeur* (ci-dessous), face à deux tableaux de Claude Gellée. (Page de droite, extrait du testament de Turner.)

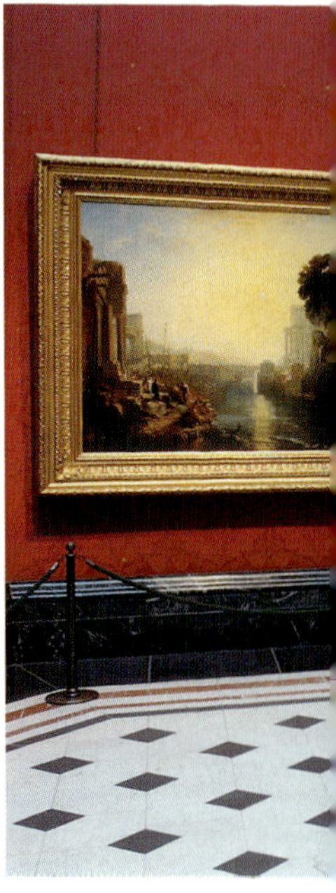

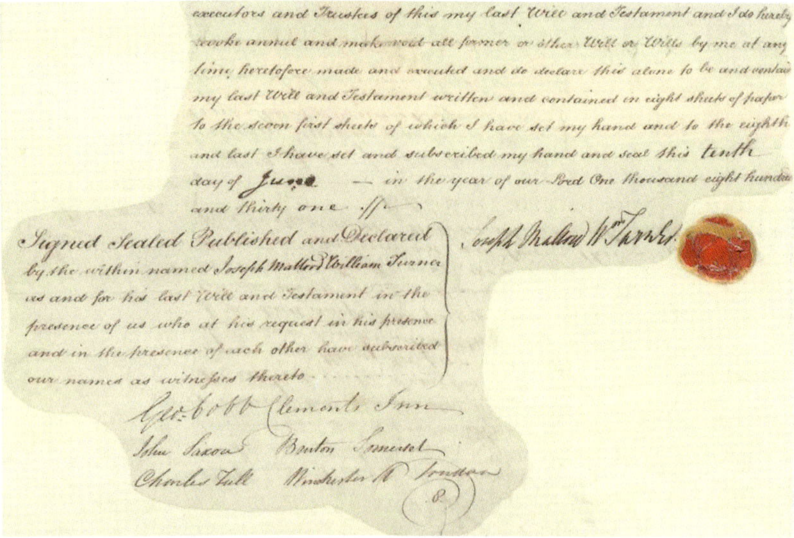

executors and Trustees of this my last Will and Testament and I do hereby revoke annul and make void all former or other Will or Wills by me at any time heretofore made and executed and do declare this alone to be and contain my last Will and Testament written and contained in eight sheets of paper to the seven first sheets of which I have set my hand and to the eighth and last I have set and subscribed my hand and seal this tenth day of June — in the year of our Lord One thousand eight hundre and thirty one

Joseph Mallord Wm Turner

Signed Sealed Published and Declared by the within named Joseph Mallord William Turner as and for his last Will and Testament in the presence of us who at his request in his presence and in the presence of each other have subscribed our names as witnesses thereto

Geo. Cobb Clements Inn
John Saxon Burton Somerset
Charles Tull Winchester R London

8

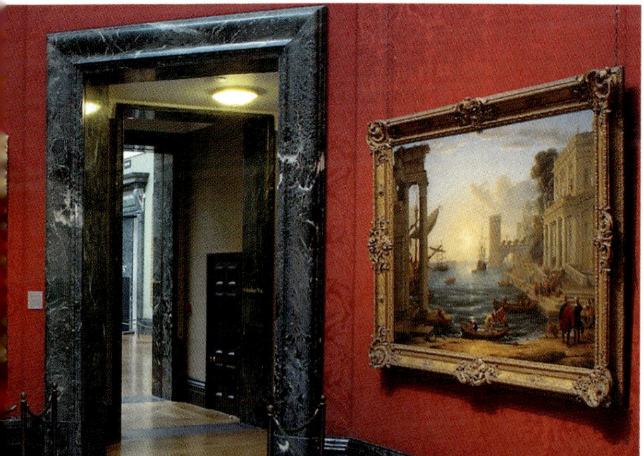

En 1926, c'est dans l'une des salles Turner de la Tate Gallery que le roi George V et la reine Mary président l'inauguration des salles consacrées à la peinture moderne étrangère (double page suivante). Les salles Turner, tendues de rouge, ont été financées quelques décennies plus tôt par Joseph Duveen, le plus grand marchand d'art des années 1900, dont l'essentiel du commerce reposait sur l'achat, par les riches familles américaines, de peintures anglaises du XVIIIe siècle. Parmi les tableaux accrochés, on peut reconnaître, au centre, *Hannibal franchissant les Alpes* et, en haut à gauche, *Le Christ et la Samaritaine.*

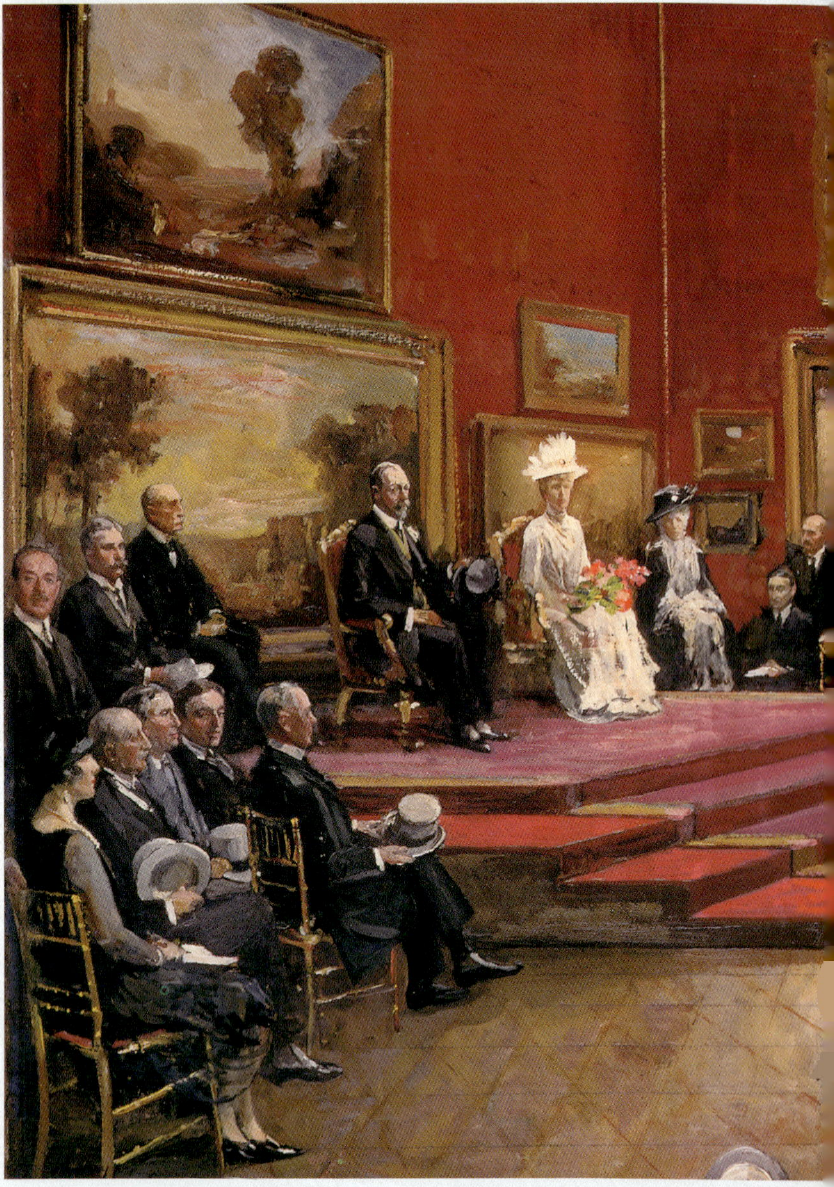

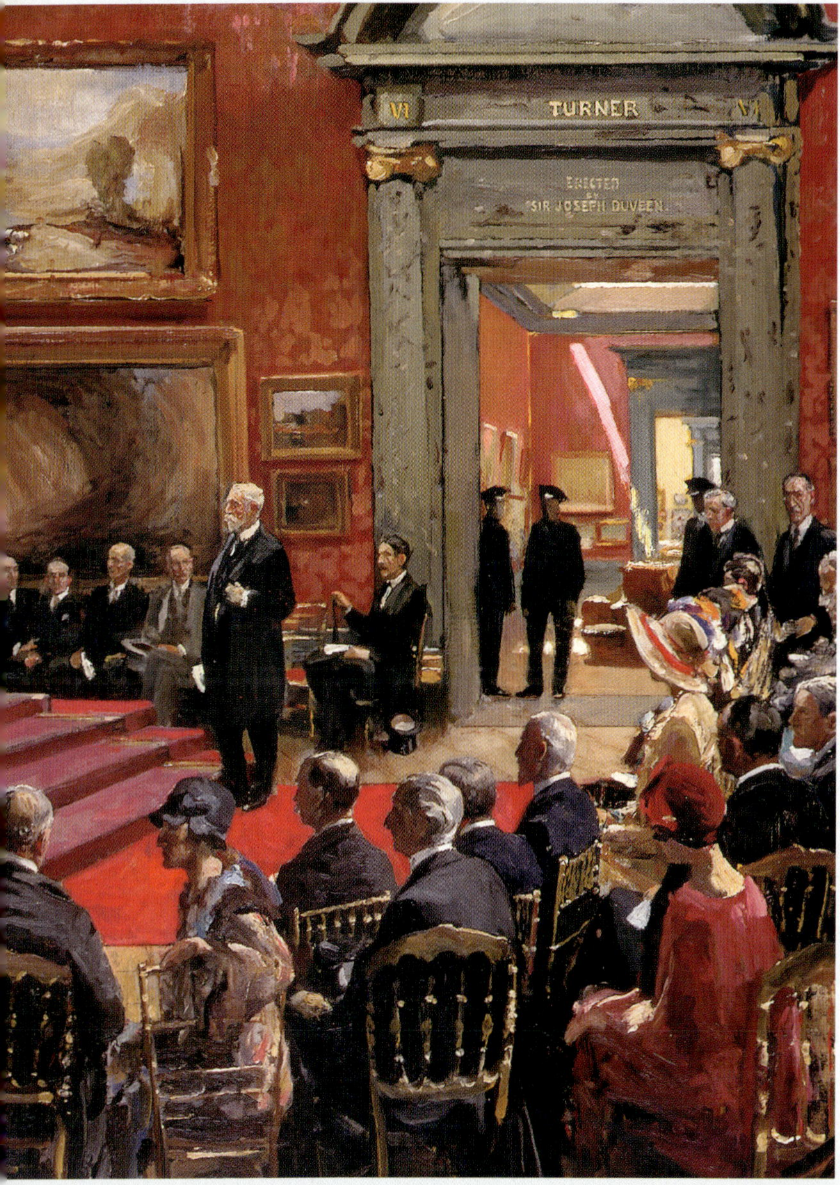
VI TURNER VI
ERECTED BY SIR JOSEPH DUVEEN

Il en fera don à deux musées, celui d'Oxford, où il avait fait ses études, et celui de Cambridge. En 1878, il publie de nouvelles *Notes sur Turner* à l'occasion d'une présentation de sa propre collection à la Fine Art Society, sur Bond Street. Avant que la folie n'assombrisse ses dernières années, Ruskin consacre de plus en plus son existence à l'enseignement. Sa fascination pour Turner, certes amoindrie par la découverte des carnets érotiques, continue de s'exercer : « Plus j'avance dans la vie, plus j'apprends les lois de cet art noble. Je reconnais des fautes dans Turner auxquelles j'étais aveugle, mais je reconnais aussi les forces qui m'avaient enthousiasmé enfant. »

Le fait qu'une grande part de l'œuvre de Turner soit restée réunie a permis d'étudier avec précision son processus de création, d'en cerner les chronologies, les buts et les détours. Ainsi toute une série d'œuvres sur papier peut être mise en relation avec *Le Môle de Calais* de 1802 (page de droite), depuis de simples essais de couleur (ci-dessous) jusqu'à des études plus abouties (en bas, à droite).

Les carnets

Parmi les œuvres laissées à la nation anglaise, les carnets de croquis occupent une place particulière. Au nombre de 300 environ, ils ont été à la fois étiquetés, répertoriés mais aussi presque tous démantelés par Ruskin, dans le but d'en extraire des œuvres propres à être exposées en public. Au début du XXe siècle, Alexander Joseph Finberg s'attela à la tâche, considérable, de cataloguer chacun des dessins.

Cet ensemble gigantesque frappe par l'incroyable variété des techniques, des sujets, du style, qui va des notations rapides aux études très élaborées. Les carnets, aujourd'hui essentiellement virtuels, offrent ainsi une source presque intarissable pour la connaissance de Turner. Situés au cœur du processus de création, ils sont indispensables pour retracer les voyages de l'artiste ; ils montrent aussi par leur longue chronologie, qui s'étend de 1789 à 1845,

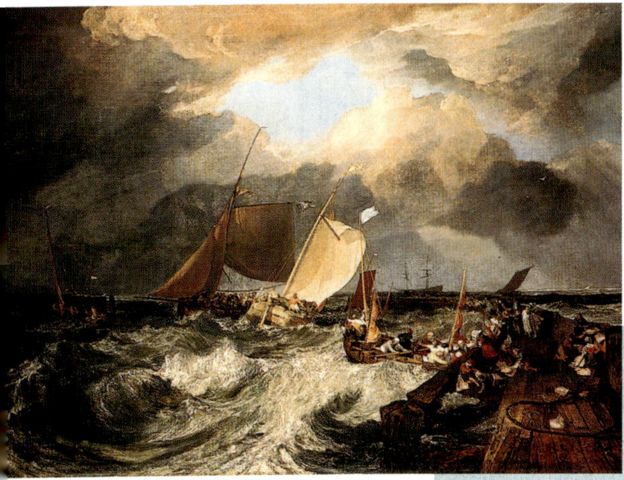

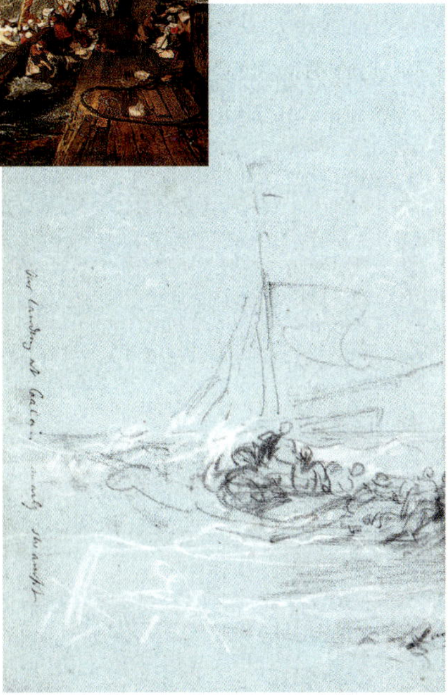

les habitudes du peintre ou ses aptitudes au changement. Si Turner utilisait peu les carnets dans la vie quotidienne, ceux-ci ne le quittaient plus en voyage. Il était également sensible aux innovations techniques, et n'hésita pas à délaisser les lourds carnets de grand format du XVIIIe siècle pour ceux, souples et légers, souvent plus petits, mis au point par des papetiers comme James Whatman. Pour autant, ses carnets ne sont pas un journal illustré, mais bien plutôt un répertoire de formes et de thèmes regroupés en séries. Certains ne contiennent que des figures, d'autres sont consacrés à la préparation d'un tableau comme *Le Môle de Calais*, d'autres encore ont tenu lieu d'aide-mémoire au peintre, tel le carnet d'études faites au Louvre en 1802. Jamais avant Turner, un artiste n'avait réussi à faire élever un musée où la plus grande part de son œuvre soit conservée. L'exemple a eu depuis une immense influence.

La volonté de Turner de voir conserver l'essentiel de ses carnets a aussi entraîné une interprétation particulière de son œuvre. Au XXe siècle, de simples feuilles coloriées, parfois dans le seul but de jauger l'effet d'une couleur, ont été placées par certains historiens de l'art sur le même plan que des études plus achevées, d'où une surinterprétation du travail de l'artiste. Le goût de l'esquisse grandissant depuis le milieu du XVIIIe siècle n'a fait qu'accentuer l'intérêt pour ces feuilles.

L'influence posthume

Les collectionneurs de Turner furent nombreux pendant tout le XIXe siècle, son influence sur les artistes contemporains est moins immédiatement perceptible. Contrairement à Constable dont l'emprise sur l'art européen fut immédiate, en particulier après sa participation au Salon de 1824 à Paris, l'œuvre de Turner ne connut qu'un écho plus tardif et moins spectaculaire. Il faut attendre les années 1870 pour que les visites à Londres de peintres français – on cite en général les impressionnistes – mettent en évidence ses fulgurantes inventions picturales.

Mais si Camille Pissarro et Claude Monet furent frappés par les audaces turnériennes, c'est chez un artiste comme Félix Ziem (1821-1911) qu'il faut chercher un véritable disciple. Ses paysages vénitiens, mais aussi provençaux, montrent une indéniable influence du maître; on lui attribue même un certain nombre de pastiches d'œuvres de Turner.

Les présentations successives des peintures de Turner, accrochées de manière serrée à la fin du XIXe siècle, comme on le voit ci-dessous, ou plus espacée depuis l'ouverture de la Clore Gallery, ont joué un rôle considérable dans l'appréhension de l'œuvre, en insistant sur tel ou tel aspect de son art. Si ses recherches sur la couleur et la lumière ont influencé nombre d'artistes dès la fin du XIXe siècle, certains ont peint de quasi-pastiches de ses œuvres, tel l'Américain Thomas Moran (1837-1926; page de droite).

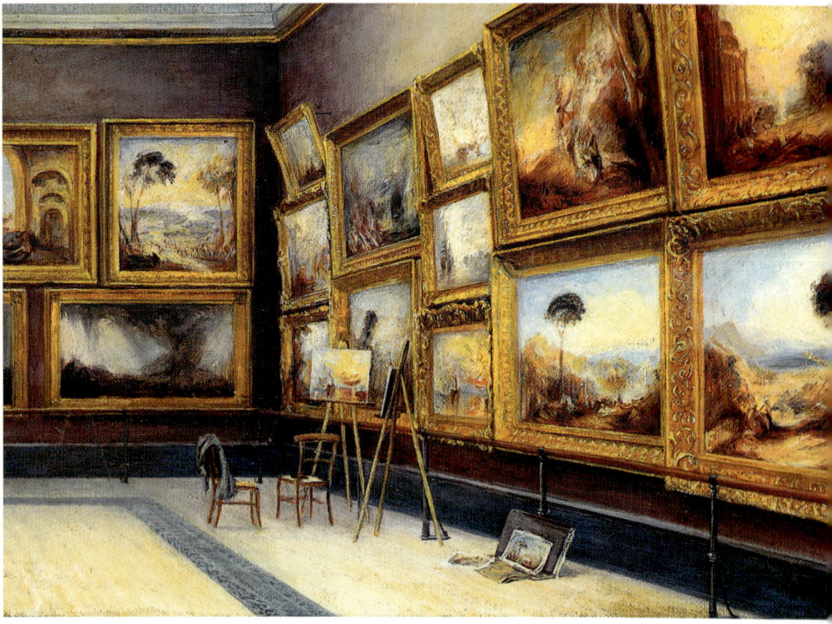

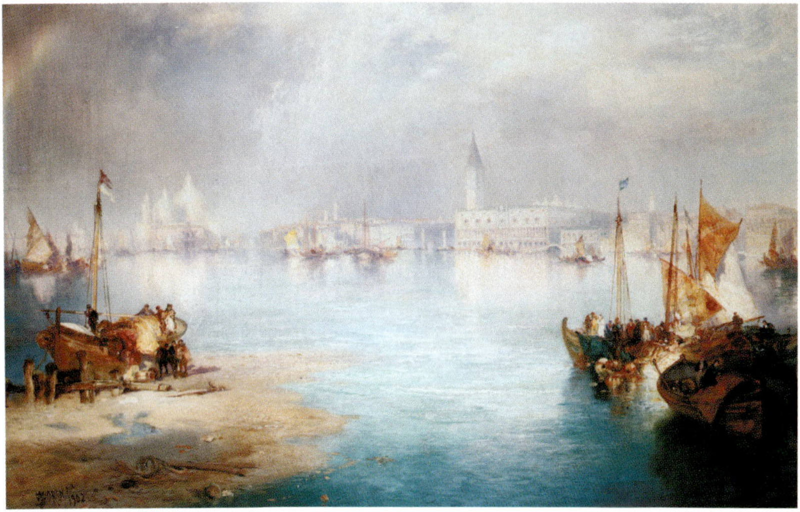

En Angleterre et aux États-Unis, l'influence de Turner fut plus évidente. John Martin, à partir des années 1820, reprit l'esprit de ses paysages historiques, insistant sur les perspectives les plus grandioses. Graveur de formation, il peignait généralement d'après ses propres estampes et développa, avec un incroyable succès, les visions célestes ou infernales dans une mise en scène à grand spectacle. Martin fut probablement le plus populaire des artistes anglais de son temps, en particulier auprès des poètes et des écrivains. Au travers de ses disciples, Turner reste aujourd'hui encore la source d'une tradition cinématographique qui va de Cecil B. De Mille au *Seigneur des Anneaux*.

Des artistes moins célèbres reprirent aussi quelques formules de Turner, n'en retenant que les plus spectaculaires. Aux États-Unis, Thomas Cole d'abord, puis les artistes de la Hudson River School comme Frederick Edwin Church lui doivent sans conteste une vision à la fois claudienne et sublime de la nature. Plus tard, Thomas Moran, qui résolut de devenir peintre après avoir feuilleté un recueil d'estampes d'après Turner, développera les mêmes principes devant les grands paysages de l'Ouest.

À la fin du XIXe siècle, Turner est devenu pour de nombreux artistes et critiques une référence. Pour Whistler (page suivante, à gauche) et Monet (page suivante, en bas à droite), la confrontation visuelle de certaines de leurs œuvres avec celles de Turner (page suivante, en haut à droite, *Crépuscule sur un lac*) est d'une incroyable efficacité, voire d'une trop grande facilité. Subjugués par l'œuvre de Turner, ces peintres se sont eux-mêmes défendus contre sa séduction, allant parfois jusqu'à renier la dette esthétique qu'ils avaient contractée à son égard.

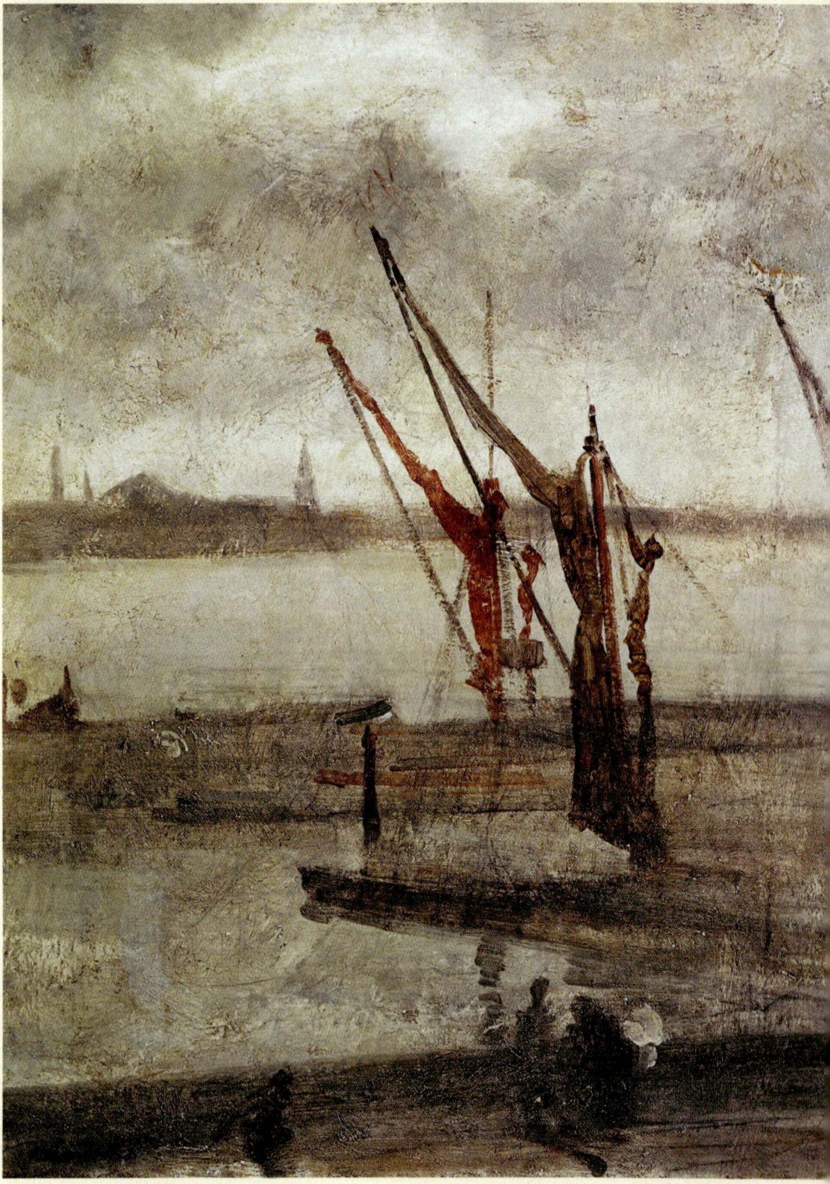

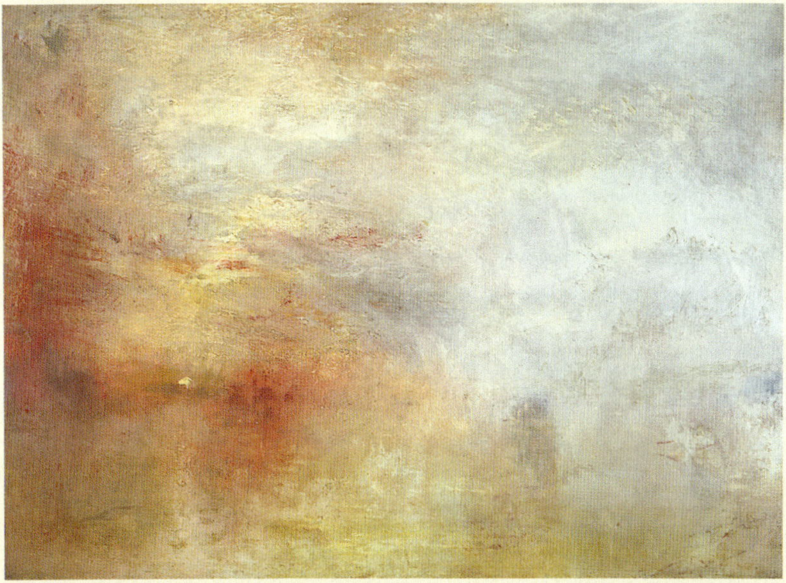

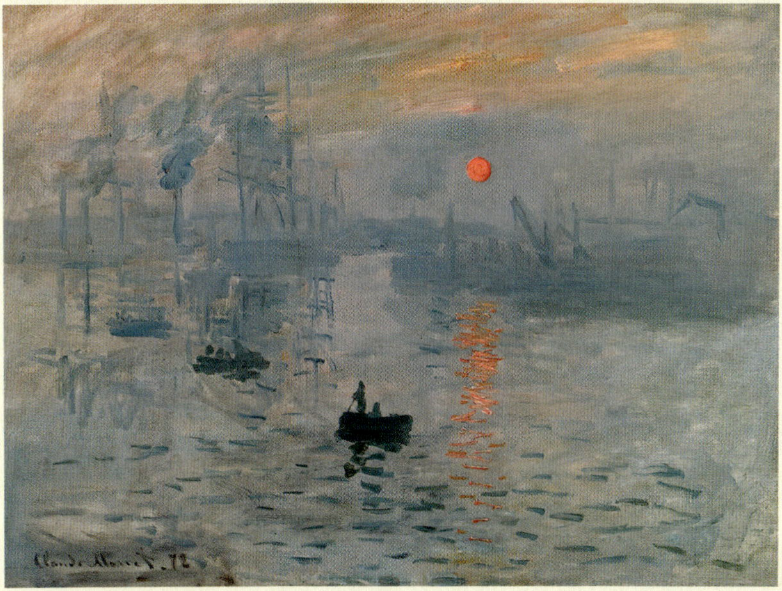

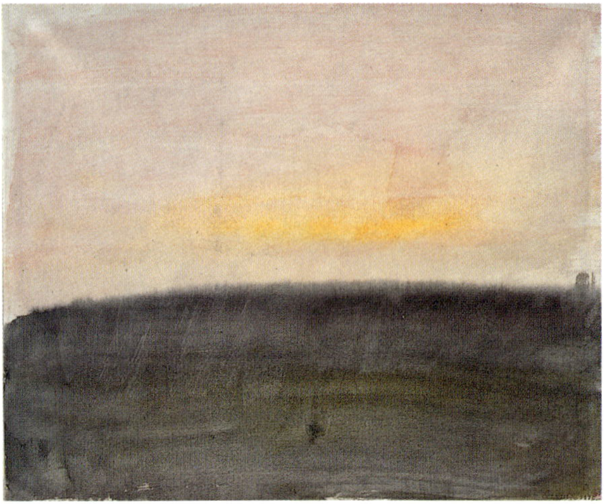

Un peintre abstrait

« La méthode de Turner consistait à laisser flotter les couleurs broyées sur le papier inondé, et mon maître [W. L. Leitch] m'a dit l'avoir un jour vu travailler à des dessins aquarellés, dont plusieurs étaient en cours simultanément ! Selon M. Leitch, [Turner] tendait le papier sur des planches qu'il plongeait dans l'eau ; puis il laissait tomber la couleur sur la feuille encore mouillée, produisant sur toute la surface marbrures et dégradés. Son processus de finition était incroyablement rapide, car il indiquait les masses et les détails, enlevait de la couleur pour les demi-teintes, grattait pour créer des rehauts lumineux, frottait, hachurait et pointillait jusqu'à ce que la composition fût achevée. »

James Orrock, cité in John Gage, *Colour in Turner...*, 1964

Une des questions fondamentales posées bien après sa mort par la production de Turner est celle de l'abstraction. Plusieurs dizaines d'œuvres, réunies essentiellement à la Tate Gallery, présentent en effet un caractère que certains ont qualifié d'« abstrait », d'autres d'« esquissé », voire d'« inachevé ».

Au milieu du XXe siècle, les tenants d'une avant-garde abstraite ont porté sur certains artistes un regard rétrospectif ; devant les critiques, l'incompréhension, voire le mépris qu'ils rencontraient, ils ont enrôlé dans leur combat les maîtres les plus divers. Usant de subtiles dialectiques, de rapprochements brillants, de raisonnements habiles, ils ont créé une histoire de l'art tissée de longues et surprenantes

généalogies issues des maîtres anciens. Certains, comme Piero della Francesca, donnaient l'occasion d'établir une majestueuse ascendance aux œuvres de l'abstraction géométrique; Turner, lui, offrait les prémisses d'une dissolution organique proche des recherches lyriques des grands artistes abstraits de la seconde moitié du XXe siècle. Cette idée doit être maniée avec précaution. Quand on regarde attentivement les œuvres de Turner les plus dénuées de formes, on peut observer que l'artiste y poursuit sans relâche ses recherches sur la lumière, les forces atmosphériques, les structures chromatiques. Il se dégage sans aucun doute de la forme et de la ligne. Parler pour autant d'absence de sujet est plus difficile à soutenir. Si certaines œuvres peuvent à première vue sembler dénuées de structure, d'objet même, une étude plus attentive amène néanmoins à y reconnaître tel ou tel des paysages traités ailleurs. En fait, dans ces aquarelles, Turner agit davantage par soustraction que par abstraction, comme s'il retirait d'un paysage la représentation des éléments solides, pour ne garder que les couleurs,

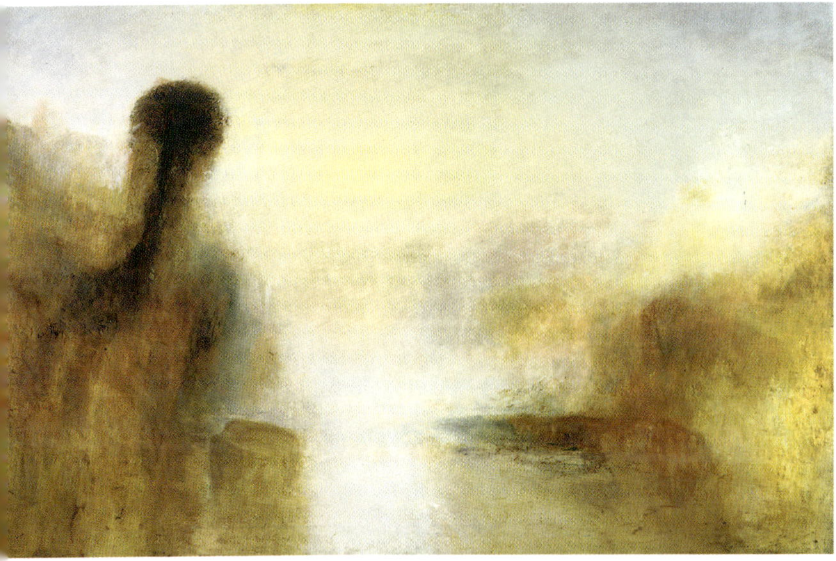

Dans les années 1840, Turner peint une trentaine de peintures dont l'aspect non fini, abstrait pour certains, reste un mystère.

« Pour qu'une œuvre, complètement terminée, atteigne à la grandeur parfaite, il y faut quelque chose d'indistinct. [...] Il faut qu'il y ait dans les coups de pinceau, quand on les examine de près, quelque chose de confus, d'étrange, d'incompréhensible; [...] et si nous réussissons à reconnaître vraiment quelque chose, c'est que cette partie du dessin est fausse ou incomplète. »

John Ruskin, « Du mystère turnerien »

les lumières, les phénomènes de pluie, de brouillard, de vapeur. En aucun cas, il ne désire assembler dans un ordre qui se suffirait à lui-même des plages colorées ou des formes géométriques. À l'origine est le paysage, le but reste sa représentation. Ces œuvres étranges, qui n'étaient pas destinées à être montrées, offrent en outre une parenté véritable avec des œuvres soumises, elles, au jugement du public.

Seul tableau de Turner conservé dans un musée français (ci-dessus), ce paysage presque abstrait a été acheté par l'industriel Camille Groult vers 1880, quand aucune des œuvres du peintre ne circulait dans le marché de l'art. Il témoigne du goût des Français pour ce type de compositions, en apparence « non finies ».

Une pratique de dilution

C'est ainsi une démarche constante de Turner qui se dessine à partir des années 1830, et ce jusqu'à sa mort. Toutes ces œuvres, personnelles ou rendues publiques, témoignent d'une recherche calculée, opiniâtre. Ce travail autour de la représentation de la couleur et de la lumière des lieux, de leur atmosphère particulière plus encore que de la précision de leurs formes, se nourrit d'autres sources. Les innombrables aquarelles du maître ne peuvent pas avoir été sans effet sur la pratique moins spontanée de la peinture à l'huile.

Le recours à l'aquarelle doit être regardé au sens propre comme une pratique de dilution. C'est cet effet que Turner recherche dans certaines huiles, qui frappent autant par l'évaporation des formes que par la précision de leur texture. L'artiste peint alors avec une grande attention les moindres variations donnant à la matière une densité rare. Grâce à elle ou malgré elle, il tend à rendre une impression fugitive. En cela, Turner participe à la lente remise en cause du sujet. Ses composants, histoire ou paysage, se lisent comme séparés. Lumière, ligne, couleur s'éloignent les unes des autres tout en continuant de se comprendre comme des fragments du réel. Le siècle suivant se chargera de couper les derniers liens, d'en effacer le sens pour donner à chaque élément l'autonomie esthétique d'un tout.

Une étrange exception

Parmi les grands artistes qui ont marqué l'histoire de l'art européen, Joseph Mallord William Turner demeure une étrange exception. Reconnu très tôt

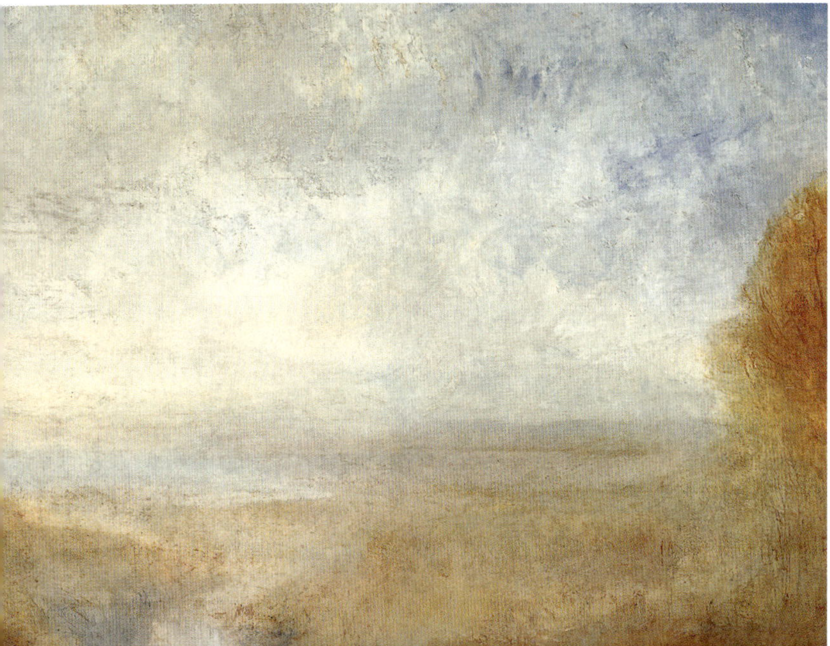

dans sa jeunesse mais incompris en sa vieillesse, célèbre mais sans véritable postérité, classique dans sa formation, sensible à la hiérarchie des genres et des institutions, mais la transgressant sans cesse, il contredit l'image romantique de l'artiste. Il est en outre souvent admiré pour ses seules valeurs plastiques alors que toute sa peinture est nourrie d'histoire et de poésie. De manière surprenante, c'est en amenant son art aux limites de ses traditions qu'il a rompu, en apparence, avec les règles les plus essentielles de la peinture occidentale.

Artiste démiurge, aquarelliste infatigable, peintre prolifique, Turner semble n'être qu'« un regard » dans ce portrait – probablement tracé au physionotrace – que Cornelius Varley fit de l'artiste vers 1815 (page suivante).

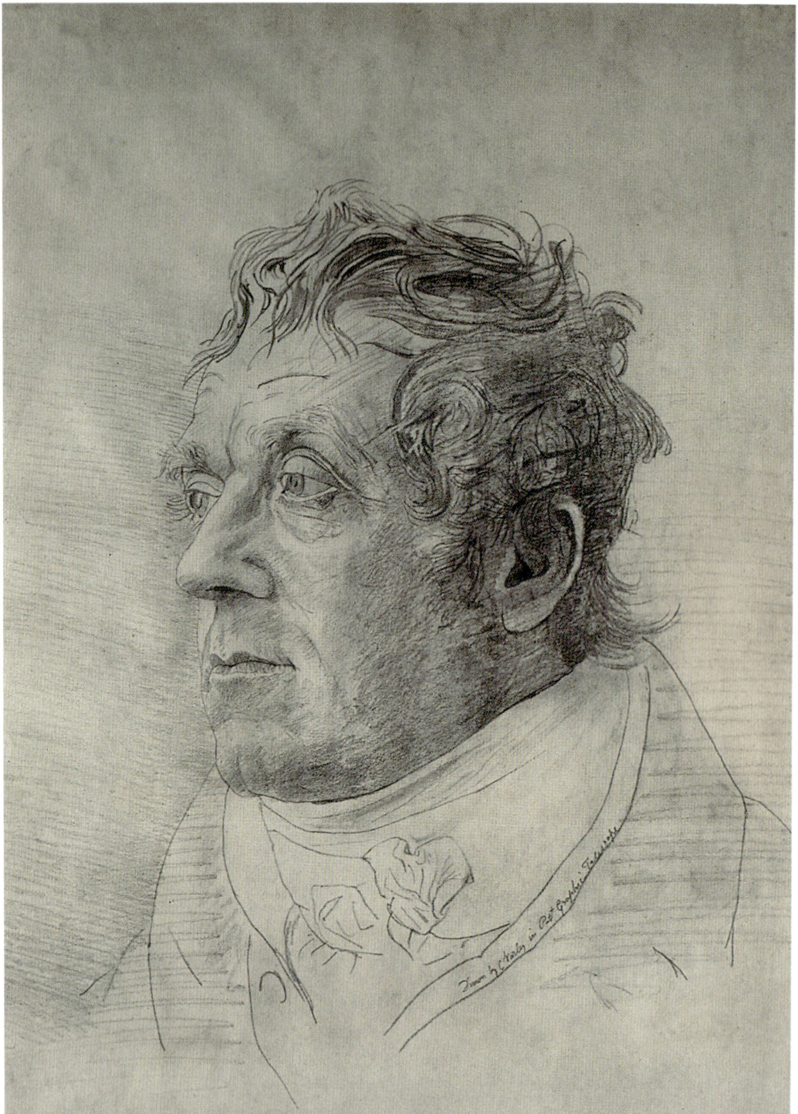
Drawn by C Varley in Pat Graphic Telescope

TÉMOIGNAGES ET DOCUMENTS

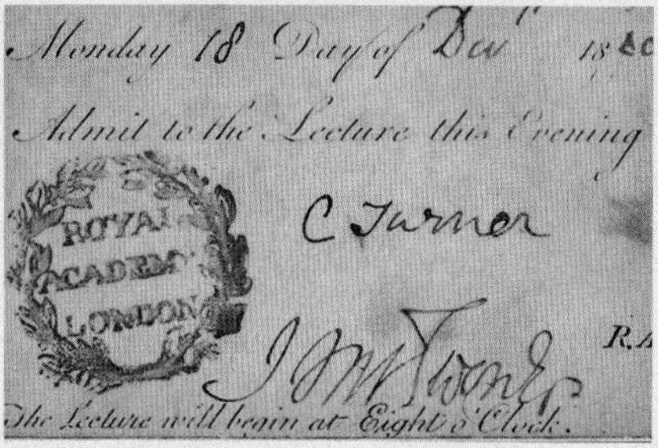

130
Dans l'atelier du maître

132
Sous la plume de Turner

136
Un mystère pour ses contemporains

140
Ruskin ou Turner scruté et magnifié

144
Les jugements du Continent

148
Au XXe siècle, un autre Turner

150
Bibliographie

151
Table des illustrations

155
Index

Dans l'atelier du maître

Turner avait d'emblée acquis une réputation de « magicien de la couleur ». Ses œuvres témoignent en effet d'un véritable génie des accords lumineux, dont l'élaboration semble davantage relever d'une magie que d'une technique. En 1851, le fils du révérend Trimmer, le plus vieil ami de Turner, entre dans une petite pièce adjacente à l'atelier de l'artiste, et décrit les instruments et les couleurs en place quelques jours après la mort du peintre. Son récit offre un témoignage sans égal sur cette alchimie picturale.

Ce lieu, entouré de mystère de son vivant, était l'objet d'une vive spéculation. Que n'auraient donné ses confrères, il y a une trentaine d'années, pour en forcer l'entrée alors que Turner était à l'apogée de sa gloire ! Souvent, lorsqu'on m'introduisait dans la galerie, je le voyais émerger de ce recoin caché. L'auguste retraite était maintenant grande ouverte ; j'entrai. Ses gants et son foulard reposaient sur une table ronde, dont le milieu était occupé par une boîte surélevée, ornée d'un disque central et garnie de compartiments latéraux : ingénieux dispositif, dont je n'avais jamais vu l'équivalent.

Au centre se trouvaient ses couleurs, principal objet de ma curiosité. Mon père avait jadis fait observer à Turner qu'on ne peut rien faire sans outremer, à quoi il avait répondu que le cobalt lui suffisait ; du cobalt, assurément, il y en avait, mais aussi plusieurs flacons d'outremer de profondeurs différentes et de smalt d'intensités variées, dont je pense qu'il usait abondamment. Je remarquai également de le terre verte. Mon second objet d'intérêt fut le blanc ; il y avait un grand flacon de blanc argent et un autre de céruse. Avant de me livrer à cette inspection, j'avais observé que Turner utilisait du blanc d'argent. Ses pigments jaunes consistaient en un grand flacon de chrome. Il y avait aussi une bouteille de teinture de rhubarbe et une de teinture d'iode (à usage artistique ou médicinal, je ne saurais dire).

La gouvernante m'apprit par la suite qu'il employait l'outremer avec parcimonie, ses bleus usuels étant le smalt et le cobalt. Elle avait coutume de préparer sa palette. Celle-ci – du moins celle qu'il utilisait, car il en possédait deux autres, splendides – était un simple carré de bois, avec un trou pour le pouce. Les couleurs n'étaient pas broyées sur une ardoise mais étendues d'huile crue à même la palette, opération quotidienne sur laquelle il se montrait très exigeant. Si le résultat ne lui convenait pas, il tançait Mrs Danby :

« C'est ce que vous appelez préparer une palette ? » Comme Wilson, Turner utilisait de la gomme-gutte, simplement broyée et mêlée d'huile de lin crue.

Ses brosses, rondes ou plates à soies de porc, étaient des plus ordinaires. On a dit qu'il employait des pinceaux très courts, ce qui était peut-être vrai pour l'aquarelle ; mais je remarquai un pinceau à très long manche, avec lequel je suis certain qu'il a fini ses derniers tableaux. Selon la gouvernante, le pinceau long ne servait que pour le gréement des navires, etc. Il y avait pourtant quantité de brosses à longs poils de martre, qui ne pouvaient toutes avoir servi aux gréements. Elle ajouta qu'il préférait le poil de chameau pour peindre à l'huile ; jadis, il avait montré à mon père les pinceaux chinois qu'il avait coutume d'utiliser. D'après elle, lorsqu'une toile était presque terminée, il l'emportait à l'extrémité de sa longue galerie pour y poser les dernières touches.

J'examinais sa mallette. Si on m'avait demandé quelles lectures il emportait en voyage, j'aurais dit *Night Thoughts* de Young, et Isaak Walton ; et en effet ils étaient là, ainsi qu'une médiocre traduction d'Horace. Sa bibliothèque était restreinte, mais révélatrice. Je vis encore un portefeuille de maroquin rouge, dont les marques d'usure témoignaient qu'il l'avait accompagné toute sa vie. Il y avait aussi des pains d'aquarelles, tout évidés au centre et fixés sur une feuille ; les couleurs les plus courantes, dont une terre verte ; un ou deux pinceaux de martre et des crayons de plomb sans bois, avec lesquels, semble-t-il, il dessinait dans ses carnets. Quelques traits à peine, dont il disait volontiers que personne ne pouvait le faire sans le secours d'autres dessins ; car il avait, semble-t-il, acquis des vues détaillées de paysages étrangers, dont je trouvai un vaste assortiment, écorné à force d'avoir été feuilleté : le tout-venant de l'art, que savent mettre à profit les esprits supérieurs.
On sait qu'il employa de la cire pour ses premiers tableaux parce qu'ils ont jauni ; je vis un pot de cire mêlée de garance ainsi que de bleu, qui avait dû servir très récemment, pour l'aquarelle peut-être. Il y avait aussi un meuble plein de vieilles couleurs et d'huiles, que j'examinai très soigneusement ; une bouteille de vernis à l'alcool et une préparation de bitume, des tubes de vernis au mastic, de vieilles vessies de terre de Sienne et d'autres terres sombres.

Ce que je viens d'énumérer, ainsi que de nombreuses toiles non encadrées, dispersées dans l'appartement, formait le contenu de son atelier, dépourvu d'éclairage zénithal. Ç'avait été le salon, que deux fenêtres dotaient d'une bonne lumière du nord.

Je dois avouer qu'une profonde mélancolie m'envahit tandis que je me livrai à cette inspection. Depuis l'enfance et jusqu'à tout récemment, j'avais accoutumé de fréquenter la maison. Le maître des lieux n'était plus : il était seul de son espèce, et sa lignée s'était éteinte.

Cité in Lawrence Gowing,
Turner : peindre le rien,
Paris, Macula, 1994

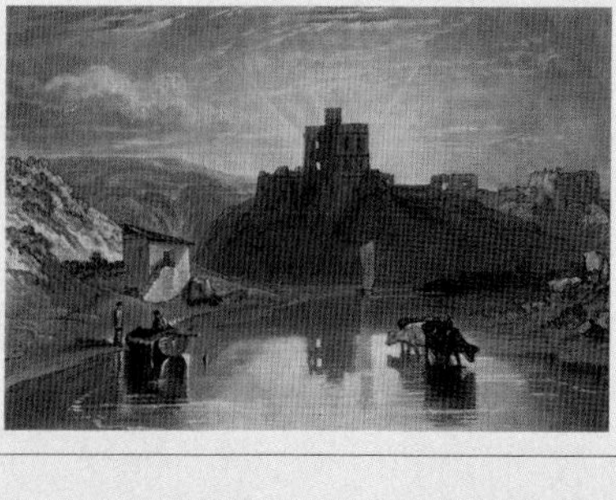

Sous la plume de Turner

S'il ne reste rien du long poème des Illusions de l'Espérance *(*Fallacies of Hope*) écrit par Turner, ses lettres et les notations rapides trouvées dans ses carnets de voyage permettent d'évoquer le quotidien de l'artiste. D'un style souvent heurté, quelquefois même abrupt, ces écrits livrent l'image d'un homme pressé, simple, chaleureux et direct, bourru parfois mais fidèle et franc avec ses interlocuteurs, sachant aussi faire preuve d'une grande délicatesse lorsque survient un événement malheureux.*

« La course est délicieuse »

Mardi 31 [juillet]. Départ après le petit déjeuner [...]. Passé le petit village de Chirk, sur un promontoire, le château. En pierre de taille, trois tours rondes, engagées à chaque angle, fenêtres et entrée tout gothique, intact, intérieur modernisé, mobilier contemporain, tableaux nuls. Le Logis semble admirable. Parties rebâties en 1636, c'est gravé dans la pierre [...]. Du Logis, points de vue somptueux, grandioses, – les Bains sont bien situés, à 500 mètres en contrebas, dans une vallée, avec une vaste pièce d'eau auprès, formée dans le lit d'une ancienne rivière, c'est des plus jolis [...] De Ruabbon à Llangolle la course est délicieuse, deux miles après Ruabbon, le regard est accroché par quelque chose de magnifique à flanc de coteau, méandre de la Dee traversé par un pont à trois arches, le fameux pont de Newbridge, dans un décor de roches, plus divers éléments combinés pour former un paysage complètement romantique, l'assaut incessant des flots torrentiels qui débordent de leur lit de pierres rend la scène absolument fascinante...

Extrait du *Journal de voyage* (Cornouailles), été 1792

Faites comme vous l'entendez

[...] Puis-je vous demander une fois de plus si je dois enlever le nuage dans le tableau de Bonneville? Si vous pouviez me donner juste un avis qui tranche pour, ou contre, ce soir ou demain matin à votre convenance...

Lettre à Samuel Dobree, 30 juin 1804

Vous allez découvrir que je vous ai TOUT envoyé, et en plus le petit tableau de Margate que vous sembliez aimer. Je serais ravi que vous l'acceptiez, qu'il reste toujours présent à vos yeux comme un témoignage de respect ; et bien qu'il accompagne la toile *Bateaux apportant des ancres à des soldats hollandais en 1665*, ne le considérez pas comme son pendant. Quant au prix de celle-ci, je m'en remets entièrement à vous, et vous savez parfaitement ce que j'en pense, donc faites comme vous l'entendez…

Lettre à Samuel Dobree,
1er juillet 1804

Un arbre immense pourrait gâcher la composition

Avant tout laissez-moi vous remercier pour les saucisses et le lièvre, très bons, vraiment. Quant à la vue d'Oxford, j'ai compris de vous que Mr Pye la voudrait juste après que j'aurai terminé celle de la High Street. Aussi l'ai-je commencée à Noël. Sur la question de peindre un chêne vénérable ou un orme, vous me rendez perplexe. Que vous vouliez l'un ou l'autre ce sera exécuté, mais ayez à l'esprit combien les proportions d'un arbre immense pourraient gâcher la composition. Cela ferait exploser ce plat pays, tout de lignes horizontales…

Lettre à l'architecte James Wyatt,
6 mars 1812

Un pendant de Claude

[…] Et moi, tout particulièrement (parmi la foule des peintres à Rome), je dois à lord Egremont que mes tout premiers coups de pinceau soient pour commencer à lui donner « con amore » un pendant à sa magnifique toile de CLAUDE [Le Lorrain].

Lettre à George Jones,
Rome, 13 octobre 1828

Un plongeon dans la mer à Marseille

Depuis près de deux mois je suis enfin en ce pays de la peinture, ET JE TRAVAILLE, mais le retard que j'avais pris est une faute délibérée. Je devais voir le sud de la France, ce qui m'a complètement étourdi, la chaleur était si intense, surtout à Nîmes et Avignon ; et jusqu'à ce que je fasse un plongeon dans la mer à Marseille, je me sentais si faible que rien sinon un changement de paysage ne pouvait me faire garder les yeux ouverts sur mon lointain objectif.

Lettre à sir Thomas Lawrence,
envoyée de Rome le 27 novembre 1828,
arrivée en Angleterre le 15 décembre

En direct de la Sixtine

Je n'ai pas grand-chose à vous dire en matière d'art, et ce peu ne vous réjouira pas du tout. Les Sibylles et les Prophètes au plafond de la Chapelle Sixtine sont toujours aussi superbes et font grande impression, mais le Jugement Dernier a beaucoup souffert de restauration abusive […]. Cela va vous désoler d'apprendre que le baldaquin d'autel (la chapelle est rendue au service divin) a été fixé par des anneaux à même la surface peinte…

Lettre au peintre Charles Eastlake,
février 1829

Sur le chemin du retour

L'extrait qui suit est tiré d'une lettre où Turner raconte les péripéties de son voyage, au retour de Rome, en plein hiver ; il s'y inquiète également de l'acheminement de ses toiles vers Londres, raconte qu'il a été bloqué par la neige à Foligno, que la voiture a versé dans un fossé, qu'il lui a fallu prendre la diligence au départ de Bologne avec plus de dix heures de retard… diligence qui n'a pu dépasser Piacenza ; il a alors dû louer une voiture plus légère, non couverte ; il est arrivé trempé jusqu'aux os à l'auberge, pour constater que les passagers de la diligence n'avaient rien laissé à manger, et qu'il n'y avait plus de lit.

À aucun moment nous n'avons réussi à avoir un peu chaud, ni à effectuer un trajet journalier suffisant [...]. Traversé le Mont-Cenis sur un traîneau, bivouaqué dans la neige sur le mont Tarate avec des feux de bois qui n'ont duré que trois heures. [...] De Foligno jusqu'à vingt miles de Paris n'ai rien vu que de la neige et pas la route !

Lettre à Charles Eastlake,
16 février 1829

La nuit plus visible

La mort de mon pauvre père m'a littéralement écrasé, et fut suivie d'autres événements aussi sombres.

Turner consacre les dix lignes suivantes aux obsèques de sir Thomas Lawrence, et au devenir de ses tableaux, comment répartir ce legs, puis enchaîne sur l'usage des couleurs.

Ce que vous avez dit à mon ami Chantrey sur les grands maîtres du passé, je n'en sais évidemment rien, puisque vous ne m'en avez pas parlé, mais nous comptons bien continuer à nous enrichir mutuellement par nos échanges. En tout cas ce que cherchait Tintoretto avec son coup de pinceau tumultueux, c'est à rendre la Nuit plus visible.

Lettre à George Jones (alors à Rome),
Londres, février 1830

Contre les polémiques

Mon cher Monsieur,
Je vous remercie chaleureusement pour votre zèle, votre gentillesse, et la peine que vous avez prise à ma défense après les critiques publiées dans le *Blackwood's Edinburgh Magazine* d'octobre (en réponse à une critique du révérend John Eagles), mais je ne rentre jamais dans ces polémiques.

Lettre à John Ruskin, octobre 1836

Note : Dans sa réponse, Ruskin fait l'éloge du clair-obscur coloré dans les œuvres vénitiennes de Turner. Selon lui, « les vapeurs entourant ses motifs donnaient l'impression de sortir tout droit des caveaux italiens ».

Un tonneau de harengs

Votre lettre du 16 m'arrive aujourd'hui et je veux vous remercier de m'avoir envoyé si aimablement ce Tonneau de Harengs. Vu sa provenance j'ai même pensé : ça, c'est du vrai Yarmouth !
Je n'ai pas encore pu goûter à votre cadeau car, je dois l'avouer, je me suis senti bien mal depuis notre entrevue à l'Atheneum, où j'ai dû prendre froid lors de l'enterrement de lord Egremont, à moins que ce ne soit en assurant, transi, mon service à l'Académie.

Lettre au botaniste Dawson Turner,
Londres, 20 décembre 1837

Je dois m'excuser de n'avoir trouvé à envoyer qu'un petit tonneau de harengs rouges pour fêter votre réception à l'Académie, mais comme je le tiens d'un ami vivant à Yarmouth, je me hasarde à garantir que c'est de l'authentique Yarmouth !

Lettre à Charles Eastlake,
vendredi soir, 23 décembre 1837

En connaissance de cause

Cher Monsieur,
Je dois avouer que je m'y suis pris à trois fois pour vous écrire, et j'hésite encore

à présent sur les termes de ma lettre. Certes je connais les travaux de votre fils, ce que vous appelez ses « dons naturels », et pourtant je vous conseille de bien réfléchir, et de ne pas vous laisser emporter par l'admiration que vos proches, enthousiastes, vous ont suggérée à son endroit. Ceux-ci ignorent aussi bien les difficultés que les contraintes qu'exigent les Beaux-Arts en général […]. Aussi vous appartient-il d'évaluer au plus juste le coup de pouce que vous pouvez lui donner avant de le laisser s'embarquer dans une profession qui requiert plus de soins, d'attention et de ténacité qu'il n'en faudrait à quiconque.

Lettre au collectionneur
John Hammersley, 4 décembre 1838

En attendant…

Leslie, agent d'art pour James Lenox, faisait dès cette époque une offre extravagante pour procurer cette toile à un client new-yorkais.

Grand merci pour votre petit mot concernant le prix offert pour ma toile *Le Téméraire*. Ma difficulté actuelle, tant que je n'ai pas obtenu le oui ou le non [transcrit *yea or nay* par Turner pour imiter l'accent américain] des deux Gentlemen qui n'arrivent pas à se décider, est de savoir combien de temps je vais devoir attendre. Donc, en attendant, je songe à quitter la ville quelques jours.

Lettre à C. R. Leslie,
Londres, été 1839

Dans les vallons rhénans

Cher Hawkesworth,
Je suis allé à Lucerne en Suisse, n'imaginant en aucune manière le chaudron de querelles politiques et religieuses que j'allais survoler. La saison des pluies est arrivée si vite que je n'ai pu traverser les Alpes. Deux fois, j'ai essayé, et me suis retrouvé les vêtements trempés et les chaussures hors d'usage, et après les avoir fait ressemeler, je me suis promené dans des vallons rhénans que j'ai trouvés plus intéressants que je ne l'escomptais.

Lettre à F. H. Fawkes,
28 décembre 1844

La mère l'Oie

Nous nous sommes offert une répétition de l'Oie de Noël dès samedi [Ndt : mot à mot, Ma Mère l'Oie est venue à la répétition avant le jour de Noël], et je n'ai pu m'empêcher de lever mon verre à votre santé et à celle de tous les amis de Farnley […]. Ruskin est allé en Suisse cet été avec sa femme et doit maintenant se trouver à Venise. L'insurrection révolutionnaire n'ayant entraîné aucun dommage aux œuvres d'art sur place, je pense qu'il en va de même à Rome.

Lettre à F. H. Fawkes,
24 décembre 1849

Comme des côtes de verre

Le Crystal Palace a pris sa forme et sa taille attendues […]. Il a fière allure vu de face parce qu'un dôme se forme à la croisée du transept ; sur les faces du bâtiment des nervures dessinent comme des côtes toutes de verre qui ne travaillent qu'à projeter en hauteur la voûte gigantesque qui surplombe les galeries.

Lettre à F. H. Fawkes,
31 janvier 1851

Extraits de *Collected correspondence of J. M. W. Turner*, éd. John Gage, Oxford, Clarendon Press, 1980, trad. Priscilla du Peloux

Un mystère pour ses contemporains

En dépit des témoignages de quelques-uns de ses contemporains, malgré une trentaine de portraits rarement posés, la personnalité de Turner reste un mystère. Célibataire endurci, vivant de rien jusqu'à être soupçonné d'avarice, négligé dans sa mise, peu loquace, entièrement voué à son œuvre, il reste difficile à saisir. Ses amis et relations ont souvent insisté sur sa vivacité, sa rudesse apparente, mais aussi sur son absence de méchanceté et sa grande simplicité.

« Ce petit homme était Turner »

En 1847, C. H. Lear adressait une caricature de Turner à son père qui collectionnait les croquis sur le vif des grands peintres de l'Académie. Elle s'accompagnait d'un des portraits les plus saisissants du maître que l'on connaît.

Eu l'occasion d'observer sérieusement pour la première fois le vieux Turner. Il n'est en rien *LE* Turner auquel je m'attendais, mais un petit homme en queue de pie, gants tricotés, gros godillots et chapeau d'aspect d'autant plus pitoyable qu'il est entouré d'une large bande de crêpe en piteux état sur les deux tiers du pourtour. C'est sous cette forme extérieure, les mains derrière le dos, que m'est apparu le plus grand peintre de paysages de tous les temps et l'un des plus grands génies – peut-être le plus grand génie de l'art. Son visage ne trahit aucune irascibilité maladive ; il est rouge et sanguin, et si l'âge y a laissé des traces, il ne semble pas lui avoir ôté sa vivacité intellectuelle, qui perdure dans son regard curieux et ses lèvres serrées, marques d'un esprit pénétrant en pleine activité, qui se lit d'ailleurs sur l'ensemble de son visage. C'est un grand petit homme – tout le monde le sait. Le vieux Cooper m'a dit, il y a quelque temps, que lorsque les peintres de l'Académie doutent de leurs œuvres, ils n'ont qu'à se tourner vers Turner qui ne se trompe jamais et dont les commentaires ont force de loi. C'est ce qui est arrivé ce matin même. J'étais en train de regarder Herbert qui peignait un objet sur la gauche de son Christ, quand un petit homme qui se trouvait près de moi lui fit une remarque à voix basse, d'un air bourru. Herbert se retourne et lui explique très respectueusement qu'il s'apprête à introduire un élément pour combler le vide qui se trouve sur la gauche, puis lui montre dans son carnet de croquis ce qu'il avait l'intention de faire. Le petit homme se tait pendant quelques secondes puis d'une voix basse mais ferme lui dit : « Tu vas gâcher ta peinture, tu vas la gâcher. » Puis il quitte la pièce d'un air désinvolte, les mains derrière le dos, sans se presser. Herbert hésite un moment, puis pose sa palette, et je m'éloigne. Quelques instants plus tard, je vois le petit homme revenir, de son air désinvolte et indifférent, jeter un coup d'œil rusé sur le tableau et sortir à nouveau d'un pas nonchalant. Sur la toile, aucune trace de l'amélioration prévue. Ce petit homme était Turner.

On dit que ses peintures sont celles d'un grand esprit qui a sombré. C'est le coucher grandiose d'un soleil grandiose.

C. H. Lear, *Journal*, 3 mai 1847,
trad. Nanon Gardin

Des visites anonymes

Il était d'une tendresse presque féminine pour ses amis, constamment attentif et plein de sollicitude quand ils étaient souffrants.

Le fils de Charles Turner (un homonyme, grand graveur et également membre de la RA) étant tombé gravement malade, J. M. W. vint chaque jour au domicile du jeune homme s'enquérir de sa santé sans jamais donner son nom à la bonne. Ce n'est qu'après la mort de leur fils que les parents apprirent par la bonne qu'« un tout petit bonhomme assez bizarre » s'était présenté chaque soir à la porte.

Souvenirs de George Jones,
in *Collected correspondence of J. M. W. Turner*, éd. John Gage,
Oxford, Clarendon Press, 1980,
trad. Priscilla du Peloux

Faire le bien, taire le mal

Pendant vingt-cinq ans, il s'est plu à rêver à son testament, et au bien qu'il ferait à des artistes indigents par des clauses particulières. Il choisit expressément de baptiser « Don Turner » les hospices qu'il fondait, répugnant à ce qu'on les désigne comme des maisons de charité.

[...] La grande intimité que j'eus avec lui (il m'a désigné comme exécuteur testamentaire, à mon insu, dès 1831) est venue de la certitude que je ne chercherais jamais à percer ses secrets, ni à contrôler ses faits et gestes, ni à essayer d'infléchir ou de rectifier le cours de sa vie.

Lui-même d'ailleurs ne se mêlait jamais de la vie des autres, ni ne condamnait les façons de faire d'autrui. S'il en était mécontent, il s'interdisait d'en parler, prêt à saisir la moindre excuse ou un accommodement.

Seuls les flatteurs, ou les roués, le mettaient de très mauvaise humeur.

Souvenirs de George Jones,
ibidem

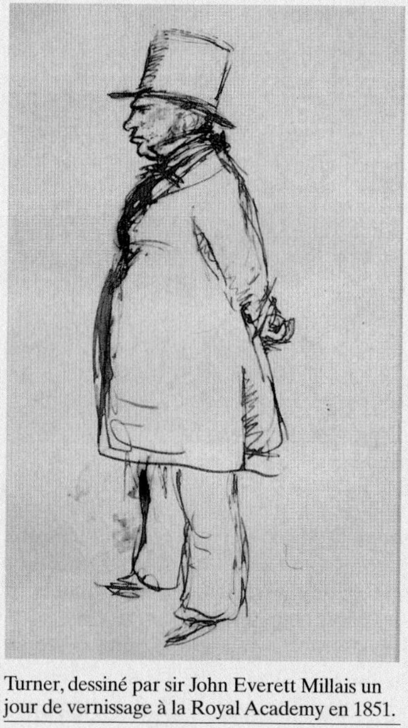

Turner, dessiné par sir John Everett Millais un jour de vernissage à la Royal Academy en 1851.

Le meilleur biographe de Turner reste encore à ce jour A. J. Finberg. Après avoir réalisé l'inventaire complet des dessins de Turner, il publie en 1939 La vie de J. M. W. Turner, *qui réunit les principaux témoignages sur l'artiste.*

Un ami solide

Ce fut un ami solide et affectueux jusqu'à la fin de sa vie ; il laissait rarement transparaître ses sentiments, mais ils étaient profonds et durables. Nul n'eût imaginé que sous un abord plutôt rude et froid, il dissimulât des émotions aussi intenses.

Clara Wheeler, née Wells,
fille d'un ami de Turner

« Je prends ici ma leçon nuit et jour ! »

M. Turner nous fit pénétrer dans une petite maison de six pièces au bord de la Tamise, dans un coin sordide au-delà de Lindsay Row, près de Cremorne House. La maison ne possédait que trois fenêtres en façade, mais jouissait d'une vue superbe sur l'aval et l'amont du fleuve. [...] Les pièces étaient très médiocrement meublées, et tout sans exception semblait dénoter le logement d'un homme très pauvre. M. Turner fit remarquer, avec un air de fierté, la vue splendide qu'offrait l'unique fenêtre et déclara : « Vous voyez là ce que j'étudie – le ciel et l'eau. Ne sont-ils pas magnifiques ? Je prends ici ma leçon nuit et jour ! »

L'atelier de Turner au bord de la Tamise,
vu par Leopold Martin

Un homme « hautement cérébral »

Présenté aujourd'hui à celui qui est sans nul doute le plus grand homme de ce temps ; le plus grand par tous les pouvoirs de l'imagination et toutes les ressources de la science dramatique ; à la fois le peintre et le poète de notre époque, J. M. W. Turner. Tout le monde me l'avait décrit comme grossier, rustre, vulgaire, le contraire d'un intellectuel. Je savais qu'il ne pouvait en être ainsi. J'ai découvert un homme de qualité à la tournure d'esprit bien anglaise, quelque peu excentrique, aux manières déliées, terre à terre : un homme à l'évidence accommodant, à l'évidence acariâtre, qui a en horreur les fumisteries en tout genre, un homme fin, peut-être un peu égoïste, hautement cérébral, qui ne déploie pas ses facultés mentales pour en tirer jouissance ou en faire étalage, mais de manière fulgurante, au détour d'une phrase ou l'espace d'un regard.

John Ruskin, in *Praeterita*

« Comme une poule en furie »

Nous ouvrit la porte une vieille sorcière à l'égard de qui on ne savait trop quel sentiment l'emportait, de la terreur ou de la pitié [...]. Elle nous introduisit dans une salle à manger dont chaque mur et chaque meuble portaient les marques du dénuement et de la médiocrité. Puis elle nous conduisit en haut dans la galerie, une belle pièce – certainement l'une des plus belles du genre à Londres, mais délabrée, tout comme les tableaux de l'artiste qu'elle abritait. La vaste toile intitulée *Grandeur de Carthage* était toute chancie et écaillée ; à propos d'une autre, qui montrait les éléments déchaînés, je dis imprudemment : « La Fin du monde, monsieur Turner ? – Non, Madame, Hannibal traversant les Alpes. » Sa *Bataille de Trafalgar*, excellente, la disposition des figures apparemment improvisée. Puis il dévoila quelques créations incomparables, fraîches et humectées de rosée comme des perles juste serties – les couleurs en elles-mêmes bienfaisantes à l'œil, indépendamment du sujet. *Le Téméraire*, grandiose effet de soleil couchant. Le vieux monsieur était très en verve : son splendide tableau du Walhalla avait été envoyé à Munich, où il fut tourné en ridicule, comme l'on pouvait s'y attendre, avant de lui être retourné contre sept livres à acquitter et parsemé de taches : sur celles-ci, Turner passa son pouce bizarrement déformé de façon pathétique. M. Munro suggéra qu'on les effaçât et je proposai mon mouchoir en baptiste ; mais le vieil homme s'écarta de nous et se planta devant sa toile comme une poule en furie.

Élisabeth Rigby,
peintre et critique d'art,
en visite chez Turner, Queen Ann Street

Au chaos originel

Nous faisons référence ici en particulier à Turner, le plus doué des paysagistes vivants, dont les tableaux, cependant, s'apparentent trop à des abstractions fondées sur la perspective aérienne et à des représentations non pas tant des objets de la nature que de l'atmosphère entourant leur perception… Ils ont pour sujet les éléments que sont l'air, la terre et l'eau. L'artiste se plaît à remonter au chaos originel ou à cette phase où, quoique les eaux fussent séparées de la terre ferme, et la lumière des ténèbres, aucune créature vivante ni arbre portant des fruits n'était visible à la surface de la terre. Tout [dans son œuvre] est dépourvu de forme et de substance. Quelqu'un a pu dire de ses paysages qu'ils « ne figuraient rien, et ce très fidèlement ».

Hazlitt, in *The Examiner*, 1816

« Étonnés, furieux ou charmés »

Vous aurez eu vent de la visite de M. Turner à Rome ; il y a travaillé littéralement nuit et jour, a ébauché huit ou dix tableaux, et en a achevé et exposé trois, le tout en deux semaines environ, ou un peu davantage. Plus de mille personnes sont allées voir ces toiles lors de leur présentation au public, et vous pouvez imaginer combien les artistes se réclamant de différentes écoles ont été étonnés, furieux ou charmés à la vue d'œuvres où s'affirmaient des méthodes si nouvelles, si audacieuses, et des mérites si indiscutables. Ce sont les critiques courroucés qui se sont le plus exprimés, et il est possible que l'on vous parle d'une sévérité de jugement générale, mais beaucoup se sont montrés justes, et plus nombreux encore furent ceux qui ont admiré sans barguigner ce que de leur propre aveu ils n'oseraient imiter.

Charles Eastlake, lettre à un ami

Extraits de Alexander Joseph Finberg,
The Life of J.M.W. Turner RA,
Oxford, Clarendon Press, 2e éd., 1961,
trad. Jean-Paul Harris

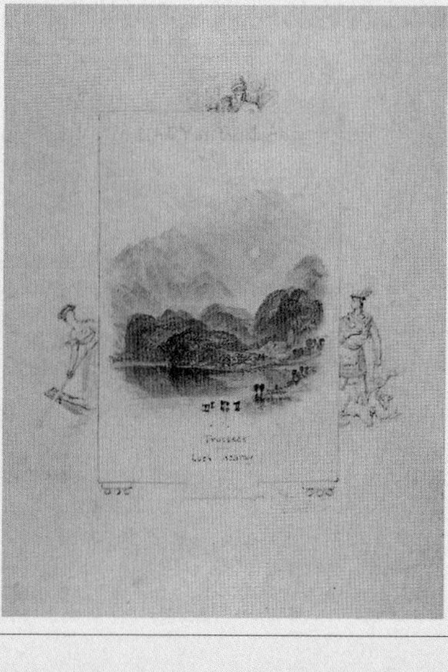

Ruskin ou Turner scruté et magnifié

John Ruskin, enfant prodige et homme au savoir universel, a consacré plusieurs milliers de pages à l'art de Turner. Dans les cinq volumes des Modern Painters, publiés entre 1842 et 1860, *et quelques autres ouvrages, il décrit et analyse l'œuvre de l'artiste avec une passion qui n'a d'égale qu'une minutieuse et savante attention. Alors qu'il porte au pinacle les qualités de Turner, il n'hésite pas, contre toute tradition, à rejeter comme médiocres certains des grands maîtres du passé. La précision et la justesse de ses analyses sont confondantes.*

« La traduction des couleurs chez Turner »

Il est vrai qu'il y a, ici ou là, dans les tableaux de l'Academy, des passages dans lesquels Turner a traduit, parce qu'elle était hors d'atteinte, l'intensité d'un ton d'une couleur, par le ton accessible d'une couleur plus haute : il traduit par exemple le vert doré d'un intense soleil sur la verdure par un jaune pur, parce qu'il sait qu'il est impossible, quel que soit le mélange de bleus qu'on utilise, de reproduire fidèlement son intensité lumineuse relative ; et Turner est toujours déterminé à obtenir la justesse de l'ombre et de la lumière, quoi qu'il lui en coûte du point de vue de la couleur. Mais il n'agit ainsi que dans de rares cas et même, alors, en se limitant à de petits morceaux du tableau ; et ceux qui le critiquent me feraient plaisir s'ils voulaient bien se rendre sur un coteau vert et moussu, dans la chaleur d'un plein soleil d'été, et essayer de rendre sa tonalité de façon approchante, et quand ils auront découvert, comme cela ne peut manquer de se produire, que le jaune cobalt ou le jaune de chrome paraissent sombres par comparaison, qu'ils disent en toute franchise ce qui se rapproche le plus de la vérité, l'or de Turner ou ces couleurs endeuillées et sales que sont le brun olivâtre et le vert-de-gris dans lesquels Claude traîne, avec l'industrie et l'intelligence d'un peintre de porcelaine de Sèvres, ses ronces laborieuses sur son premier plan infantile.

« La base grise de toutes ses teintes vives »

Dans toutes ses œuvres, Turner applique le même principe de délicatesse et de retenue de la couleur, en y apportant un soin et y prenant une peine dont il est difficile de se former une idée. Il marque d'un trait de blanc pur son point le plus lumineux : mais tous les autres blancs sont perlés de gris ou d'or, ce qui les atténue. Il donne un pli cramoisi pur au drapé de son personnage le plus proche, mais tous ses autres cramoisis seront renforcés par du noir ou réchauffés par du jaune. Sur un reflet profond de la mer qu'il a dessinée dans le lointain, nous apercevons la trace du bleu le plus pur mais tout le reste palpite dans une harmonie de teintes à la progression variée et délicate, qui paraît effectivement bleu vif globalement, mais cela seulement par contraste. Ce qui est le plus difficile, ce qui arrive le moins souvent, c'est de trouver dans ses tableaux un morceau donné, si petit soit-il, dont la couleur soit sans lien avec le reste : c'est-à-dire soit un bleu qui n'ait rien qui le relie avec les tons chauds, soit une couleur chaude qui n'ait rien qui la relie avec les gris de l'ensemble. Cela a pour résultat qu'il y a un système général de gris qui traverse, comme un courant souterrain, l'ensemble de ses couleurs, et sur le fond duquel les points les plus lumineux et ces touches locales de couleurs de couleur pure qui sont, comme je le disais auparavant, les notes dominantes du tableau, resplendissent avec la vivacité et l'intensité particulières qui n'appartiennent qu'à lui seul.

« Son aversion pour le pourpre, et son goût pour l'opposition du jaune et du noir. Principes de la nature à cet égard »

Je souhaiterais que ce que je vais maintenant dire de la couleur de Turner soit reçu avec circonspection, car c'est une chose sujette à discussion. Je crois que le signe ordinaire que la couleur devient vicieuse est, chez tous les maîtres, la prédominance du pourpre, et l'absence du jaune. Je crois que la nature mêle de jaune presque toutes ses teintes, qu'elle ne se sert jamais ou très rarement de rouge sans jaune, alors qu'il lui arrive fréquemment d'utiliser du jaune sans presque une trace de rouge ; et ma conviction est que l'on s'apercevra en conséquence que son opposition préférée, celle qui caractérise sa couleur d'une façon générale et qui lui donne sa tonalité, est celle du jaune et du noir, évoluant, en s'atténuant, vers le blanc et le bleu. Il est indiscutable que la grande opposition fondamentale de Rubens est celle du jaune et du noir, et que c'est d'elle et de ses modifications en divers gris que dépend le ton de ses meilleures œuvres. Et chez Titien, bien que sa tendance au pourpre soit plus forte que celle de Rubens, je suis convaincu qu'il n'y a jamais de rouge qui soit mélangé avec un bleu pur, ou passé en glacis sur lui, sans qu'il s'y mêle une certaine quantité de jaune qui le modifie. De toute façon, je suis presque certain que, quel que soit le nombre de pourpres riches et purs que les grands coloristes introduisent localement, il n'y a rien qui nuise autant à la beauté que la tendance, si légère soit-elle, à donner une tonalité d'ensemble pourpre ; et je suis certain également que Turner se distingue de tous les coloristes défectueux d'aujourd'hui par la base de noir, de jaune et de gris intermédiaires qu'il donne à tous ses tons, alors que la tendance de tous ces peintres ordinaires qui ne cherchent qu'à nous éblouir est de multiplier les pourpres purs, froids et impossibles. Tel est, en effet, le goût de Turner pour le noir et le jaune, qu'il nous a donné plus d'une composition, dessin et peinture, dont la base consiste en ces deux seules couleurs, parmi lesquelles le magnifique « Quilleboeuf » – que je considère comme une des choses les plus parfaites qui soient en matière de simplicité de la couleur – fournit un exemple particulièrement frappant ; et je pense que dans les tableaux où, comme c'est le cas de certaines des dernières vues de Venise, on voit apparaître de façon marquée les tons pourpres, tout corrigés qu'ils soient par de l'orangé vif et du vert chaud au premier plan, le coloris général n'est ni si parfait ni si véridique : ma sensibilité personnelle me dirigerait plutôt vers les gris chauds du « Snowstorm » ou vers l'écarlate rougeoyant et l'or du « Napoléon » et du « Slave Ship ». Mais je n'insiste pas davantage sur cette partie du sujet, qu'il sera peut-être plus convenable d'examiner plus tard, quand nous considérerons l'idéal de la couleur.

« Turner étudie les nuages de façon intense et constante »

Un maître et un seul s'est avisé de l'existence des régions supérieures du ciel que l'on négligeait ; c'est son domaine propre et préféré ; il a observé ses moindres modifications, et rendu le moindre de ses états et de ses traits : à toute heure, en toute saison, il a suivi ses passions et ses changements, et il a tiré des cieux et offert aux yeux du monde une nouvelle apocalypse.

Il n'y a pratiquement pas un tableau de Turner où, visant à la fois la sérénité du ciel et l'intensité de la lumière, il n'utilise pas ces nuages, bien qu'il n'y ait pas deux cas où il les utilise exactement de la même façon. Parfois ils sont agglutinés en masse de lumière entremêlée, comme dans le « Shylock », chaque partie, chaque atome conspirant à l'expression continue du mouvement lent que Shelley a décrit avec tant de beauté : « Sous la jeune aube grise / Une multitude de nuages blancs, laineux et denses, / Longeaient, troupeaux épais, le flanc de la montagne / Sous la houlette d'un vent rétif et lent. »

D'autres fois, ils se fondent au ciel lui-même, sensibles ici ou là, grâce seulement à un rayon de lumière qui les fait naître de l'ombre brumeuse, comme dans le « Mercury and Argus » ; parfois, quand il s'agit de produire un effet de grande immobilité, ils apparaissent sous la forme de quelques flocons séparés, égaux, ronds, qui semblent pendre sans bouger, chacun étant comme l'ombre de l'autre, dans le bleu profond du zénith, comme c'est le cas dans l'« Acro-Corinth » ; parfois ils sont éparpillés en fragments enflammés qui volent ici et là, chacun brûlant avec une force propre, comme dans le « Téméraire » ; parfois ils sont entrelacés de minces fils de ténèbres qui les relient entre eux et se fondent dans le bleu, comme dans le « Napoléon ». Mais dans tous ces cas, la facture magistrale et exquise de Turner donne à chaque atome de cette multitude son caractère et son expression propres. Bien qu'ils soient aussi innombrables que les feuilles, chacun a sa part de lumière, son ombre, sa lumière réfléchie, sa forme particulière qui l'individualise.

« La plus noble des œuvres de Turner : la représentation de la haute mer dans le "Slave Ship" »

Je crois que la plus noble marine jamais peinte par Turner et, dans ce cas, la plus noble certainement jamais produite par l'homme, est celle du « Slave Ship », principal tableau de l'Exposition de 1840. Il s'agit d'un coucher de soleil sur l'Atlantique après une longue tempête ; la tempête est partiellement retombée, et la cohorte déchirée des nuages de pluie va se perdre en files écarlates dans le creux de la nuit. L'ensemble de la surface de la mer incluse dans le tableau est divisé par une énorme houle en deux crêtes qui ne sont ni hautes ni ponctuelles mais qui, basses et larges, soulèvent tout l'océan comme un sein qui soupire profondément après la torture que la tempête lui a fait endurer. Entre ces deux crêtes, le feu du couchant tombe dans le creux de la houle, le colorant d'un éclat effroyable mais magnifique, d'une splendeur intense et sinistre semblable à des flammes d'or, à un bain de sang. Le long de cette voie, de cette vallée de feu, les vagues agitées qui divisent sans trêve la houle marine se soulèvent en prenant des formes sombres, incertaines, fantasques, chacune projetant derrière elle une ombre pâle et lugubre, sur l'écume illuminée. Elles ne se dressent pas partout mais là où la force sous-marine de la houle les y contraint ou le leur permet, par groupes de trois ou quatre, sans frein, impulsives et furieuses, laissant entre elles des espaces traîtres d'eau étale et tourbillonnante, tantôt éclairés par un feu vert comme s'ils étaient éclairés par une lampe, tantôt réfléchissant l'or du soleil qui descend, tantôt colorés d'en haut par les images invisibles des nuages embrasés qui tombent sur eux en flocons cramoisis et écarlates et ajoutent aux mouvements des vagues déchaînées celui de leur propre vol de feu. Pourpres et bleues, les ombres sinistres des rouleaux creux se projettent contre la brume nocturne qui, froide et rasant la mer, se rassemble et s'avance comme son ombre sur le bateau coupable qui peine au milieu des éclairs de la mer, sa fine mâture inscrite contre le ciel en lignes de sang, revêtu de sa condamnation par la teinte effrayante qui paraphe le ciel d'horreur et qui mêle au soleil son déluge de feu et qui, s'étendant loin sur le soulèvement désolé des vagues sépulcrales, recouvre d'incarnat la mer innombrable.

« Son rang initial et ses progrès »

Son esprit n'a cessé de façon marquée et constante de progresser ; il ne fut pas, comme ce fut le cas pour un petit nombre, un artiste sans enfance ; ses études furent caractérisées par un progrès aussi évident que rapide ; et aux différentes étapes de la bataille il a pu viser ou manquer, tel ou tel ordre de vérité. Mais du début de sa carrière jusqu'à son sommet, il n'a jamais sacrifié à une vérité supérieure une vérité inférieure. A mesure qu'il avançait, le savoir ou l'acquis antérieur étaient absorbés dans ce qui suivait, et cela jamais sans gain ; ses dernières œuvres présentèrent la somme et la perfection de ses connaissances accumulées, livrées avec l'impatience et la passion de quelqu'un qui sent trop, qui sait trop et qui pour le dire dispose de trop peu de temps pour s'arrêter à chercher une expression, ou à peser ses syllabes.

Statut de ses dernières œuvres

Elles avaient le mystère, mais aussi la vérité, de la prophétie ; le langage instinctif et brûlant qui exprimerait moins de choses s'il en disait davantage, et qui n'est indistinct qu'à cause de sa plénitude, et n'est obscur qu'à cause de l'abondance de son sens. Il ressentait alors, avec la vivacité et l'acuité d'une sensibilité soumise à un long entraînement, et avec trop d'amertume, l'impuissance de la main et la vanité de la couleur à saisir une seule ombre ou une seule image de la gloire que Dieu lui avait révélée.

John Ruskin, *Sur Turner*,
textes traduits et présentés
par Philipe Blanchard, Paris,
Jean-Cyrille Godefroy, 1983

Les jugements du Continent

À peine Turner est-il mort que les artistes et les critiques continentaux, tout particulièrement les Français, questionnent son œuvre. À Londres, la galerie qui lui est dédiée est un lieu où les peintres viennent étudier, admirer, « emporter » les enseignements du maître. Les impressionnistes, dont la manière est souvent comparée à celle de Turner, vont parfois se rebeller contre toute assimilation.

« Ce n'est pas fait pour les yeux de l'homme »

En 1857, le critique Thoré-Bürger visite l'exposition Turner organisée à Manchester. Il livre sa stupeur devant les tableaux de la dernière période.

[...] Aucun peintre n'a eu et n'a communiqué mieux que Turner l'impression du mélange universel des choses. C'est cette sorte de panthéisme poétique qui lui a fait faire ses chefs-d'œuvre, mais c'est aussi ce qui l'a précipité dans ses extravagances, faute de percevoir la diversité au sein du grand tout. Après avoir perdu l'homme dans les montagnes, le navire dans les mers, il a fini par perdre la terre et l'eau dans le ciel, l'univers dans un rayonnement de lumière. Son aboutissement fatal a été la confusion et le chaos…

Thoré-Bürger, *Trésors d'art exposés à Manchester*, Paris, Renouard, 1857

Six ans plus tard…

[...] Son idée était de peindre la lumière elle-même, indépendamment des objets sur lesquels elle rayonne, – est-ce une idée de peintre ? – et il y a presque réussi dans certains chefs-d'œuvre. […] À toujours contempler la lumière, on se pervertit la vue. Quand on a regardé fixement le globe du soleil et qu'on en détourne les yeux, on ne voit pendant un certain temps qu'un combat de rayons colorés qui s'entrecroisent, hachent les objets ambiants et les rendent imperceptibles. Turner avait presque toujours vécu dans cet éblouissement, qui, à la fin de sa carrière, devint chronique. Dans tous les tableaux qui suivent, on est effrayé de son affolement de couleur : *Apollon et Daphné*, *Regulus*, *Phryné*, *Agrippine*, *Bacchus et Ariane*, etc., rêves fantastiques, impossibles, décorations splendides où les objets n'ont plus de forme, où les arbres ressemblent à des jets de feux d'artifice, où les personnages deviennent grotesques à force d'incorrection.

[…] Après cela, illumination complète. Des fournaises où flamboient les fantômes, des toiles de trois mètres, plaquées de jaune et de blanc, pour simuler on ne devine pas quoi. C'est peut-être ainsi que les aigles planant dans l'éther voient l'espace. Mais ce n'est pas fait pour les yeux de l'homme.

Thoré-Bürger, in *Histoire des peintres de toutes les écoles…*, Paris, Renouard, 1863

Des œuvres entachées d'exagération

Lawrence, Turner, Reynolds, en général tous les grands artistes anglais, sont entachés d'exagération, particulièrement dans l'effet, qui empêche de les classer parmi les grands maîtres. Ces effets outrés, ces ciels sombres, ces contrastes d'ombre et de lumière, auxquels du reste ils ont été conduits par leur propre ciel nuageux et variable, mais qu'ils ont exagérés outre mesure, laissent parler, plus haut que leurs qualités, les défauts qu'ils tiennent de la mode et du parti pris. Ils ont des tableaux magnifiques, mais qui ne présenteront pas cette éternelle jeunesse des vrais chefs-d'œuvre, exempts, j'oserai dire tous, d'enflure et d'efforts.

Eugène Delacroix, le 8 février 1860,
in *Journal 1822-1863*,
éd. André Joubin,
Paris, Plon, 4e éd., 1996

« L'impressionnisme de Turner »

Quand, à la suite d'un voyage en Italie, il ouvrit enfin les yeux à la vérité, qu'il débarrassa sa palette des bitumes qui l'attristaient, qu'il ouvrit largement sa fenêtre et s'aperçut que la lumière qui baigne les objets au-dehors n'est pas la même que le jour qui tombe d'un lanterneau d'atelier ; quand il se mit joyeusement à peindre, avec des rutilances de couleur et des chatoiements de pâtes nacrées, les fulgurations de la mer baisée par le soleil, le rayonnement du matin dans les clartés pâles du ciel, et ce scintillement de joyaux dans des vapeurs opalines qui est Venise, alors on déclara Turner fou et on lui tourna le dos.

Si le mot impressionniste eût été inventé, on le lui eût lancé comme une injure, et à travers les années il eût traîné ce vocable à la suite de son nom. Mais ni le mot ni les petits journaux dont le métier est d'attacher de ces retentissantes casseroles n'existaient encore.

Aujourd'hui que l'épithète est devenue glorieuse, on peut l'accoler au nom de Joseph Mallord William Turner.

Singulières destinées qu'ont les mots ! Hier raillerie, aujourd'hui signe de ralliement, demain symbole de victoire.

[...] L'impressionnisme de Turner n'est pas niable. À partir du jour où il rompit délibérément avec les anciennes formules, il fit des phénomènes de la lumière l'étude constante et acharnée de sa vie. Il décomposa le prisme solaire, chercha à en exprimer sur la toile les effets magiques au moyen de la combinaison des tons simples qui le composent. Les brumes de gaze lamée d'or que l'aurore étend sur les eaux, les incendies allumés dans le ciel par le couchant, les plus subtiles dégradations de tons que provoquent la pluie, le brouillard, une tourmente de neige, la vapeur que dégage la mer sous les rayons du soleil, il en poursuivit obstinément l'expression exacte, et souvent il la fixa, avec un rare bonheur, en d'harmonieuses coulées de pâte.

Le récent procédé des impressionnistes français, de Claude Monet et de son école, la juxtaposition des tons simples qui produit, à distance, des vibrations d'une intensité prodigieuse, on le trouve en germe dans l'œuvre de Turner. Dans la plupart des tableaux qui datent de sa troisième manière, de sa manière définitive, le pourpre pur, le bleu d'outremer pur, le cadmium pur, sont audacieusement appliqués sur la toile, même aux arrière-plans. L'exemple le plus frappant s'en trouve dans le tableau catalogué, à la galerie nationale, sous le titre *Ulysse raillant Polypherne*, qui montre, dans un paysage fantastique de rochers percés de grottes et de cavernes baignant dans les eaux bleues de la mer, le héros grec, debout sur la proue d'un navire, défiant le géant qu'on devine vaguement, par-delà les monts, mêlé aux nuages que déchirent, comme des voiles, les rayons du soleil levant.

Il est facile de se convaincre, en examinant les nombreuses études inachevées que possède la collection, que tel était le procédé habituel du peintre, dissimulé fréquemment, il est vrai, au rebours des impressionnistes d'aujourd'hui, sous des pâtes superposées en des glacis.

Les Abords de Venise, *Les Obsèques en mer de sir Wilkie*, *Le Soleil de Venise prenant la mer*, *Apollon tuant le serpent Python*, *Le Golfe de Baïes*, *La Grotte de la reine Mabe*, *Le Dernier Voyage du Téméraire*, toute l'étonnante série de compositions, où le fantastique s'unit à la vérité d'impression – et jusqu'à la toile mi-allégorique, mi-réelle, que le peintre intitula : (nous citons de mémoire ; peut-être le titre n'est-il pas rigoureusement exact) *Pluie, soleil, vapeur*, où l'on voit un train du Great Western Railway lancé à toute vitesse sur un viaduc –, toutes ces œuvres, disons-nous, dérivent des mêmes principes et participent de procédés semblables.

Ce qui fait l'originalité de Turner, c'est que l'imagination et l'observation livrèrent constamment bataille dans son âme d'artiste ; de cette dualité naquit une œuvre mixte, qui ne réalise le vœu ni des idéalistes purs ni celui des amants de la vérité, mais qui n'en est pas moins très intéressante et dénote un tempérament de choix. On pourrait représenter Turner sous l'aspect d'un arbre fictif dont les racines plongeraient à la fois dans les terres fécondes de la réalité et dans le champ des légendes. Nourri de ces sucs différents, tourmenté par ces sèves contradictoires, il s'épanouit en feuillages bigarrés, inclinant ses branches sur les deux sols qu'il ombrage, sans qu'il soit possible de discerner auquel il appartient plus particulièrement.

De pareils plants, comme toutes les créations hybrides, ne se reproduisent pas. Turner n'a pas fait école. Son individualité [...] était absolument trop caractéristique. Il reste, dans l'histoire de l'art, un phénomène isolé et par là même exerce une attraction singulière autour de lui.

Émile Verhaeren, « L'impressionniste Turner », *L'Art moderne*, Bruxelles, 20 septembre 1885

« Nom de Dieu »

Une après midi passée devant les tableaux anglais de [l'industriel Camille] Groult. Il y a parmi ces toiles, un Turner [*Paysage avec une rivière et une baie au loin*] : un lac bleuâtre éthéré, aux contours indéfinis, un lac lointain, sous un coup de jour électrique, tout au bout de terrains fauves. Nom de Dieu, ça vous fait mépriser l'originalité de quelques uns de nos peintres originaux d'aujourd'hui.

Journal des Goncourt, 18 janvier 1890, Paris, 1895

« C'est de l'or en fusion »

J'étais en train de travailler, quand Groult a fait irruption chez moi, et, malgré ma résistance, m'a emmené chez lui, pour voir son Turner.

Eh bien, cette demi-journée perdue, je ne la regrette pas, car ce tableau est un des dix tableaux qui ont donné à mes yeux la grande joie, car ce Turner, c'est de l'or en fusion, avec dans cet or une dissolution de pourpre. Un tableau devant lequel est tombé en extase le peintre Moreau, qui ne connaissait pas même Turner de nom. Ah ! cette Salute, ce palais des doges, cette mer, ce ciel aux transparences roses d'une amalgatolithe : tout cela comme vu dans une apothéose de pierres précieuses ; et de la couleur par larmes, par coulées, par congélations, telles qu'on en voit sur les flancs des poteries de l'Extrême-Orient. Pour moi c'est un tableau qui a l'air peint par un Rembrandt, né dans l'Inde.

Et la beauté de ce tableau est faite de ce qui n'est prêché dans aucun bouquin théorique ; elle est faite de l'emportement, du tartouillage, de l'outrance de la cuisine, de cette cuisine, je le répète, qui est toute la peinture des grands peintres qui se nomment Rembrandt, Rubens, Vélasquez, le Tintoret.

Journal des Goncourt, 12 août 1891, *idem*

De l'analyse des ombres

Dans cette lettre à son fils, Camille Pissarro semble expliquer que l'art des impressionnistes doit davantage à l'art du XVIIIe siècle en général qu'à celui de Turner en particulier.

Ce Monsieur Dewhurst n'a rien compris au mouvement impressionniste. Il ne voit qu'un procédé d'exécution et il mélange les noms. [...] Il dit aussi qu'avant d'aller à Londres nous [Monet et moi] n'avions pas une idée de la lumière ; cependant nous avons des études qui montrent le contraire. Il supprime l'influence de Claude Lorrain, Corot, tout le XVIIIe siècle, Chardin surtout. Mais, ce dont il ne se doute pas, c'est que Turner, Constable, tout en nous servant, nous ont confirmé que ces peintres n'avaient pas compris l'analyse des ombres, qui, chez Turner, est toujours un parti pris d'effet, un trou.

Quant à la division des tons, Turner nous a confirmé sa valeur comme procédé, mais non comme justesse ou nature. Du reste, le XVIIIe siècle était notre tradition. Il me semble que Turner avait aussi regardé Claude Lorrain, et il me semble même qu'il y a un tableau de Turner, *Soleil couchant*, mis à côté d'un Claude. C'est typique... Qu'en dis-tu ? Il a un joli toupet, Monsieur Dewhurst.

Lettre de Pissarro à son fils, 8 mai 1902, in *Lettres de Camille Pissarro à son fils Lucien*, éd. John Rewald, Paris, Albin Michel, 1950

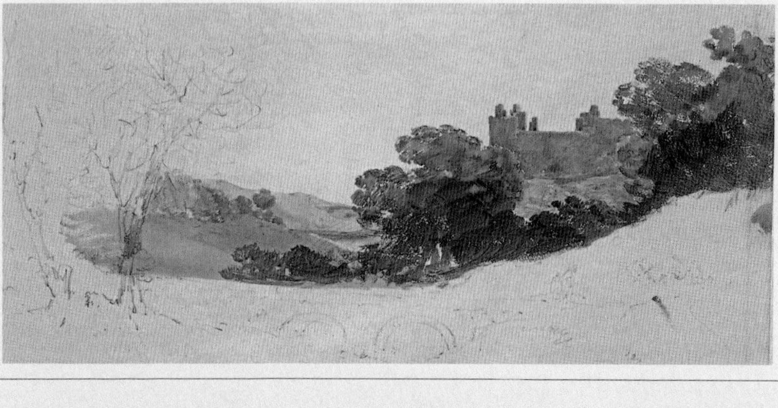

Au XXᵉ siècle, un autre Turner

Parmi toutes les relectures de l'œuvre de Turner, celles opérées à partir des années 1950 sont les plus radicales. Alors que triomphent les abstractions de Rothko ou Pollock, l'exposition qu'organise Lawrence Gowing en 1966 au Museum of Modern Art de New York est une révélation et un immense succès. Trois ans auparavant, Gowing avait esquissé sa pensée dans un article fameux. Il y insiste sur les qualités intrinsèques de la peinture plus que sur son aptitude à rendre le réel.

Nous sommes tous prêts à rendre hommage à Turner. On l'a proprement canonisé aux côtés de Monet (le Monet de la dernière période) en saint patron de la peinture abstraite contemporaine. Son importance, son prestige sont évidents – sans parler de la séduction exercée par cette figure qui s'enlève sur fond de XIXᵉ siècle, projetant vers l'avenir un rayonnement excentrique et pictural. Pourtant, que signifie vraiment Turner à nos yeux ? Combien de peintres, car tel est le meilleur critère, s'en sont-ils nourris depuis l'époque de ses tristes épigones ?

L'envergure de Turner, si elle en impose, est étrangement indéfinie. Il incarnait un genre à part de grand artiste, nébuleux et secret – genre singulier, il en avait conscience (Delacroix, étiqueté cette saison comme le dernier des grands maîtres et l'inventeur de l'espèce nouvelle, était le type même du grand peintre, étudié et répandu). Lorsqu'un certain M. Lenox, de New York, jugea fâcheusement indéfini le tableau de Turner qu'il venait d'acheter, le peintre émit pour toute réponse : « Dites-lui que l'indéfinissable est mon fort. »

Cent ans plus tard, et dans des termes assez voisins, Roger Fry reprochera à Turner de « ne pas communiquer d'expérience précise ». Une des raisons de notre goût pour Turner est l'aversion qu'eut pour lui la génération des postimpressionnistes. Contrairement à Fry lorsqu'il écrit sur Turner – auquel il ne reconnaît qu'un talent juvénile –, nous n'ambitionnons pas de nous affranchir à l'âge adulte adulte du rôle de « spectateur étonné des replis de notre esprit ». Mieux, l'idée que nous vivons dans un étonnement perpétuel nous est aujourd'hui assez chère, ce qui pourrait faire penser que l'heure est venue de regarder Turner. Je doute pourtant que ce soit le cas.

Il est vrai que Turner défie les deux approches traditionnelles. On peut essayer, comme on le fait naturellement avec la peinture du XIXᵉ siècle, de voir avec les yeux du peintre et de partager sa vision. Mais les donées dont nous disposons sont fantasques, incohérentes, et toute tentative de les ériger en système perceptif se révèle plus traumatisante que stimulante. Turner n'était pas un impressionniste – de quoi décevoir plus d'un amateur.

[…] Mais lorsqu'on essaie d'atteindre l'œuvre par la seconde approche et qu'on cherche, à défaut d'« impressions », à adhérer aux impulsions ponctuant la surface peinte ou à mesurer la valeur objective du noir, on n'est pas plus avancé. […] Un moyen d'échapper au dilemme est d'aborder l'art sur les pas de l'artiste, à travers l'histoire de son évolution et surtout à travers ses travaux préparatoires – esquisses et dessins.

[…] Même les œuvres peintes pour elles-mêmes sont plus ou moins révélatrices. On voit dans l'exposition une aquarelle, *L'Incendie du Parlement*, qui illustre un épisode capital de la vie de Turner : par une nuit d'octobre – l'artiste avait soixante ans –, les scènes d'incendie et de catastrophe qu'il ruminait en songe depuis des années se déroulèrent réellement en plein Londres. Mais ce qu'offre cette aquarelle, c'est une dramatisation de l'expérience vécue ; le témoignage premier est consigné dans un carnet renfermant neuf études en couleur de l'incendie, exécutées sur place. Elles devraient, dans l'idéal, accompagner – sinon remplacer – l'aquarelle exposée. Elles donnent, pour ainsi dire, la ligne chromatique de l'opéra, sans le décor ni les chœurs qui seront ajoutés à l'atelier. Les tableaux à l'huile conservés à Philadelphie et Cleveland présentent des degrés plus avancés de dramatisation.

Signe de l'importance de l'incendie de Westminster aux yeux de Turner, c'est l'une des très rares occasions où il travailla en couleur sur le motif ; dans sa hâte, les pages du carnet se détrempaient l'une l'autre. D'habitude, il faisait de mémoire ses études de couleur. Pendant ses voyages, il se contentait, le jour, de crayonner des croquis – canevas sur lesquels il poserait ultérieurement les couleurs qu'il avait en tête. Il se consacrait aux notations à l'aquarelle le soir, à l'étape. Sa mémoire était phénoménale, et pourtant il ne s'agissait peut-être pas de simples prouesses de la mémoire. Ce que fixent des aquarelles comme *Ehrenbreitstein*, *La Guidecca vue de la lagune* ou *La Baleine échouée* n'est pas tant l'impression laissée par un paysage qu'une potentialité du pigment […]. La relation à l'expérience vécue est fantaisiste, métaphorique : la facture est brutale, sommaire, d'une impatience et d'une rudesse presque puériles si on la compare à la touche détachée, philosophique, d'un J. R. Cozens traduisant et modulant la lumière du soir. Les formes flottent magnifiquement sur le papier comme dans l'espace ; les couleurs sont maintenues dans une vibrante tension, incandescentes *comme sous l'effet des lueurs du couchant*. Mais c'est le pigment, ou plutôt l'éventail du répertoire technique et son pouvoir d'évocation métaphorique (et non l'harmonieux paysage prétendument évoqué) qui sont si réels à nos yeux.

Une aquarelle comme *Ehrenbreitstein* illustre les propriétés intrinsèques que ce médium recèle pour un homme d'exception. Lorsque ces propriétés sont isolées par Turner – ou par Rothko –, elles ne répondent pas exactement à notre conception alternative des voies tantôt abstraites, tantôt figuratives de la peinture. Ce que Turner isole, ce dont il joue dans ces aquarelles, est la propriété évocatrice de la peinture en soi – et, avec elle, les aspects particuliers du paysage qui se prêtent à l'évocation. C'est cette propriété conjointe, tant de la peinture que du paysage, qu'il semble avoir, dans son style familier, nommée « praticabilité » […]. Voilà ce qu'étudient les aquarelles et qui forme la substance de son art.

Lawrence Gowing,
extrait de « Turner et les images du néant », in *Turner : peindre le rien*,
Paris, Macula, 1994

BIBLIOGRAPHIE SOMMAIRE

Catalogues raisonnés

- Alexander Joseph Finberg, *The National Gallery, A Complete Inventory of the Drawings of the Turner Bequest*, 2 vol., 1909.
- John Gage, éd., *The Collected Correspondence of J. M. W. Turner*, Oxford, Clarendon, 1980.
- Martin Butlin and Evelyn Joll, *The Paintings of J.M.W. Turner*, 2 vol., New Haven, Yale University Press, 1984.
- Luke Herrmann, *Turner Prints : The Engraved Work of J. M. W. Turner*, 1990.

Monographies et livres sur Turner

- John Ruskin, *Modern Painters*, 5 vol., Londres, Smith Elder and Co., 1873.
- Alexander Joseph Finberg, *The Life of J. M. W. Turner R. A.*, Oxford, Clarendon Press, 2e éd., 1961.
- Michael Kitson, *J. M. W. Turner*, New York, Barnes and Nobles,1964.
- Jack Lindsay, *J. M. W. Turner : His Life and Work, a Critical Biography*, New York, Graphic Society, 1966.
- Luke Herrmann, *Ruskin and Turner*, New York, Praeger, 1968.
- John Gage, *Colour in Turner : Poetry and Truth*, New York, Praeger, 1969.
- John Gage, *Rain, Steam and Speed*, Londres, The Penguin Press, 1972.
- Andrew Wilton, *J. M. W. Turner, vie et œuvre*, Fribourg, Office du Livre, 1979.
- John Gage, *J. M. W. Turner, "A Wonderful Range of Mind"*, New Haven, Yale University Press, 1987.
- Lawrence Gowing, *Turner, peindre le rien*, Paris, Macula, 1994.
- Evelyn Joll, Martin Butlin and Luke Herrmann, *The Oxford Companion to J. M. W. Turner*, Oxford, Oxford University Press, 2001.

Catalogues d'exposition

- Martin Butlin, *Turner, 1775-1851*, Londres, Tate Gallery Publications, 1975.
- Andrew Wilton, *Turner and the Sublime*, Toronto, New Haven, Londres, 1980.
- Jacqueline et Maurice Guillaud *et al*, *Turner en France*, Paris, Centre culturel du Marais, 1981.
- John Gage *et al*, *J. M. W. Turner*, Paris, RMN, 1983.
- Ian Warrell, *Through Switzerland with Turner*, Londres, Tate Gallery, 1995.
- Judy Egerton, *Turner, The Fighting Temeraire*, Londres, National Gallery, 1995.
- Cecilia Powell, *Turner in Germany*, Londres, Tate Gallery, 1995.
- Michael Lloyd, *Turner*, Canberra, National Gallery of Australia, 1996.
- Ian Warrell, *Turner et la Loire*, Paris, RMN, 1998.
- Ian Warrell, *Turner et la Seine*, Paris, Paris-musées/RMN, 1999.
- Ian Warrell, *Turner and Venice*, Londres, Tate Publishing 2003.

Internet

Le site de la Tate Britain http//www.tate.org.uk permet de consulter la quasi-totalité des peintures et des dessins de Turner, soit près de 32 300 œuvres (collections publiques et privées).

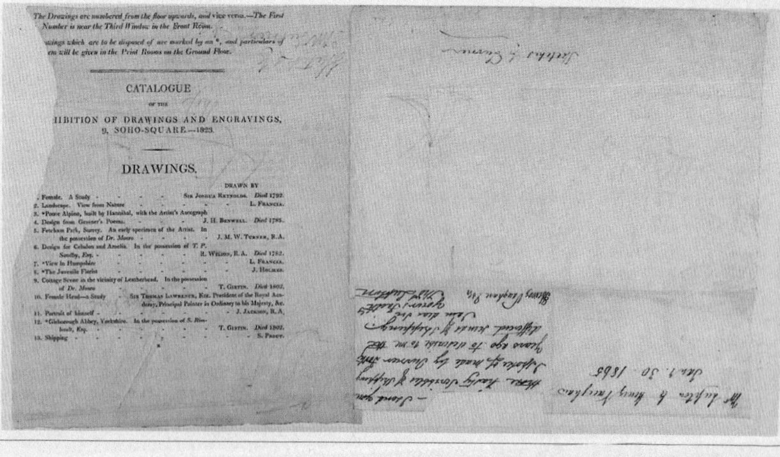

TABLE DES ILLUSTRATIONS

Les titres des peintures de Turner sont suivis du numéro du catalogue raisonné établi par Martin Butlin et Evelyn Joll indiqué entre parenthèses (BJ); ceux des grandes aquarelles sont suivis du numéro du catalogue raisonné établi par Andrew Wilton (W); ceux des autres œuvres sont suivis des numéros d'inventaire de la Tate Britain. Les mentions (RA) ou (BI) à la suite d'une date indiquent l'année où une œuvre a été présentée à la Royal Academy ou à la British Institution.

COUVERTURE

1er plat *L'Incendie des Chambres des lords et des communes, le 16 octobre 1834* (détail, BJ359), huile sur toile (h/t), 92,1 x 123,2 cm. Philadelphia Museum of Art, collection John Howard Mc Fadden, Philadelphie.
Dos Sir John Everett Millais, *J. M. W. Turner un jour du vernissage à la Royal Academy*, 1851, crayon et encre. Bequest of Kurt F. Pantzer, Indianapolis Museum of Art, Indiana.
2e plat Palette de J. M. W. Turner. Tate Britain (Tate), Londres.

OUVERTURE

1 *Venise, San Giorgio Maggiore, aube* (détail, D15254), *in* carnet *Côme et Venise*, 1819, aquarelle, 22 x 28,7 cm. Tate, Londres.
2-3 *Venise, le Grand Canal, avec San Simeone Piccolo, crépuscule* (D32124), *in* carnet *Venise*, 1840, aquarelle, gouache, crayon et encre, 21,9 x 32 cm. Tate, Londres.
4-5 *Venise, en descendant le Grand Canal en direction du Palazzo Corner della Ca' Grande et de Santa Maria della Salute* (D32122), *in* carnet *Venise*, 1840, crayon et aquarelle, 22,1 x 32,5 cm. Tate, Londres.
6-7 *Venise, coucher de soleil sur Santa Maria della Salute et la Dogana* (D32130), *in* carnet *Venise*, vers 1840, aquarelle, 22,1 x 32,1 cm. Tate, Londres.
8-9 *Venise au lever du jour vue de l'hôtel Europa* (D35949), 1840, aquarelle, 19,8 x 28 cm. Tate, Londres.
11 William Parrott, *J. M. W. Turner à la Royal Academy, jour de vernissage*, vers 1846, h/t. Sheffield City Art Gallery, Ruskin Collection, Sheffield.

CHAPITRE 1

12 *Autoportrait*, vers 1799, h/t, 74,3 x 58,4 cm. Tate, Londres.
13 Remise de diplôme de la Royal Academy à J. M. W. Turner, *Royal Academy Council Minutes* (vol. III), le 31 décembre 1799. Royal Academy of Arts (RA), Londres.
14 *Portrait présumé de la mère de Turner* (D00310), *in* carnet *Marford Mill*, vers 1793, crayon, 15,1 x 10,1 cm. Tate, Londres.
14-15 Registre de baptême de l'église Saint-Paul à Covent Garden à la date du 14 mai 1775. City of Wesminster City Archives Center, Londres.
15 John Collet, *La Place de Covent Garden et son marché*, vers 1775, h/t. Museum of London, Londres.
16h *Autoportrait* (W11), vers 1790, aquarelle, 9,5 x 7 cm. National Portrait Gallery (NPG), Londres.
16m *Étude de l'Antinoüs du Belvédère* (D00064), vers 1793, craie et gouache, 40,3 x 21,5 cm. Tate, Londres.
16b *Une rue de Margate, avec vue sur le port* (W2), 1784 (?), plume, encre noire et aquarelle, 27 x 40,7 cm. Coll. part.
17 Edward Francis Burney, *Classe de dessin d'après l'antique à Somerset House*, vers 1779, crayon et lavis, 33,7 x 48,9 cm. RA, Londres.
18 *Vue de la rivière Avon de la Cook's Folly* (D00107), *in* carnet *Bristol et Malmesbury*, 1791, aquarelle, 18,2 x 26,3 cm. Tate, Londres.
18-19 *Palais de l'archevêque, Lambeth* (W10), 1790 (RA), aquarelle, 26,7 x 38,1 cm. Gift in memory of Dr and Mrs Hugo O. Pantzer, Indianapolis Museum of Art, Indiana.
19 Page de titre du catalogue de l'exposition annuelle de la Royal Academy of Arts, 1790. RA, Londres.
20h Thomas Monro, *J. M. W. Turner à sa table de dessin*, vers 1795, crayon. Bequest of Kurt F. Pantzer, Indianapolis Museum of Art, Indiana.
20b Boîte d'aquarelle commercialisée par T. Reeves & Son entre 1766 et 1783. Coll. part.
21 *Le Parc des Cascine à Florence* (D36525), J. M. W. Turner et Thomas Girtin, vers 1795-1797, crayon et aquarelle, 28,2 x 20,9 cm. Tate, Londres.
22-23 Alexander Cozens, dessins in *A New Method of Assisting the Invention in Drawing Original Compositions of Landscape*, aquatinte et eau-forte, J. Dixwell, London, [1785]. Coll. part.
22b Page de titre de l'ouvrage *Observations Relative Chiefly to Picturesque Beauty, Made in the Year 1772, on Several Parts of England*, de William Gilpin, R. Blamire, Londres, 1786. BnF, Paris.
24 *Saint Érasme dans la chapelle de l'évêque Islip* (W138), 1796 (RA), crayon

et aquarelle, 54, 6 x 39,8 cm. British Museum, Londres.
25h *Paysage de soleil couchant* (D01139 et D01140), *in* carnet *Wilson*, vers 1796-1797, aquarelle, crayon et gouache, 22,6 x 18,6 cm. Tate, Londres.
25b Couverture du carnet *Wilson*, vers 1796-1797. Tate, Londres.
26h John Glover, *Le Château de Conway*, vers 1796, aquarelle, 17,8 x 26,4 cm. Bequest of Mrs Catherine Childs Paterson, 1952, Victoria and Albert Museum, Londres.
26b *Le Château de Caernarvon* (W254), 1799 (RA), aquarelle et crayon, 57 x 82,5 cm. Coll. part.
27 Claude Lorrain, *Port de mer avec l'embarquement de la reine de Saba*, 1648, h/t, 149,1 x 196,7 cm. National Gallery (NG), Londres.
28h Claude Lorrain, *Le Château enchanté*, 1664, h/t, 87 x 151 cm. NG, Londres.
28b *Isleworth* (D08163), in *Liber studiorum* (1807-1819), vers 1810-1815, lavis d'encre, crayon, encre et aquarelle sur papier, 20,8 x 28,9 cm. Tate, Londres.
29 *Frontispice* (D08150), in *Liber studiorum* (1807-1819), vers 1810-1811, eau-forte et aquarelle, 29,9 x 38,4 cm. Tate, Londres.
30h Willem van de Velde le Jeune, *Approche d'un coup de vent*, 1672 (?), h/t. Toledo Museum of Arts, Ohio.
30b *Pêcheurs en mer* ou *La Marine Cholmeley* (BJ1), 1796 (RA), h/t, 91,4 x 122, 2 cm. Tate, Londres.
31 *Bateaux hollandais dans la tempête : pêcheurs essayant de ramener le poisson à bord* ou *La Marine Bridgewater* (BJ14), 1801 (RA), h/t, 162,5 x 222 cm. Coll. part.
32 *Le Château de Dolbadarn* (BJ12), 1800 (RA), h/t, 119,4 x 90,2 cm. RA, Londres.
33h Étude de couleur pour *Le Château de Dolbadarn* (D04166), vers 1798-1799, crayon et aquarelle, 68 x 98,5 cm. Tate, Londres.
33b Étude pour *Le Château de Dolbadarn* (D04125), vers 1799-1802, encre et crayon, 21,5 x 13,8 cm. Tate, Londres.
34 *La Cinquième Plaie d'Égypte* (BJ13), 1800 (RA), h/t, 124,4 x 183 cm. Gift in memory of Evan F. Lilly, Indianapolis Museum of Art, Indiana.
35h George Dance RA, *Portrait de J. M. W. Turner, RA*, 31 mars 1800, crayon et craie. RA, Londres.
35b Signature de J. M. W. Turner RA. Archives de la Royal Academy.

CHAPITRE 2

36 *Le "Ville-d'Utrecht", 64, prenant la mer (Helvoetsluys)* (détail, BJ345), 1832 (RA), h/t, 91,4 x 122 cm. Tokyo Fuji Art Museum, Tokyo.
37 *Le Salon de Farnley* (W592), 1818, gouache sur papier gris, 31,5 x 41,2 cm. Coll. part.
38h J. Hoppner, *Portrait de William Beckford*, vers 1790, h/t. Salford Museum & Art Gallery, Salford.
38b Fac-similé d'une lettre de J. M. W. Turner à sir John Fleming Leicester, 12 décembre 1810. Tabley House, University of Manchester.
39 *Vue de l'est de l'abbaye gothique à Fonthill* (W338), 1800 (RA), aquarelle, 68,5 x 103,5 cm. The National Gallery of Scotland, Édimbourg.
40 *Petworth dans le Sussex, rosée du matin* (BJ113), 1810 (RA), h/t, 91,5 x 120,5 cm. Petworth House, Sussex.
41 Thomas Phillips RA, *Portrait posthume du comte d'Egremont*, vers 1839, h/t. Petworth House, Sussex.
42h *Petworth, scéance de musique dans la bibliothèque blanche* (D22699), 1827, gouache et aquarelle, 14 x 19 cm. Tate, Londres.
42b *Petworth, les joueurs de billard* (D22778), 1827, gouache et aquarelle, 14,1 x 19,1 cm. Tate, Londres.
43h *Petworth, la bibliothèque blanche* (D22678), 1827, aquarelle, gouache, crayon et encre, 14,3 x 19,3 cm. Tate, Londres.
43b *Petworth, deux artistes dans l'ancienne bibliothèque* ou *L'Artiste et l'Amateur* (D22765), 1827, gouache et aquarelle, 14 x 19,1 cm. Tate, Londres.
44h *Héron serrant un poisson dans son bec*, vers 1815-1820, aquarelle, 24,9 x 28,9 cm. Farnley Hall, Yorkshire.
44b *L'Escalier de chêne à Farnley* (W594), vers 1818, gouache sur papier gris, 31,8 x 41 cm. Coll. part.
45 John Robert Wildman, *J. M. W. Turner et Walter Fawkes à Farnley*, vers 1820-1824, h/t. Yale Center for British Art, Paul Mellon Collection, Yale.
46-47 *Mortlake Terrace, résidence de William Moffatt. Un soir d'été* (BJ239), 1827 (RA), h/t, 92,1 x 122,2 cm. National Gallery of Art, collection Andrew W. Mellon, Washington DC.
48-49 *Dort, ou Dordrecht* (BJ137), 1818 (RA), h/t, 157,5 x 233,7 cm. Yale Center for British Art, Paul Mellon Collection, Yale.
50 Publicité annonçant l'exposition annuelle de la Royal Academy à Somerset Place, vers 1800-1810 in *Royal*

Academy Critiques (vol. III). RA, Londres.
50-51 *Salle d'exposition à Somerset House*, in *The Microcosm of London* (1808), de Thomas Rowlandson et Augustus Pugin, aquatinte. Bibliothèque des arts décoratifs, Paris.
52 John Constable, *L'Inauguration du pont de Waterloo, 18 juin 1817*, 1832 (RA), h/t, 130,8 x 218 cm. Tate, Londres.
53 *Le "Ville-d'Utrecht", 64, prenant la mer (Helvoetsluys)* (BJ345), 1832 (RA), h/t, 91,4 x 122 cm. Tokyo Fuji Art Museum, Tokyo.
54 *La Fenêtre de Dürer* (D07360), *in* carnet *Perspective*, vers 1809, crayon et encre, 8,8 x 11,5 cm. Tate, Londres.
54-55 *Étude de reflets dans des globes de métal* (D17147), vers 1810, huile et crayon sur papier, 64 x 96,8 cm. Tate, Londres.
55 Thomas Cooley, *J. M. W. Turner et Henry Fuseli, professeurs à la Royal Academy*, vers 1812, crayon. NPG, Londres.
56 John Linnell, *Portrait d'étude du père de J. M. W. Turner et croquis des yeux de J. M. W. Turner*, vers 1812, crayon. Tate, Londres.
56-57 George Jones, *Intérieur de la galerie de J. M. W. Turner*, vers 1852, huile sur carton. Ashmolean Museum, Oxford.
57 Autographe de J. M. W. Turner annonçant une exposition à sa galerie, du 9 mai au 20 juin 1814. British Library, Londres.
58h Page de titre de *A Complete Edition of the Poets of Great Britain* (vol. IX), de Robert Anderson, John & Arthur Arch, Londres, 1795 (exemplaire de Turner). Coll. part.
58b *La Supplique de l'écrivain pauvre* (BJ100), 1809 (RA), huile sur bois, 55,2 x 79,1 cm. Tate, Londres.
59 Notice de *The Garreteer's Petition* (*La Supplique de l'écrivain pauvre*), *in* catalogue de l'exposition de la Royal Academy de 1809. RA, Londres.

CHAPITRE 3

60 *Le Grand Canal à Venise* (BJ368), 1837 (RA), h/t, 148 x 110,5 cm. Courtesy of the Huntington Library, Art Collections And Botanical Gardens, San Marino, California.
61 Page de titre de l'exemplaire annoté par Turner du *Manuel du voyageur,* ou *The Traveller's Pocket Companion in English and German*, de Madame de Genlis, Samuel Leigh, Londres, 1829. Coll. part.
62 *Messieurs les voyageurs à leur retour d'Italie (par la diligence) pris dans une tempête de neige sur le mont Tarrar, 22 janvier 1829* (W405), 1829 (RA), aquarelle et gouache, 54,5 x 74,7 cm. Trustees of the British Museum (R.W. Lloyd Bequest), Londres.
63 Boîte d'aquarelles de voyage fabriquée par J. M. W. Turner à partir d'un almanach et utilisée à partir de 1814. Coll. part. (en prêt à la Tate Gallery, Londres).
64h *Le Château de Tantallon* (W1067), 1821, aquarelle et gouache, 17,4 x 25,7 cm. Manchester City Galleries, Manchester.
64b G. Cooke, *Le Château d'Édimbourg*, gravure d'après Turner, page de titre de *Provincial Antiquities and Picturesque Scenery of Scotland* de Walter Scott, 1826. Tate, Londres.
65 W. B. Cooke, *Le Château de Tantallon*, gravure d'après J. M. W. Turner, 1834. Tate, Londres.
66 John Thomas Smith, *J. M. W. Turner dans la salle des Estampes du British Museum*, vers 1829, aquarelle, 22,2 x 18,2 cm. British Museum, Londres.
67h Francis Holl, *Portrait de John Ruskin*, gravure d'après George Richmond, XIXe siècle. Coll. part.
67b Page de titre de la première édition de *Modern Painters*, de John Ruskin, Smith, Elder & Co., Londres, 1843. Coll. part.
68 *Le Pont du Diable, près d'Andermatt, col de Saint-Gothard* (D04626), 1802, crayon, aquarelle et gouache, 47,1 x 31,8 cm. Tate, Londres.
69h *Avalanche dans les Grisons* ou *Chalet détruit par une avalanche* (BJ109), 1810 (Turner Gallery), h/t, 90,2 x 120 cm. Tate, Londres.
69b Jacques Philippe de Loutherbourg, *L'Avalanche*, 1803, h/t, 109,9 x 160 cm. Tate Gallery, Londres.
70 *Tempête de neige : l'armée d'Hannibal franchissant les Alpes* (BJ126), 1812 (RA), h/t, 146 x 237,5 cm. Tate, Londres.
71 *Idem* (détail).
72-73 *Le Rigi rouge* (W1525), 1842, aquarelle, 30,5 x 45,8 cm. National Gallery of Victoria, Melbourne.
74h Notes de J. M. W. Turner (D13859), *in* carnet *Route de Rome*, 1819, crayon et encre, 8,7 x 11,7 cm. Tate, Londres.
74b *Le Colisée* (D16398), *in* carnet *Petites études romaines en couleurs*, 1819, crayon et aquarelle, 13,3 x 25,5 cm. Tate, Londres.
75 Douze croquis d'après *Select Views in Italy* (D13966), *in* carnet *Guide de l'Italie*, 1819, crayon, 15,5 x 9,9 cm. Tate, Londres.
76 *Rome vue du Vatican. Raphaël, accompagné de la Fornarina, prépare ses tableaux pour la*

decoration de la Loggia (BJ228), 1820 (RA), h/t, 177,2 x 335,3 cm. Tate, Londres.
76-77 *Le Pèlerinage de Childe Harold, Italie* (BJ342), 1832 (RA), h/t, 142,2 x 248,3 cm. Tate, Londres.
78-79 *Le Bacino vers l'Est avec des études de ciel* (D14527), in carnet *De Venise à Ancône*, 1819, crayon, 11,1 x 18,4 cm. Tate, Londres.
79 Couverture du carnet *De Milan à Venise* (D40890), 1819, 11,2 x 18,5 cm. Tate, Londres.
80h Anonyme, *Vue de Venise*, vers 1860, photographie. Château-Musée, Nemours.
80b *Venise, le campanile de Saint-Marc avec les pilastres Acritani, vu depuis la Porta della Carta* (D32204), vers 1840, aquarelle, gouache et crayon, 28,2 x 19,1 cm. Tate, Londres.
81 *La Chambre de J. M. W. Turner au Palazzo Giustinian (hôtel Europa)* (D32219), vers 1840, aquarelle et gouache, 23 x 30,2 cm. Tate, Londres.
82-83 *Le Palais des Doges, la Douane et une partie de San Giorgio, Venise* (BJ390), 1841 (RA), h/t, 63,5 x 93 cm. Allen Memorial Art Museum, Oberlin, Ohio.
84-85 *Venise, Maria della Salute* (BJ411), 1844 (RA), h/t, 61,3 x 92,1 cm. Tate, Londres.
86 *Vue sur la Seine entre Mantes et Vernon (Bonnières)* (D24679), pour *Turner's Annual Tour : The Seine 1835*, vers 1833, gouache et aquarelle, 14,3 x 19,4 cm. Tate, Londres.
87 *Saint-Denis* (D24686), pour *Turner's Annual Tour : The Seine 1835*, vers 1833, gouache et aquarelle, 14 x 19,2 cm. Tate, Londres.
88-89 Page de titre de *Wanderings by the Loire*, de Leitch Ritchie, illustré de gravures d'après des dessins de J. M. W. Turner, Londres, 1833. Bibliothèque du musée du Louvre, Paris.
88b *Château de Nantes* (W930), aquarelle, gouache, vers 1829-1830, crayon et encre, 18,6 x 13,4 cm. Ashmolean Museum, Oxford.
89b J. T. Willmore, *Saumur*, gravure d'après J. M. W. Turner, in *Wanderings by the Loire*, Londres, 1833. Bibliothèque du musée du Louvre, Paris.
90 *Vue éloignée de Coblenz et d'Ehrenbreitstein* (D20261), vers 1839, gouache et aquarelle, 13,9 x 19 cm. Tate, Londres.
90-91 *L'Inauguration du Walhalla en 1842* (BJ401), 1843 (RA), huile sur panneau d'acajou, 112,7 x 200,7 cm. Tate, Londres.

CHAPITRE 4

92 *Négriers jetant par-dessus bord les morts et les mourants* ou *Le Négrier* (détail, BJ385), 1840 (RA), h/t, 91 x 138 cm. Henry Lillie Pierce Fund, Museum of Fine Arts, Boston
93 Richard Doyle, *J. M. W. Turner peignant un tableau*, caricature in *The Almanak of the Month*, 1846. NPG, Londres.
94 *L'Incendie du Parlement, le 16 octobre 1834* (D36235), vers 1834-1835, aquarelle et gouache, 30,2 x 44,4 cm. British Museum, Londres.
94-95 Extrait du journal *The Morning Chronicle*, 17 octobre 1834, relatant l'incendie du Parlement. British Library, Londres.
95h *L'Incendie du Parlement, le 16 octobre 1834* (D27846), *in* carnet *L'Incendie du Parlement (I)*, 1834, aquarelle, 23,3 x 32,5 cm. Tate, Londres.
95b *L'Incendie du Parlement, le 16 octobre 1834* (D27852), *idem.* Tate, Londres.
96 *L'Incendie des Chambres des lords et des communes, le 16 octobre 1834* (BJ359), 1835 (BI), h/t, 92,1 x 123,2 cm. Philadelphia Museum of Art, collection John Howard Mc Fadden, Philadelphie.
97 Charles West Cope, *Portrait de J. M. W. Turner*, vers 1828, huile sur papier carton. NPG, Londres.
98-99 *L'Incendie des Chambres des lords et des communes, le 16 octobre 1834* (BJ364), 1835 (RA), h/t, 92,5 x 123 cm. The Cleveland Museum of Art, Ohio. Bequest of John L. Severance.
100 *Négriers jetant par-dessus bord les morts et les mourants* ou *Le Négrier* (BJ385), 1840 (RA), h/t, 91 x 138 cm. Henry Lillie Pierce Fund, Museum of Fine Arts, Boston.
101 *Fusées et signaux bleus (proches) pour avertir les bateaux à vapeur de la présence de bas-fonds* (BJ387), 1840 (RA), h/t, 90,2 x 119,4 cm. Sterling and Francine Clark Art Institute, Williamstown, Massachusetts.
102 *Le "Fighting Temeraire" remorqué à son dernier mouillage pour y être démoli en 1838* (BJ377), 1839 (RA), h/t, 90,7 x 121,6 cm. NG, Londres.
103h Brouillon d'une lettre inachevée de Turner, recto de la première page d'un carnet, vers 1845. Presented by Jill Croft-Murray in memory of Edward Croft-Murray, British Museum, Londres.
103b Partition de musique *The Brave Old Temeraire*, Duff & Stewart, Londres, 1857-1858. Coll. part.
104-105 *Paix, funérailles en mer* (BJ399), 1842 (RA), h/t, 87 x 86,7 cm. Tate, Londres.

106 H. Pyall, *Liverpool-Manchester Railway*, gravure d'après Thomas Talbot Bury, 1830.
106-107 *Pluie, vapeur, vitesse* (BJ409), 1844 (RA), h/t, 91 x 121,8 cm. NG, Londres.
107b Frontispice de *Practical Exposition of Mr de J. M. W. Turner's Picture* Hail, Rain, Steam, Speed, Ackermann & Co., Londres, 1850. Bristish Library, Londres.
108 *Ombre et ténèbres. Le Soir du Déluge* (BJ404), 1843 (RA), h/t, 78,7 x 78,1 cm. Tate, Londres.
109 *Lumière et couleur [la théorie de Goethe]. Le lendemain du Déluge, Moïse écrivant le livre de la Genèse* (BJ405), 1843 (RA), h/t, 78,7 x 78,7 cm. Tate, Londres.

CHAPITRE 5

110 John Ruskin, *Portrait de J. M. W. Turner RA*, vers 1840, silhouette découpée sur papier noir et aquarelle, 26,5 x 18,5 cm. RA, Londres.
111 Anonyme, *Nouvelle galerie Turner à la National Gallery of British Art*, vers 1910, photographie. Tate Archives, Londres.
112 George Jones, *Cercueil de Turner dans sa galerie*, vers 1851, huile sur carton. Ashmolean Museum, Oxford.
113h *Nu allongé sur un lit* (D32236), vers 1840, gouache et aquarelle, 21,6 x 28,4 cm. Tate, Londres.
113b *Le Passage du ruisseau* (détail, BJ130), 1815 (RA), h/t, 193 x 165,1 cm. Tate, Londres.
114-115 Vue de la salle 15 à la National Gallery, photographie. National Gallery Archives, Londres.
115h Extrait du testament de Turner, le 10 juin 1831. National Archives, Kew, Richmond, Surrey.
116-117 Sir John Lavery, *Inauguration de la Modern Foreign Gallery et de la Sargent Gallery à la Tate Gallery le 26 juin 1926*, 1929, h/t. Tate, Londres.
118 *Étude* (D04922), *in* carnet *Le Môle de Calais*, vers 1799-1805, craie, 43,3 x 27,2 cm. Tate, Londres.
119h *Le Môle de Calais* (BJ48), 1803 (RA), h/t, 172 x 240 cm. NG, Londres.
119b Étude pour *Le Môle de Calais* (D04960), *in* carnet *Le Môle de Calais*, vers 1799-1805, craie, 43,3 x 27,2 cm. Tate, Londres.
120 Bertha Mary Barnett, *Un coin de la salle Turner à la National Gallery*, 1883, h/t. NG, Londres.
121 Thomas Moran, *Venise*, h/t, 1902. Coll. part.
122 James Abbott McNeill Whistler, *Gris et argent, Chelsea Wharf*, vers 1864-1868, h/t, 61 x 46 cm. National Gallery of Art, Widener Collection, Washington DC.
123h *Crépuscule sur un lac* (BJ469), vers 1840, h/t, 91,1 x 122,6 cm. Tate, Londres.
123b Claude Monet, *Impression, soleil levant*, 1873, h/t, 48 x 63 cm. Musée Marmottan, Paris.
124h *Ciel rose sur une mer grise* (D25412), vers 1822, gouache et aquarelle, 18,8 x 22,7 cm. Tate, Londres.
124b *Étude de sous-couche colorée* (D15261), *in* carnet *Côme et Venise*, 1819, aquarelle, 22,6 x 28,7 cm. Tate, Londres.
125 *Paysage avec de l'eau* (BJ531), vers 1840-1845, h/t, 121,9 x 182,2 cm. Tate, Londres.
126-127 *Paysage avec une rivière et une baie au loin* (BJ509), vers 1835-1840, h/t, 94 x 123 cm. Musée du Louvre, Paris.
128 Cornelius Varley, *Portrait de J. M. W. Turner*, vers 1815-1820, crayon. Sheffield Galleries & Museums Trust, Sheffield.

TÉMOIGNAGES ET DOCUMENTS

129 Ticket d'entrée pour le cours de perspective de Turner à la Royal Academy, 1820. British Library, Londres.
131 Charles Turner, *Norham Castle sur la rivière Tweed*, gravure d'après J. M. W. Turner, 1816. Fitzwilliam Museum, University of Cambridge.
136 Sir John Everett Millais, *J. M. W. Turner un jour du vernissage à la Royal Academy*, 1851, crayon et encre. Bequest of Kurt F. Pantzer, Indianapolis Museum of Art, Indiana.
139 *Le lac d'Achray* (W1085), vers 1832, aquarelle, crayon et encre, 28,7 x 21,4 cm, dessin pour l'illustration de *Lady of the Lake*, de Walter Scott. Yale Center for British Art, Paul Mellon Collection, Yale.
147 *Linlithgow Palace* (W326), 1801, crayon et aquarelle, 26,2 x 42,1 cm. John Herron Fund, Indianapolis Museum of Art, Indiana.
150 Croquis de deux bateaux, vers 1823, dessin au crayon sur la page d'un catalogue, 22,5 x 42,9 cm. Yale Center for British Art, Paul Mellon Collection, Yale.

INDEX GÉNÉRAL

A

A New Method of Assisting the Invention in Drawing Original Compositions of Landscape (A. Cozens) 23.
A Picturesque Tour of Italy (J. Hakewill) 75.
Abbotsford (Écosse) 65.
Allemagne 69, 90, *91*, 106.
Alpes 20, 39, 61, 62, 67, 69, 70, *70*, 71, 75.

Anderson, Robert *58*.
Angers 88, *89*.
Angerstein, John Julius 29, 55.
Angleterre 16, 18, 21, 22, *34*, 39, *40*, 62, 65, 66, 101, 114, 121.
Anjou 89.
Antinoüs du Belvédère *17*.
Approche d'un coup de vent (W. Van de Velde, le Jeune) *31*, 41.
Athenaeum (journal) *81*.
Autriche 61, 90.

B

Balmat, Jacques 70.
Bartholdi, Frédéric Auguste 106.
Beaumont, sir George 55, *93*.
Beckford, William *34*, 38, *38*, *39*.
Belgique 90.
Berlin 90.
Bewick, Thomas *44*.
Bicknell, Elhanan 50.
Blake, William 58.
Bonaparte au Grand-Saint-Bernard (J. L. David) *70*, 86.
Bonington 78.
Booth, Sophie 112.
Boydell, Joshua 55.
Brentford 14.
Bridgewater, duc de 38, 41.
Bristol *16*, 18, *107*.
British Institution 37, 55, 56, 57, 94, 96.
British Museum *66*.
Burke, Edmund 34, 68.
Byron, lord 59, *77*, 81, 90.

C

Callow, William 79, 89.
Cambridge 44.
Canaletto, Giovanni Antonio Canal, dit 30, 78, 81.
Capability Brown *40*, 41.
Carysfort, comte de 101.
Chambers, William *51*.
Chambres des lords et des communes (Londres) 95, 96.
Chasse au sanglier, La (Snyders) *44*.
Château d'Otrante, Le (H. Walpole) 34.
Château de Conway, Le (J. Glover) *26*.
Château enchanté, Le (Le Lorrain) *28*, 29.
Chatterton, Thomas *58*.
Chaucer, Geoffrey *58*.
Cheyne Walk (Londres) 112.
Church, Frederick Edwin 121.
Clore Gallery *114*, *120*.
Clore, sir Charles *114*.
Cole, Thomas 121.
Colnaghi, Paul (éditeur) 15.
Constable, John 51, 52, *52*, 53, 95, *97*, 120.
Cooley, Thomas *55*.
Copper Plate Magazine 19.
Covent Garden (Londres) 14, 15, *15*, *112*.
Cozens, John Alexander *21*, 22, 23, *23*.
Cozens, John Robert 20, 69, 74, 76.
Craigmillar (Écosse) 65.
Crichton (Écosse) 65.
Cuyp, Albert 30.

D - E

Dacre Castle (W. Gilpin) 22.
Danby, Sarah 112.
Danemark 61, 67, 90.
Danube *91*.
David, Jacques Louis *70*, 86.
Dayes, Edward 19.
Delacroix, Eugène 86, 87.
Donaustauf *91*.
Dresde 90.
Drury Lane (Londres) 14.
Duveen, Joseph *115*.

Eastlake, Charles *77*, *109*.
Écosse 62, 65, 66, 67.
Enquête philosophique sur l'origine de nos idées du sublime et du beau (E. Burke) 34.
Espagne 90.
États-Unis 101, 121.
Europa (hôtel, Venise) *80*.
Europe 61, 67, *67*, 90, 94, 104.
Examiner (journal) 71.

F

Farington, John 20.
Farnley Hall *37*, 44, *44*.
Fawkes, famille 63.
Fawkes, Walter Ramsden *37*, 44, *44*, 45, *45*.
Fiancée de Lammermoor, La (W. Scott) 66.
Finberg, Alexander Joseph 118.
Flaxman 41.
Florence 79.
Fonthill Abbey 38, *39*.
France 61, 86, 87, 89, 101.
Frankenstein (M. Shelley) 34, 70
Frith, William Powell 106.
Füssli, Henry 55.
Gainsborough, Thomas 56.

G

Galles, pays de *16*, 18, 22, *33*, 62, 65, 66.
Garrick, David 14.
Gautier, Théophile *107*.
Gelée, Claude [voir Lorrain]
George III 31, 90.
George V *115*.
Gibraltar 104
Gillott, Joseph 50.
Gilpin, William 22, 22, 23, 66.
Girtin, Thomas 20, 76.
Gisborne, Thomas *108*.
Glover, John 26, *26*.
Goethe, Johann Wolfgang von 90, *109*.
Goldau 71.
Gowing, Lawrence *54*.
Grande-Bretagne 16, 18, 50, 94.
Guardi 78.
Guérin, Pierre Narcisse 86.

H

Hakewill, James 75, 77.
Hambourg 90.
Hardwick, Thomas 16.
Harewood, comte de 38.
Harley Street (Londres) 37, 56, 57.
Haydon (peintre) *41*.
Hearne, Thomas 20.
Heath, Charles 66.
Histoire du romantisme (Th. Gautier) *107*.
History of British Birds (T. Bewick) *44*.
Hoare, sir Richard Colt 29.
Hobbs, John Williams *103*.
Holworthy, James *62*.
Hussey, Christopher *40*.

I - J - K

Inauguration du pont de Waterloo, L' (J. Constable) 52, *52*.
Italie 20, 61, 74, 75, 79.

Jones, George *35*, *57*.
Journal (E. Delacroix) 87.

Kent 15, 18.
Klenze, Leo von *91*.

L

Lake District 18.
Lambeth *19*.
Lanslebourg *62*.

Lawrence, Thomas *112*.
Leicester, sir John Fleming *38*.
Leitch, W. L. *124*.
Leslie, Charles Robert 41, 52, *97*.
Liber nauticus (J. T. Serres) 31.
Liber veritatis (Le Lorrain) 28, *29*.
Loire (fleuve) 62, 87.
Londres *13*, 14, 26, 37, 56, *57*, 75, 94, 114.
Lorrain, Gelée, Claude, dit le 26-*29*, *31*, 74, 76, 81, 86, 114, *114*.
Louis Ier de Bavière *91*.
Louis-Philippe *61*, 89.
Loutherbourg, Jacques de *69*.
Louvre (musée) 69, 86.
Lucerne *71*.
Luxembourg 90.

M

Malton, Thomas Junior 16.
Manchester *101*.
Mantes *86*.
Manuel du voyageur (Madame de Genlis) *61*.
Marchand de Venise, Le (W. Shakespeare) 81.
Margate (Kent) 15, 112.
Martin, John 121.
Melbourne, vicomte 40.
Meuse (fleuve) 90.
Michel-Ange 27.
Middlesex 14.
Midlands 18.
Milton, John 59.
Modern Painters (J. Ruskin) *67*, 68, *79*, *100*, 114.
Moffat, William 47.
Monet, Claude 120, *121*.
Monro, Thomas 19, 20, *20*, 21, 76.
Moran, Thomas *120*, 121.
Morning Chronicle (journal) *102*.
Mortlake 47.
Moselle (fleuve) 90.
Moulin, Le (Les Noces d'Isaac et Rébecca) (Lorrain) 114.
Munich 90, 91.

N - O

Nantes 88, *88*, *89*.
Naples 62, 79.
National Gallery (Londres) 55, 114, *114*.
National Gallery of British Art [voir Tate Britain].
Nelson 45, 102
Newton, H. C. 22.
Nollekens 41.
Notes sur la Turner Gallery (J. Ruskin) 114.

Observations Relative Chiefly to Picturesque Beauty, Made in the Year 1772, on Several Parts of England; Particularly the Mountains and Lakes of Cumberland and West Moreland (W. Gilpin) 23.
Œuvres poétiques et en prose (W. Scott) 65.
Orléans 88.
Orrock, James *124*.
Oxford Street (Londres) 56.

P

Paccard, Dr 70.
Pall Mall (Londres) 55.
Paris 86, 120.
Pays-Bas 16, 90, 101.
Pèlerinage de Childe Harold, Le (Byron) 81, 90.
Petworth (Sussex) 40, *40*, 41, *41*.
Phillips, Thomas 41.
Pirate, Le (W. Scott) 50.
Pissarro, Camille 120, *121*.
Plumpton (Sussex) 38.
Pope, Alexander 59.
Porcupine (journal) *31*.
Port de mer avec l'embarquement de la reine de Saba (Le Lorrain) 27, 114.
Portsmouth 89.
Poussin, Nicolas *31*, *34*, 41, 70, 86.
Prout, Samuel 89.
Pyrénées 62.

Q - R

Queen Anne Street 56, 112.
Quillebeuf 103.

Raphaël 27, 41, 77, *77*.
Ratisbonne *91*.
Redgrave, Samuel *55*.
Reeves, Thomas 21.
Reeves, William 21.
Rembrandt 31, 86.
Renaissance *23*, 76.
Reynolds, sir Joshua 30, 56, 58, *97*, *112*.
Rhin 45, 62, 89, 90, *91*.
Rhône 89.
Rigaud, John Francis 17.
Rigi *71*.
Rippingville, Edward Villiers 96.
Ritchie, Leitch 88.
Rokeby (W. Scott) 66.
Rome 61, 63, 74-79, 81.
Rooker, Michael Angelo 19.
Roslin Castles (Écosse) 65.
Rouen *61*.
Royal Academy *13*, *16-19*, 26, *33*, 35, *35*, 37, 38, 44, *47*, 50-57, 59, *59*, 63, 80, 81, *81*, 88, 90, 94, *95*, 99, 102, *103*, 104.
Ruisdael, Jacob Van 30.
Ruskin, John 67, *67*, 68, *79*, 86, *88*, *100*, *111*, *113*, 114, 118, *121*.

S

Saint Michel terrassant Satan (Flaxman) 41.
Saint-Denis *87*.
Saint-Paul, église (Covent Garden) 14, *15*.
Salvator Rosa 30.
Saumur 88, *89*.
Savoie 69.
Scott, Walter 50, 59, 65, *87*.
Seine 62, *86*, 87, 88, 103.
Select Views in Italy (John Smith) *75*.
Serres, Dominique 31.
Serres, John Thomas 30, 31.
Shakespeare Gallery 55.
Shakespeare, William 81.
Shee, sir Martin Archer 53, 54, 58.
Shelley, Mary 34, 70.
Smith, John Raphael (graveur) 15, *75*.
Smith, John Warwick 69.
Soane, sir John 77, *78*.
Somerset House *13*, 38, 51, *51*, 52.
Spitzweg, Karl 106.
Stanfield, Clarkson 95, 104.
Stewart (général) 38.
Stourhead 29.
Sussex 18.

T

Tamise *19*, 47, 95, 112.
Tantallon (Écosse) 65.
Tate Britain (anciennement Tate Gallery) 20, *111*, *113*, *114*, 124.
Téméraire (bateau) 102.
Thackeray, William *102*.
The Times (journal) *96*.
Théorie des couleurs (Goethe) 109.
Thomson 59.
Thornbury, Walter 102.
Titien, Tiziano Vecellio, dit 31, 41.
Touraine 89.
Tours 88.
Towne, Francis 69.

Trafalgar 102.
Troyes 87.
Turner Mary (mère), 14, *14*.
Turner, Mary Ann (sœur) 14.
Turner, William (père) 14.
Turner's Annual Tour 88.
Twickenham 89.
Tyrol 69.

V

Val-d'Aoste 74.
Van de Velde, Willem, le Jeune 30, *31*, 41.
Van de Velde, Willem, le Vieux 30.
Vathek (W. Beckford) *38*.
Venise 61, *61*, 62, 75, 78, *78*, 79, *79*, 80, 81, *81*.
Vernet, Joseph 41, 86.
Vernon *86*.
Vésuve 77.
Victory (bateau) 102.
Vies authentiques de peintres imaginaires (W. Beckford) *38*.
Villequier 103.
Virgile 59.
Voyages pittoresques, Les (baron Taylor) 89.

W

Walpole, Horace 34.
Wanderings by the Loire 88, 89.
Watteau, Antoine 31, 86.
Wells, Clara 63.
West, Benjamin 56.
Westall 58.
Westmacott 41.
Westminster (Londres) *94*, 95.
Whatman, James (papetier) 119.
Whistler, James Abbott McNeill *67*, *121*.
Wight, île de 18.
Wilkie, sir David 31, 104.
Wilson, Richard *34*, 76.
Wiltshire *38*.
Winsor, William 22.
Wyatt, James *39*, 44, 51.
Wyndham, George, 3e comte d'Egremont 40, *40*, *41*.

Y - Z

Yarborough, baron

Ziem, Félix 120.
Zuccarelli 30.

INDEX DES ŒUVRES DE TURNER

A - B

Ange debout dans le soleil, L' 109.
Aube du christianisme, L' 109.
Avalanche dans les Grisons 69.

Baie de Baïes, La 77.
Bateaux attendant pour le mouillage 40.
Bateaux hollandais dans la tempête 31, 35, 38, 41.

C

Carnet Bristol et Malmesbury 18.
Carnet Wilson 25.
Château de Caernarvon, Le 26.
Château de Dolbadarn, Le 33, 35.
Château de Tantallon, Le 65.
Château Rosenau, Le 91.
Christ et la Samaritaine, Le 115.
Cinquième Plaie d'Égypte, La 34, 35, 38.

D

Déluge, Le (gravure) 101.
Didon faisant construire Carthage 114, 114.
Dor ou Dordrecht 37, *44*, *47*.

F

Fête des Vendanges à Mâcon, La 44.
Fighting Temeraire, Le 80, *102*, *103*, 104.
Fusées et signaux bleus 100, *101*.

G - H - I

Grand Canal, Le 61.

Hannibal franchissant les Alpes 70, 71, *115*.

Inauguration du Walhalla, L' 91.
Incendie du Parlement, L' 96.
Isleworth 29.

L

Liber studiorum 29.
Lumière et couleur (ou *La Guerre. L'exilé et l'arapède*) 109.

M

Mariniers déchargeant du charbon la nuit 100.
Môle de Calais, Le 118, 119.
Mortlake Terrace 47.

N

Naufrage, Le 44.
Négriers jetant par-dessus bord les morts et les mourants, Les 93, 100, *100*, *101*.

O - P

Ondine donnant l'anneau à Masaniello 109.

Paix, funérailles en mer 103, 104.
Palais de l'Archevêque à Lambeth, Le 18, *19*.
Palais des Doges, Le 81.
Palestrina 39.
Passage du ruisseau, Le 113.
Pêcheurs en mer 26, *31*, 38.
Pèlerinage de Childe Harold, Italy, Le 77.
Petworth dans le Sussex, rosée du matin 40.
Picturesque Views in England and Wales (ouvr. ill.) 66.
Pierre éclatante de l'honneur, Ehrenbreitstein, La 50.
Pluie, vapeur, vitesse 104, 106, *106*, *107*.
Port Ruisdael 53.
Provincial Antiquities (ouvr. ill.) 65.

R - S

Rigi bleu, Le 50.
Rivières de l'Angleterre (ouvr. ill.) 106.
Rome vue du Vatican... 77, *77*.

Soir du Déluge, Le 108.
Soleil levant à travers la vapeur, Le 114, *114*.
Supplique de l'écrivain pauvre, La 59.

U - V

Une rue à Margate 16.

Victory à Trafalgar, Le 45.
"Ville-d'Utrecht", Le (Helvoetsluys) 37, 52, *53*.
Vue de Cologne 91.
Vue de la rivière Avon 18.
Vue du Forum 77.
Vue du Grand Canal 81.

CRÉDITS PHOTOGRAPHIQUES

Allen Memorial Art Museum, Ohio 82-83. Ashmolean Museum, Oxford 88b. Bibliothèque du Musée du Louvre, Paris 88-89, 89b. Bibliothèque nationale de France 22b. Bridgeman Art Library 1er plat, dos, 11, 15, 18-19, 20h, 24, 27, 40, 44h, 45, 48-49, 50-51, 56-57, 62, 67h, 72-73, 92, 94, 96, 100, 102, 106-107, 112, 119h, 131, 136, 139, 147, 150. British Library, Londres 57, 94-95, 107b, 129. British Museum, Londres 66, 103h. Christie's Images / Corbis 121. City of Wesminster City Archives Center, Londres 14-15. Cleveland Museum of Art, Ohio 98-99. Coll. part. 16b, 20b, 26b, 31, 37, 44b, 58h, 61, 67b, 103b. DR 22-23. Huntington Library, San Marino, California 60. Indianapolis Museum of Art, Indiana 34. Magnum / Collection Erich Lessing 122. Manchester Art Gallery, Manchester 64h. Mary Evans Picture Library 106. National Archives, Kew 115h. National Gallery, Londres 28h, 120. National Gallery Archives, Londres 114-115. National Gallery of Art, Washington DC 46-47. National Gallery of Scotland, Édimbourg 39. National Portrait Gallery, Londres 16h, 55, 93, 97. Réunion des Musées Nationaux, Paris 80h, 123b, 126-127. Royal Academy, Londres 13, 17, 19, 32, 35b, 35h, 50, 59, 110. Salford Museum & Art Gallery, Salford 38h. Sheffield Galleries & Museums Trust, Sheffield 128. Sterling and Francine Clark Art Institute, Massachusetts 101. Tabley House, University of Manchester 38b. Tokyo Fuji Art Museum, Tokyo 36, 53. Toledo Museum of Art, Ohio 30h. V&A Images / Victoria and Albert Museum, Londres 26h.
© The National Trust Photo Library 41.
© Tate, Londres 2004 2e plat, 1, 2-3, 4-5, 6-7, 8-9, 12, 14, 16m, 18, 21, 25h, 25b, 28b, 29, 30b, 33h, 33b, 42h, 42b, 43h, 43b, 52, 54, 54-55, 56, 58b, 63, 64b, 65, 68, 69h, 69b, 70, 71, 74h, 74b, 75, 76, 76-77, 78-79, 79, 80b, 81, 84-85, 86, 87, 90, 90-91, 95h, 95b, 104-105, 108, 109, 111, 113h, 113b, 116-117, 118, 119b, 123h, 124h, 124b, 125.

REMERCIEMENTS

L'auteur tient à remercier tout particulièrement Luke Herrmann, Sylvie Patin et Ian Warrell. Il se joint à l'éditeur pour remercier Priscilla du Peloux, Laura Valentine de la Royal Academy, Belinda Ross et Rebecca Staffolani de la National Gallery de Londres, Juliet Cook, Alison Miles et Katie Dobson de la Tate Britain, ainsi qu'Alice Nègre et Anne Caillat.

ÉDITION ET FABRICATION

DÉCOUVERTES GALLIMARD
COLLECTION CONÇUE PAR Pierre Marchand.
DIRECTION Élisabeth de Farcy.
COORDINATION ÉDITORIALE Anne Lemaire.
GRAPHISME Alain Gouessant.
COORDINATION ICONOGRAPHIQUE Isabelle de Latour.
SUIVI DE PRODUCTION Fabienne Brifault.
SUIVI DE PARTENARIAT Madeleine Giai-Levra.
RESPONSABLE COMMUNICATION ET PRESSE Valérie Tolstoï.
PRESSE Flora Joly.

TURNER, L'INCENDIE DE LA PEINTURE
ÉDITION Caroline Larroche.
ICONOGRAPHIE Marjorie Marlein.
MAQUETTE ET MONTAGE Valentina Leporé.
LECTURE-CORRECTION Jean-Paul Harris et Valérie Minet.
PHOTOGRAVURE Arciel Graphic.

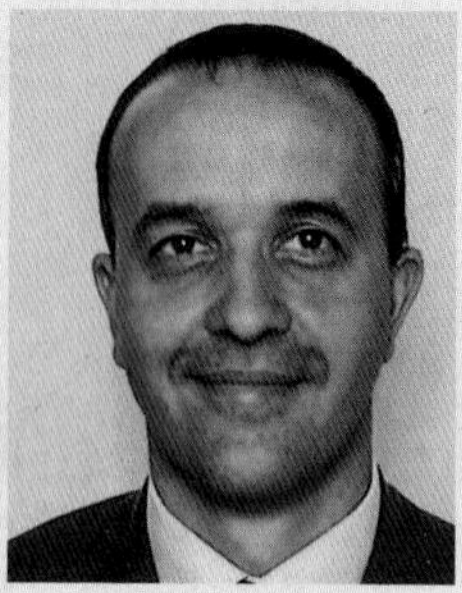

Olivier Meslay a d'abord travaillé dans le marché de l'art,
avant d'entrer à l'Institut national du patrimoine. Il est depuis 1993
conservateur au département des peintures du musée du Louvre,
où il est chargé des collections de peinture anglaise, américaine et espagnole.
Auteur de nombreux articles sur les relations artistiques franco-britanniques,
il a été commissaire des expositions « D'outre-Manche » (musée du Louvre, 1994),
« Constable, le choix de Lucian Freud » (Grand Palais, 2002) et
« L'art anglais dans les collections de l'Institut » (Chantilly, musée Condé, 2004).
Il enseigne actuellement la peinture étrangère à l'École du Louvre.

À ma femme, Laure de Margerie.

*Dépôt légal : septembre 2004
Numéro d'édition : 127175
ISBN : 2-07-031326-3
Imprimé en France par KAPP*